全国财经专业(新课程标准)精品教材

市场营销学

SHICHANG YINGXIAOXUE

主　编　桑红莉　杜　洁

浙江工商大学出版社
ZHEJIANG GONGSHANG UNIVERSITY PRESS

图书在版编目(CIP)数据

市场营销学 / 桑红莉, 杜洁主编. — 杭州 : 浙江工商大学出版社, 2016.5

ISBN 978-7-5178-1521-1

Ⅰ. ①市… Ⅱ. ①桑… ②杜… Ⅲ. ①市场营销学 - 高等学校 - 教材 Ⅳ. ①F713.50

中国版本图书馆 CIP 数据核字(2016)第 015434 号

市场营销学

主　编　桑红莉　杜　洁

责任编辑　李相玲
封面设计　宜是设计
出版发行　浙江工商大学出版社
(杭州市教工路 198 号　邮政编码 310012)
(E-mail:zjgsupress@163.com)
(网址:http://www.zjgsupress.com)
电话:0571-88904980,88831806(传真)
排　　版　奥创工作室
印　　刷　北京文良精锐印刷有限公司
开　　本　787mm×1092mm　1/16
印　　张　18
字　　数　461 千
版 印 次　2016 年 5 月第 1 版　2016 年 5 月第 1 次印刷
书　　号　ISBN 978-7-5178-1521-1
定　　价　39.50 元

浙江工商大学出版社营销部邮购电话　0571-88904970

前　言

在市场经济条件下，产品价值的最终实现离不开市场营销活动，企业要想在激烈的市场竞争中提升自己、立于不败之地，关键在于提高企业市场营销竞争能力。

市场营销学主要研究市场营销活动及其发展规律，是一门应用科学，具有综合性、实践性、全程性的特点。目前，国内市场营销学教材层出不穷，但是具有应用性、操作性和指导性的教材并不多。本书编者在工学结合、突出实践能力培养的教育改革思想指导下，在参考国内外高等教育理论的基础上，结合多年的教学经验，在教材的内容、体系等方面进行了尝试。为了突出实践性、应用性、技能性的特点，在编写过程中本着实用、够用的原则，强调技能的掌握与训练；体例编写上，注重理论联系实际和编排的新颖性；各章配有案例和复习思考题，以帮助学习者加强对基本内容的理解及有关理论、方法的掌握和运用。

编者力图在本书中体现以下几个特点。第一，目标明确，满足财经专业教学需求。理论教学以"必需""够用"为度，注重理论知识与实践相结合，注重对学生基本理论与基本技能的培养，以使学生能够运用所学知识处理市场营销活动中的各种问题。第二，强调实用，兼顾新颖性。一方面，引用国内外典型案例进行分析，拓展教材使用者营销分析的思维能力；另一方面，体现新知识，在编写过程中尽可能选取适合的、最新的市场营销学理论和研究成果。第三，在内容上强调理论与营销实践紧密结合。本书运用有关原理分析企业在市场营销活动中的特点，有针对性地提出各种有效的营销策略，以求对企业开展营销活动有直接的指导意义和实用价值。

在文章结构的编排上，首先概论性地阐述市场营销，然后依据营销活动过程的工作顺序逐一讲解十个营销工作项目及若干个具体任务。

本书在编写过程中参考了大量的书刊资料，除了在正文相应处和本书最后列出的之外，还有许多未能一一详列，在此谨向所有原著作(编)者表示感谢。

由于编者水平有限，书中难免有疏漏和不足，敬请同行和读者批评指正。

编　者

编 委 会

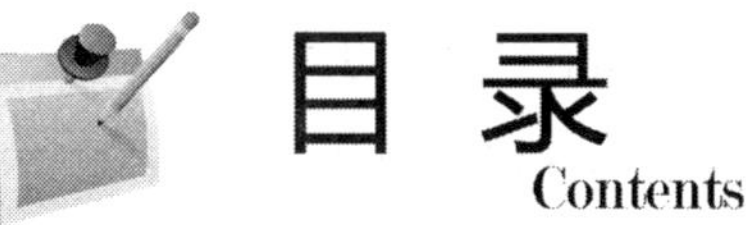

目录
Contents

项目一 认识市场，把握商机

知识点拨

学习要点

理论要点：理解需求、市场、市场营销及市场营销管理等基本概念；
了解企业经营观念的产生和发展；
了解市场营销组合及其新变化。

技能要点：通过案例分析，提高对市场营销重要性的认识，锻炼思维能力与理解能力；
初步具备营销人员应具备的基本素质及能力；
通过发言、讨论提高语言表达能力。

任务一 市场与市场营销

任务导入

想一想

许多父母都希望自己的子女出生之后，能留下完整而美好的记录，于是，有拍相片的，有留下婴儿胎毛的，有填写宝宝日记的，凡此种种，不一而足。日本的一家公司推出了令人耳目一新的产品——“婴儿手足印”纪念框，以年轻父母为销售对象。年轻的父母替小宝宝印下手印或足印后，该公司据此用黏土做成模型，注入特殊的树脂原料，等其凝固后，便成为一个立体的手模型或足模型，继而在其表面涂上一层金色或银色、棕色，再将手模型或足模型镶入木框之中，配以格言、感想或人名等文字，这样，一件有纪念意义的艺术性装饰品便完工了。新生小宝宝的手足印常常可以让父母回想起孩子出生时的情形。孩子长大后，见到自己当初的小手小脚，更是感到惊奇而有趣。这种产品在日本一上市，即成为畅销品。

婴儿手足印实际上就是一种开发产品的创意，其成功源于抓住了年轻父母的消费心理，从而开发出一个巨大的市场。

资料来源：营销案例三个小故事，http://www.51diaocha.com/20125/1336555990848315.shtml，(2012-5-9)[2015-6-20]

思考：什么是市场？如何发现潜在的商机，把握市场？

市场营销学

一、市场的含义及其构成要素

市场对我们来说并不陌生，早在我国古代就有了用于商品交换的"市场"。古人所说的"随行就市"就是对市场的认识。关于市场的说法非常多，其内涵也非常丰富。具体来说，可以从以下几方面来理解：

在日常生活中，人们习惯将市场看作买卖的场所，如集市、商场、批发市场等，这是从时间和空间来理解市场的概念。

经济学家从揭示经济实质的角度提出市场的概念。他们认为市场属于商品经济范畴，是商品内在矛盾的表现，是供求关系，是商品交换关系的总和，是通过交换反映出来的人与人之间的关系。经济学家指出，市场是社会分工和商品生产的产物。

管理学家则侧重从具体的交换活动及其运行规律去认识市场。在他们看来，市场是供需双方在共同认可的条件下所进行的商品或劳务的交换活动。

著名营销学家菲利普·科特勒从生产者角度进一步指出：所谓市场，是指某种产品的实际购买者和潜在购买者的集合。这些购买者具有某种欲望或需要，并且能够通过交换得到满足。因此，市场规模取决于具有这种需要及支付能力，并且愿意进行交换的人的数量。一般来说，他们往往把卖方的集合称为行业，而将买方称为市场。

由此可知，市场营销学中的市场由三部分组成，即人口、购买力和购买欲望三个要素。用公式表示为：

市场＝人口＋购买力＋购买欲望

(1)人口。人口是构成市场的第一要素，人口数量的多少直接决定着市场的规模和容量，而人口的构成及其变化则影响着市场需求的构成和变化。

(2)购买力。购买力是指消费者具有购买商品或劳务的货币支付能力，它是构成现实市场的物质基础。购买力的高低由消费者的收入水平决定。

(3)购买欲望。购买欲望是指消费者内在发出的购买商品或劳务的动机、愿望和需求，它是使消费者的潜在购买力转化为现实购买力的必要条件。

人口、购买力和购买欲望三个要素互相制约，缺一不可。只有三者结合起来，才能构成现实的市场。

二、市场营销的含义

西方市场营销学者从不同角度及发展的观点对市场营销下了不同的定义。有些学者从宏观角度对市场营销下定义。例如，麦卡锡把市场营销定义为一种社会经济活动过程，其目的在于满足社会或人类需要，实现社会目标。又如，菲利普·科特勒指出："市场营销是与市场有关的人类活动。市场营销意味着和市场打交道，为了满足人类需要和欲望，去实现潜在的交换。"还有些定义是从微观角度来表述的。例如，美国市场营销协会(AMA)于1960年对市场营销下的定义是：市场营销是"引导产品或劳务从生产者流向消费者的企业营销活动”。

麦卡锡于1960年对微观市场营销下了定义：“市场营销是企业经营活动的职责，它将产品及劳务从生产者直接引向消费者或使用者，以便满足顾客需求及实现公司利润，同时也是一种社会经济活动过程，其目的在于满足顾客需要，实现社会目标。”这一定义虽比美国市场营销协会的定义前进了一步，指出了满足顾客需求及实现企业赢利成为公司的经营目标，但这两种定义都说明，市场营销活动是在产品生产活动结束时开始的，中间经过一系列经营销售活动，当商品转到用户手中就结束了，因而把企业营销活动仅局限于流通领域的狭窄范围，而不是视为企业整个经营销售的全过程，即包括市场营销调研、产品开发、定价、分销广告、宣传报道、销售促进、人员推销、售后服务等。菲利普·科特勒于1984年对市场营销又下了定义：“市场营销是指企业的这种职能，认识目前未满足的需要和欲望，估量和确定需求量大小，选择和决定企业能最好地为其服务的目标市场，并决定适当的产品、劳务和计划（或方案），以便为目标市场服务。”

AMA于1985年对市场营销下了更完整和全面的定义：“市场营销是对思想、产品及劳务进行设计、定价、促销及分销的计划和实施的过程，从而产生满足个人和组织目标的交换。”这一定义比前面的诸多定义更为全面和完善。主要表现是：

（1）产品概念扩大了，它不仅包括产品或劳务，还包括营销思想。

（2）市场营销概念扩大了，市场营销活动不仅包括营利性的经营活动，还包括非营利组织的活动。

（3）强调了交换过程。

（4）突出了市场营销计划的制订与实施。

2004年，AMA公布了市场营销的新定义：市场营销既是一种组织职能，也是为了组织自身及利益相关者的利益而创造、沟通、传递客户价值，管理客户关系的一系列过程。

2005年，AMA对市场营销的概念作了进一步的完善。这一概念为：市场营销是组织的一种功能和一系列创造、交流并将价值观传递给顾客的过程和被用于管理顾客关系以让组织及其股东获利。

美国经济学家包尔·马苏认为，市场营销是“传送生活标准给社会”。人们普遍认为这个定义将市场营销的实质生动地体现了出来。例如，汽车、电脑、家庭影院、手机等许多产品的市场营销活动，的确在向全社会传递着一种新的生活标准，同时也有效地促进了这些产品的市场销售。

美国市场营销学家菲利普·科特勒对市场营销的解释得到了广泛的认同，即市场营销是个人或组织通过创造、提供出售，并同他人自由交换产品和价值，以满足需求和欲望的一种社会和管理过程。而市场营销管理则是“选择目标市场，并通过创造、传播和传递更高的顾客价值来获得、保持和增加顾客的一门艺术和科学”。根据这一定义，可以将市场营销的概念具体归纳为以下几点：市场营销的最终目标是“获得、保持和增加顾客”；交换是市场营销的核心，交换过程是一个主动、积极地寻找机会，满足双方需求和欲望的社会过程和管理过程;交换过程能否顺利进行,取决于营销者创造的产品和价值满足顾客需求的程度和交换过程管理的水平。

综上所述,我们认为:

1. 市场营销学是一门科学

对此,国内外学术界持有不同的见解。概括起来,大致分为三种观点:

(1)市场营销学不是一门科学,而是一门艺术。他们认为,工商管理(包括市场营销学在内)不是科学而是一种教会人们如何作营销决策的艺术。

(2)市场营销学既是一种科学,又是一种行为和一种艺术。这种观点认为,管理(包括市场营销学)不完全是科学,也不完全是艺术,有时偏向科学,有时偏向艺术。当收集资料时,尽量用科学方法收集和分析,这时科学成分比较大,当资料取得以后,要作最后决定时,艺术成分就大一点,由于主要是依据企业领导者的经验和主观判断,这时便是艺术。这种双重性观点,主要问题在于将市场营销同市场营销学混同起来了。市场营销是一种活动过程、一种策略,因而是一种艺术。市场营销学是对市场营销活动规律的概括,因而是一门科学。

(3)市场营销学是一门科学。这是因为,市场营销学是对现代化大生产及商品经济条件下工商企业营销活动经验的总结和概括,它阐明了一系列概念、原理和方法。市场营销理论与方法一直指导着国内外企业营销活动的发展。

2. 市场营销学是一门应用科学

市场营销学是一门经济科学还是一门应用科学,学术界对此存在两种观点:

(1)少数学者认为市场营销学是一门经济科学,是研究商品流通、供求关系及价值规律的科学。

(2)还有人认为市场营销学是一门应用科学。无疑,市场营销学是于20世纪初从经济学的"母体"中脱胎出来的,但经过几十年的演变,它已不是经济科学,而是建立在多种学科基础上的应用科学。美国著名市场营销学家菲利普·科特勒指出"市场营销学是一门建立在经济科学、行为科学、现代管理理论之上的应用科学",因为"经济科学提醒我们,市场营销是用有限的资源通过仔细分配来满足竞争的需要;行为科学提醒我们,市场营销学是涉及谁购买、谁组织,因此,必须了解消费者的需求、动机、态度和行为;管理理论提醒我们,如何组织才能更好地管理其营销活动,以便为顾客、社会及自己创造效用。"

3. 市场营销学既包括宏观营销学又包括微观营销学

美国著名市场营销学家麦卡锡在其代表作《基础营销学》中明确指出,任何商品经济社会的市场营销均存在两个方面:一个是宏观市场营销;另一个是微观市场营销。宏观市场营销是把市场营销活动与社会联系起来,着重阐述市场营销与满足社会需要、提高社会经济福利的关系,它是一种重要的社会过程。宏观市场营销的存在是由于社会化大生产及商品经济社会要求某种宏观市场营销机构及营销系统来组织整个社会所有的生产者与中间商的活动,组织整个社会的生产与流通,以实现社会总供需的平衡及提高社会的福利。微观市场营销是指企业活动或企业职能，是研究如何从顾客需求出发，将产品或劳务从生产者转到消费者手中，实现企业赢利目标。它是一种企业经济活动的过程。

由于西方国家受资本主义私有制的局限，其学术界主要是研究企业的微观营销，对宏观营销研究不十分重视，即使对宏观营销进行研究，也不是从实现社会总供需平衡的角度来研究，而只从客观角度来研究企业营销的总体作用。我国实行的是以社会主义公有制为主体的、多种经济成分并存的社会主义市场经济，国家实行宏观计划调控，因而从微观及宏观两个角度来研究市场营销对于我国极为重要。

三、市场营销的核心概念

（一）产品

产品是指用来满足顾客需求和欲求的物体。产品包括有形与无形的、可触摸与不可触摸的。有形产品是为顾客提供服务的载体。无形产品或服务是通过其他载体，诸如人、地、活动、组织和观念等来提供的。当我们感到疲劳时，可以到音乐厅欣赏歌星唱歌（人），可以到公园去游玩（地），可以到室外散步（活动），可以参加俱乐部活动（组织），或者接受一种新的意识（观念）。服务也可以通过有形物体和其他载体来传递。

（二）顾客价值和顾客满意

1. 顾客价值

顾客价值是指顾客购买产品时获得的价值与为取得该产品所付出的成本之差。顾客并非能经常准确客观地判断产品价值，他们根据自己所理解的价值来行事。

2. 顾客满意

顾客满意是指顾客将产品满足其需要的感知效果与其期望进行比较所形成的感觉状态。

顾客是否满意，取决于其购买后实际感受的绩效与期望的差异：如果绩效小于期望，顾客就会不满意；如果绩效与期望相当，顾客就会基本满意；如果绩效大于期望，顾客就会非常满意。

顾客期望的形成，取决于顾客过去的购买经验、朋友和同事的影响，以及营销者和竞争者的信息与承诺。如果企业使顾客期望过高，则容易引起购买者失望、降低顾客满意度。但是，如果企业把期望定得过低，虽然能使顾客满意，却难以吸引大量的购买者。

顾客对满足其需要的感知效果是企业通过营销努力而提供给消费者的产品价值或实际利益。它既是企业的预期，也是顾客通过购买和使用产品的一种感受。顾客将这种感受同期望进行比较，就会形成自己对某种产品、品牌的满意、不满意或十分满意。

企业怎样才能提高顾客价值并保持较高的顾客忠诚度呢？方法有很多，但从根本上讲，是向顾客传递较高的顾客让渡价值。

顾客让渡价值是指企业传递给顾客且能让顾客感受到的实际价值，它一般表现为顾客购买总价值和顾客购买总成本之间的差额。这里的顾客购买总价值是指顾客购买某一产品或服务所期望获得的一系列利益，包括产品价值、服务价值、人员价值和形象价值。其中，产品价值是由产品的功能、特性、品质、品种与式样等所产生的价值；服务价值是指伴随产品实体的出售，企业向顾客提供的各种附加服务，包括产品介绍、送货、培训、维修保养、技术培训等；人员价值主要指企业员工的素质，比如知识、技能、责任心、沟通能力等；形象价值主要指企业及其产品在社会公众中形成的总体形象所产生的价值。顾客购买总成本是顾客购买某一产品所耗费的时间、精力以及所支付的金钱等成本之和，包括货币成本、时间成本、体力成本和精神成本。由此可见，提高顾客让渡价值必须从提高顾客购买总价值、降低顾客购买总成本两个方面进行。提高顾客购买总价值，就是要提高产品价值、服务价值、人员价值和形象价值；降低顾客购买总成本，就是要降低货币成本、时间成本、精神成本和体力成本。如图1-1 所示。

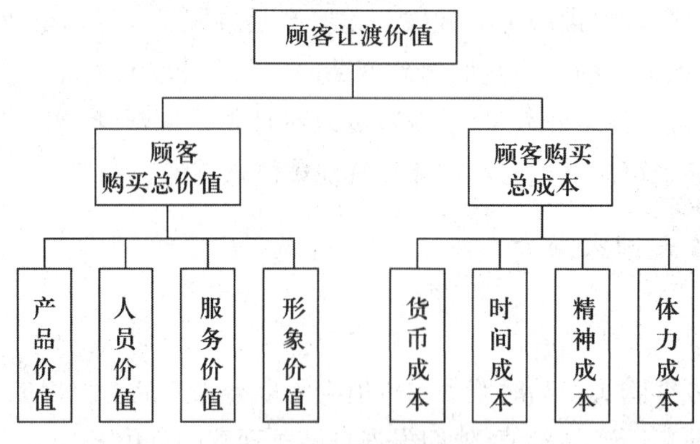

图 1-1　顾客让渡价值

值得注意的是，提高顾客让渡价值会增加企业的成本，导致利润率降低。这就需要处理好两者之间的平衡关系，达到企业与顾客利益的平衡。

（三）交换、交易、关系

1. 交换

交换是通过提供某种东西作为回报，从某人那里取得所要东西的行为。人们有了需求和欲求，企业亦将产品生产出来，还不能说这就是市场营销，产品只有通过交换才能产生市场营销。人们通过自给自足或自我生产方式，或通过偷抢方式、乞求方式获得产品都不是市场营销，只有通过等价交换，买卖双方彼此获得所需的产品，才是市场营销。可见，交换是市场营销的核心概念。

2. 交易

交换是一个过程，而不是一个事件。如果双方正在洽谈并逐渐达成协议，称为在交换中。如果双方通过谈判并达成协议，交易便发生了。交易是交换活动的基本单元。交易是指买卖双方价值的交换,它是以货币为媒介的;交换不一定以货币为媒介,也可以是物物交换。

交易涉及几个方面,即两件有价值的物品,双方同意交换的条件、时间、地点,还有维护和迫使交易双方执行承诺的法律制度。

3. 关系

交易营销是关系营销大观念中的一部分。精明能干的市场营销者都会重视同顾客、分销商等建立长期、信任和互利的关系,而这些关系要靠不断承诺及为对方提供高质量产品、良好服务及公平价格来实现,靠双方加强经济、技术及社会联系来实现。关系营销可以减少交易费用和时间,最好的交易是使协商成为惯例化。

处理好企业同顾客关系的最终结果是建立起市场营销网络。市场营销网络是由企业同市场营销中介人建立起来的具有牢固的业务关系的网络组织。

(四)需要、欲望、需求

1. 需要

人类的需要与欲望是市场营销的基石。需要是指人类没有得到某些基本满足的感受状态,基本属于生理及心理的需要,如人们为了生存,有食物、衣服、房屋等生理需要及安全、归属感、尊重和自我实现等心理需要。因为这些需要是与生俱来的,存在于人类自身生理与社会之中,所以市场营销者不能创造这种需要,而只能适应欲望。

2. 欲望

欲望指人们想得到上述某些基本需要的具体满足物的愿望。不同背景下消费者的欲求不同,比如中国人需要食物则欲求大米饭,法国人需要食物则欲求面包,美国人需要食物则欲求汉堡包。人的欲求受社会因素及机构因素,诸如职业、团体、家庭、教会等影响,因而,欲求会随着社会条件的变化而变化。市场营销者能够影响消费者的欲求,如建议消费者购买某种产品,并通过创造、开发及销售特定的产品和服务来满足欲望。人类的欲望往往多于需要。

3. 需求

在心理学中,需求是指人体内部一种不平衡的状态,是对维持、发展生命所必需的客观条件的反应。

营销学认为,需求就是指一定时间内和一定价格条件下,消费者对某种商品或服务愿意而且能够购买的数量。必须注意,需求与通常的需要是不同的。市场需求的构成要素有两个,一是消费者愿意购买,即有购买的欲望;二是消费者能够购买,即有支付能力,两者缺一不可。需求可以用公式来表示:需求=购买欲望+购买力。

在市场营销理论中,营销是一个发现需求并且满足需求的过程,供需双方通过交换创造价值,而营销就是对这个过程的管理,以使这个过程变得更有效、价值最大化。营销的目标就是发现需求,满足需求。

市场需求是开展市场营销各项工作的根本。不能正确分析、把握市场需求,市场营销工作就会迷失方向。根据需求水平、时间和性质的不同,可归纳出八种不同的需求状况。

(1)负需求。负需求是指绝大多数人对某个产品感到厌恶,甚至回避它的一种需求状况。在负需求情况下,应分析市场不喜欢这种产品的原因,通过产品重新设计、降低价格等积极营销方案来改变市场的观念和态度,将负需求转变为正需求的可能性。

(2)无需求。无需求是指目标市场对产品毫无兴趣或漠不关心的一种需求状况。通常,市场对产品无需求由以下原因引起:①人们一般认为对个人无价值;②人们一般认为有价值,但在特定的市场无价值;③新开发或人们不熟悉等。无需求时应立即通过大力促销及其他市场营销措施,努力将产品所能提供的利益与人的自然需要和兴趣结合起来。

(3)潜伏需求。潜伏需求是指相当一部分消费者对某物有强烈的需求,而现有产品或服务又无法满足的一种需求状况。在潜伏需求状况下应开展市场营销研究和潜在的市场范围测量,进而开发有效的物品和服务来满足这些需求,将潜伏需求变为现实需求。

(4)下降需求。下降需求是指市场对一个产品或几个产品的需求呈下降趋势的一种需求状况。在下降需求状况下应分析衰退的原因,进而开拓新的目标市场,改进产品特点和外观,或采用更有效的沟通手段来重新刺激市场需求,使老产品开始新的生命周期,并通过创造性的产品再营销来扭转需求下降的趋势。

(5)不规则需求。不规则需求是指某些物品或服务的市场需求在一年不同的季节,或一周不同的日子,甚至一天的不同时间上下波动很大的一种需求状况。在不规则需求情况下应通过灵活的定价、大力促销及其他刺激手段来改变需求的时间模式,使物品或服务的市场供给与需求在时间上协调一致。

(6)充分需求。充分需求是指某个物品或服务的目前需求水平和时间等于预期的需求水平和时间的一种需求状况。这是企业最理想的一种需求状况。但是,在动态市场上,消费者偏好会不断发生变化,竞争也会日益激烈。因此,在充分需求状况下应做好维持工作,即努力保持产品质量,经常测量消费者满意程度,通过降低成本来保持合理的价格,并激励推销人员和经销商大力推销,千方百计维持目前的需求水平。

(7)过量需求。过量需求是指市场需求超过了企业所能供给或所供给水平的一种需求状况。在过量需求情况下应降低市场营销,即通过提高价格、合理分销产品、减少服务和促销等措施,暂时或永久地降低市场需求水平,或者是设法降低来自盈利较少或服务需求不大的市场的需求水平。需要强调的是,降低市场营销并不是杜绝需求,而是降低需求水平。

(8)有害需求。有害需求是指市场对某些有害物品或服务的需求。对于有害需求的情况,应做好反市场营销工作,即劝说喜欢有害产品或服务的消费者放弃这种爱好和需求,大力宣传有害产品或服务的严重危害性,大幅度提高价格以及停止生产供应等。降低市场营销和反市场营销的区别在于:前者是采取措施减少需求,后者是采取措施消灭需求。

市场需求的预测

市场需求的预测主要是估计市场规模的大小及产品潜在需求量。这种预测分析的操作步骤如下：

第一，确定目标市场。在市场总人口数中确定某一细分市场的目标市场总人数，此总人数是潜在顾客人数的最大极限，可用来计算未来或潜在的需求量。

第二，确定地理区域的目标市场。算出目标市场占总人口数的百分比，再将此百分比乘上地理区域的总人口数，就可以确定该区域目标市场数目的多寡。

第三，考虑消费限制条件。考虑产品是否有某些限制条件足以减少目标市场的数量。

第四，计算每位顾客每年平均购买数量。从购买率/购买习惯中，可算出每人每年平均购买量。

第五，计算同类产品每年购买的总数量。区域内的顾客人数乘以每人每年平均购买的数量可算出总购买数量。

第六，计算产品的平均价格。利用一定的定价方法，算出产品的平均价格。

第七，计算购买的总金额。把第五项所求得的购买总数量，乘以第六项所求得的平均价格，即可算出购买的总金额。

第八，计算企业的购买量。将企业的市场占有率乘以第七项的购买总金额，再根据最近5年来公司和竞争者市场占有率的变动情况做适当的调整，就可以求出企业的购买量。

第九，需要考虑的其他因素。若是经济状况、人口变动、消费者偏好及生活方式等有所改变，则必须分析其对产品需求的影响。根据这些信息，客观地调查第八项所获得的数据，以便合理地预测在总销售额及总顾客人数中公司的潜在购买量。

四、市场营销管理

从市场营销的定义可以看出，营销不是简单的产品销售或者推销，而是一种综合的管理过程。营销管理是指为了实现企业或组织目标，建立和保持与目标市场之间互利的交换关系，而对设计项目的分析、规划、实施和控制。营销管理的实质是需求管理，即对需求的水平、时机和性质进行有效的调解。在营销管理实践中，企业通常需要预先设定一个预期的市场需求水平，然而，实际的市场需求水平可能与预期的市场需求水平并不一致。这就需要企业营销管理者针对不同的需求情况，采取不同的营销管理对策，进而有效地满足市场需求，确保企业目标的实现。

市场营销管理过程，也就是企业为实现企业任务和目标而发现、分析、选择和利用市场机会的管理过程。更具体地说，市场营销管理过程包括以下几个步骤。

(一)确认公司的主要任务

“任务”一词在此主要是指公司整体目标及发展方向。任何一个公司,为了进行营销活动,首先要确定其所属的行业、生意活动的范围及最终目标。这种确定有助于营销人员认清自己工作的方向及职责,营销人员应注重与公司业务相关的产品及生意。至于其他不怎么相关的生意,即使有良好的机会也不是工作的重点,不应该朝秦暮楚、舍本逐末。

营销的任务是将公司有限的资源作有效的分配及使用。一个公司在财力、人力、物力方面都是有限的,因此参与什么行业、做什么生意必须是有选择的。公司应确定自己在某一特定阶段(长期及短期)最能成功的行业及机会。即使是仅选择一个行业,如食品业,也不能所有的产品都开发,应视自己的经济实力、经验和能力而定。

此外,还应注意避免一种常见的“营销近视症”。“营销近视症”是因为公司把自己的任务和发展方向定得过于狭窄,以致不能洞悉和适应环境的改变,导致公司逐渐被淘汰。例如,美国铁路业制定其生意范围是“铁路事业”而非“运输事业”。随着科技的发展以及汽车、飞机等现代化运输工具的诞生和普遍使用,搭乘火车的人越来越少,这样就使生意一落千丈,甚至连其相关事业,如铁路旅馆、铁路百货也无疾而终,形成多米诺骨牌效应。

总之,制定公司的任务必须宽窄适中,兼顾长期和短期的发展。营销人员应确认其工作范围,合理地运用自己的时间、精力和财力,突出工作的重点,并能依据形势的变化作出相应调整。

(二)市场机会分析

在企业目标和方向确立之后,接下来就是做市场机会分析,其目的是要寻找公司生存发展的市场机会或“营销机会”。市场分析主要包括外部环境分析和内部环境分析。

外部分析通常称为4C分析,即环境(Circumstance)分析、竞争者(Competitors)分析、消费者(Consumers)分析和市场流通(Channels)分析。环境分析包括人口结构的分析及消费趋势、社会变化、经济情况、科技进步、政治和法律因素的分析。竞争者分析主要是为了弄清市场的结构、竞争的对手、市场占有率以及主要产品及服务的营销手法、公司资源的强弱等。消费者分析注重于市场情报收集,了解消费者的行为特征及他们对目前市场的需求偏好。比如,他们的需求有哪些尚未满足?他们的购买习惯是什么?市场潜力及市场细分怎样?市场流通分析包括分析市场结构、流通渠道、成本效率、流通成员、批发商及零售商的强弱等。经过外部分析,可能会发现在市场上有许多机会,但是这并不意味着所有的机会都是最佳的选择,公司还必须考虑其内部的能力。

内部分析即公司内部的资源分析。一个公司应了解其内部的优势和弱点,善于扬长避短,只有这样,才能确保其生存及成功。竞争优势可以体现在企业经济活动的各个方面,如开发、制造、运输、营销、资金、管理及技术等。例如生产苹果牌麦金塔电脑的公司,在发展之初,知道自己在财力、人力、物力等方面都不是IBM电脑公司的竞争对手,因此该公司采取的策略不是与 IBM 直接竞争，而是通过技术攻关，开发新产品。该公司生产的计算机采取完全不同的操作系统。由于“视窗”（Window）这一新产品不但易学易懂，而且操作起来方便，结果市场占有率直线上升，最后逼得 IBM 公司也向“视窗”系统发展。近年两家公司还签下互助发展的方案。

（三）目标市场的确定及研究

进行市场机会分析，通常是将市场或消费者分割成若干同质的小市场或细分市场，此种程序叫“市场细分化”。可在对各个细分市场加以适当的分析之后，比如，分析这个细分市场的利润如何、销量有多少、竞争优势怎样等，根据评估的结果选出公司最有机会成功的细分市场，作为公司的“目标市场”。一个公司的真正机会，必须是通过严密的内部分析及外部分析而筛选出来的。市场机会分析和目标市场的确定是产品成功的起点，如果分析出现错误，公司所投入的人力、物力、财力将会损失惨重。古人说：“好的开始是成功的一半”，实在是不无道理。

（四）制定营销目标与营销策略

一旦确定了“目标市场”，接下来就是制定竞争指导原则，即营销的目标及策略。营销目标可分为长期目标、中期目标及短期目标。长期目标通常指 5 年以上的目标，中期目标是指 3～5 年的目标，短期目标是指 1～2 年的目标。营销上常用“市场占有率”和“销售额”作为其目标的衡量指数。

例如某公司的营销目标如下：

长期目标：市场占有率要达到 30％及以上，年营业额要达到 2 亿元人民币，成为市场第一品牌；

中期目标：营业额增长率每年至少要达到 20％，每年开发 2～4 种新产品，第 5 年底市场占有率达到 15％；

短期目标：本年度总营业额要达到 3000 万元人民币，每季度的销售额至少要增长 10％，要推出 3 种新产品上市，并使市场占有率达到 3％。

营销目标的选定，不但要兼顾长期和短期目标，而且还要与实际相符合。目标越明确、越可行、越可衡量，则越有利于营销策略方案的制订与评估。

营销目标决定之后，接下来便是制定营销组合策略。营销组合策略的制订是为了达到营销目标。

（五）营销执行方案

根据营销目标和营销策略可制订出实际执行的步骤、方法及战术。营销执行方案必须明确、清楚，只有这样才容易得到销售人员或其他有关单位的密切配合。

(六)方案的执行及考核

一旦营销方案付诸执行,营销管理人员必须注意营销方案是如何被执行的,在执行过程中有哪些缺失,成果如何,一个好的方案如果不能切实执行,也难免会失败。营销人员应经常评估营销方案的执行情况,注意发现问题,并及时对方案加以调整。

(七)回馈评估及调整

营销规划所牵涉的不可控制的变数非常多。因此,有效的营销规划是不可能一蹴而就的,再好的计划也必须经过市场的实践检验。由于市场是动态的,变化万千,竞争者随时可能改变竞争策略,所以一个良好的营销管理系统必须是一个"回馈检视系统",只有不断地计划、评估、修正才能使营销立于不败之地。

总而言之,营销管理是一种具有持续性和经常性的动态管理活动。日本汽车业之所以能攻占美国市场,成功的营销管理程序是其制胜的主要原因之一。但是营销规划的成功,也必须依靠其他部门的协助及配合。营销管理的功能必须与其他管理功能相协调。

任务二　市场营销观念的演变

任务导入

想一想

李奋发是某大学市场营销专业一年级的学生,刚开始学习,他对市场营销还不太了解。跟同学聊天时,一提到营销对方往往就说:"学营销的啊,很好,推销一定很厉害。"小李认为营销和推销并不是一回事,对别人的这种看法并不认同,但又不知道怎么跟人解释,为此很苦恼。

思考:到底什么是营销,营销与推销有什么区别?如何才能树立正确的市场营销观念?

市场营销观念是指企业从事市场营销活动的指导思想,指导着企业从产品设计到售后服务等一系列的营销活动。市场营销观念的核心问题是:企业以什么经营思想为中心来开展市场营销活动。市场营销观念是随着商品经济的发展和市场的扩大而不断发展变化的。市场营销观念的演变经历了六个阶段,形成生产导向型、产品导向型、推销导向型、顾客导向型、社会营销导向型和大市场营销等六种市场营销观念。

一、生产导向型营销观念

生产导向型营销观念是以生产为中心的市场营销的指导思想,盛行于 19 世纪末和 20

世纪初。这种营销观念的形成主要有三个市场条件：一是社会生产能力严重不足，商品供给小于需求，具有卖方市场的特点；二是社会需求不断增加，商品供给与需求之间存在较大的差距；三是商品生产的成本较高，企业需要通过提高劳动生产率来降低生产成本，使商品价格能够被消费者所接受。

因此，生产导向型营销观念的基本内容是：生产能力是最为重要的因素，只要生产出有用的产品，就会有销路；企业以改进、增加生产为中心，生产什么产品，就销售什么产品。当消费者或客户期望能购得有用的产品，而不计较该产品的具体特色或特性时，就产生这种市场营销思想。这种营销观念具有四个方面的特点：一是生产导向型营销观念主要适用于生产水平低、供不应求和卖方市场等市场环境；二是生产导向型营销观念的经营模式主要是生产什么就销售什么；三是生产导向型营销观念的竞争手段主要是提高生产效率和降低产品成本；四是生产导向型营销观念的核心是以企业为出发点，即生产中心论。生产导向型营销观念在供不应求的卖方市场时代具有生命力，是指导企业制定经营战略的重要营销思想。

在这种市场营销观念指导下，企业的中心任务就是组织所有资源，集中一切力量增加产量，降低成本，提高销售效率，而很少考虑或者说不必考虑是否存在不同的需求，因而就谈不上市场调研活动。例如，美国福特汽车公司创始人福特说："不管顾客需要什么，我的汽车都是黑的。"这是因为，当时的社会生产力水平还不高，多数商品处于供不应求的"卖方市场"状态，市场经营权掌握在卖方手中。所以，统一规格的黑色汽车照样源源不断地销售出去，取得理想的目标利润。这种情况除了 19 世纪初是如此，"二战"以后的一段时间内由于物资短缺，需求旺盛，许多产品供不应求，这种观点也流行过一段时间。

二、产品导向型营销观念

随着社会生产力的不断提高，供不应求的卖方市场状况得到改变，市场的供给与需求逐渐趋于均衡，生产导向型营销观念逐渐丧失其应用价值。消费者可以对商品消费进行选择，企业的生产经营思想开始从关注产品生产的数量转变为追求产品的质量、样式、功能、性质等。

产品导向型营销观念认为，在企业的生产经营中，消费者不仅关注产品数量的要求，而且会更多地关注产品的质量、功能和样式等方面；企业只要在这些方面加以提高和改进，就能够顺利地实现商品销售。产品导向型营销观念在商品经济不发达的时代具有其合理性，主要具有以下几个特点：一是产品导向型营销观念适应的环境主要是商品经济不发达和产品种类单一化；二是产品导向型的营销观念经营模式主要是注重产品本身；三是产品导向型营销观念的竞争手段主要是通过提高产品质量和改进产品性能来实现；四是产品导向型营销观念的核心是以企业为出发点，即产品中心论。产品导向型营销观念关注的中心是产品本身，而忽视了顾客需求和需求变化，容易使企业忽视市场环境的变化，尤其是消费者的需求及其变化。在现代市场经济发展的条件下，产品导向型营销观念已经不适应社会经济环境。首先，产品的质量、样式和功能等方面的变化不能等同于顾客需求的变化，尽管这在一定程度上体现了需求的差异性，但并不是源于顾客的需求。其次，在现代市场环境中，消费者的需求呈现个性化、多元化和动态性的发展特点，产品导向型营销观念就很难与外部市场环境相符合。最后，随着市场竞争日趋激烈，先进技术不断在生产中加以运用，技术竞争和产品竞争给产品导向型营销观念在成本、技术等方面形成较大的压力，降低了产品导向型营销观念的实践价值。

三、推销导向型营销观念

推销导向型营销观念大约存在于20世纪30年代到第二次世界大战结束。推销导向型营销观念是以推销为中心，主要强调：如果不经过努力销售，消费者就不会大量购买。在这种市场营销观念指导下，企业注重运用推销术和广告术，向现实买主和潜在买主大肆兜售商品，以期压倒竞争对手，提高市场占有率，取得较为丰厚的利润。这是因为，由于科学技术的发展，当时的生产力水平有了较大的提高，商品产量大大增加。但是社会购买力却没有相应地提高，逐步出现了供过于求、“卖方市场”向“买方市场”转化的状况。所以，商品的推销问题就成为影响企业生存和发展的关键问题。值得注意的是，推销活动与推销观念并不是一回事。在产品不为消费者或客户所了解、所熟悉的情况下，企业为了占领市场，通常都会加强推销工作，但这并不意味着企业奉行的是推销观念。推销导向型营销观念具有四个方面的特点：一是推销导向型营销观念主要适用于生产过剩的买方市场的市场环境；二是推销导向型营销观念注重销售环节，强调销售促进；三是推销导向型营销观念注重运用广告、直销、推销访问等各种市场竞争手段；四是推销导向型营销观念的核心是以企业为出发点，即推销中心论。

与生产导向型营销观念相比，推销导向型营销观念在营销理论和营销实践上得到了发展。生产导向型营销观念主要是强调提高产品产量，以适应供不应求的市场需要，通过扩大产量和降低成本来获取利益，实质上是企业主要重视生产环节；而推销导向型营销观念开始重视销售环节，通过市场宣传、营销信息传播来促进商品销售，提高销售规模。因此，推销导向型营销观念是对生产导向型营销观念的理论发展。但是，这两者均没有以消费者需求为起点，仍然是以企业为中心，没有摆脱以产定销的本质。因此，推销导向型营销观念是一种发展的生产导向型营销观念。

四、顾客导向型营销观念

顾客导向型营销观念是与市场营销学的“革命”同时进行的，盛行于20世纪50年代到70年代。顾客导向型营销观念是以顾客为中心的市场营销观念，其基本思想是：消费者或用户需要什么产品，企业就应该生产、销售什么产品。企业思考问题的逻辑顺序不是从既有的生产出发，不是以现有的产品去吸引或寻找顾客，而是颠倒过来：从反映在市场上的消费需求出发，按照目标顾客的需要与欲望，比竞争者更有成效地去组织生产与销售。企业生产销售的主要目标不是单纯追求销售量的短期增长，而是着眼于长期占领市场。这是由于当代新科学技术革命的深入和普及于民用工业，社会生产力迅速提高，社会产品日新月异，消费者的消费需求千变万化，产品更新周期不断缩短，生产与消费的矛盾更加突出，从而引起了这种市场营销观念的产生。在这种市场营销观念的指导下，“顾客至上”“顾客需要什么，我就生产什么、销售什么”“始于顾客需求，终于顾客满意”等一系列市场营销口号被提了出来。

在这种观念指导下，企业十分重视市场的调查研究和市场预测，在消费需求的动态变化中不断发现那些尚未得到满足的市场需求，并集中企业一切资源和力量，千方百计地去满足这种需求，以不断地扩大销售，实现其长期利润最大化的市场营销目标。市场营销学家们认为，这种以顾客为中心的市场营销观念，与以生产为中心和以推销为中心的市场营销观念相比，是市场营销观念的一种质的变化，也是市场营销学的一场革命。

顾客导向型营销观念是对推销导向型营销观念的理论发展，但两者在营销起点、诉求中心、营销手段和营销目的等方面存在明显的区别。

(1)营销起点不同。推销导向型营销观念将企业生产作为营销的起点，顾客需求是营销的终点，即先有生产，后有市场。而顾客导向型营销观念是以顾客需求为起点，以满足顾客需要为终点，即“始于顾客需求，终于顾客满意”，市场贯穿于企业生产经营过程之中。

(2)诉求中心不同。推销导向型营销观念主要注重产品的宣传，通过多种促销手段让消费者产生购买欲望，实现产品销售，而忽视顾客实际需求和需求变化。而顾客导向型营销观念始终强调以消费者的需求为中心，根据消费者的需求研究、设计、开发和生产产品，并以此满足消费者的需要。

(3)营销手段不同。推销导向型营销观念主要通过广告、直销、销售访问等各种促销手段来刺激消费者的购买欲望，从而扩大销售量。由于没有考虑到消费者需求，因而推销导向型营销观念明显带有单向性和盲目性。而顾客导向型营销观念强调在充分考虑消费者需求的基础上，通过整体营销组合的手段进行营销宣传，全方位地为消费者服务。

(4)营销目的不同。推销导向型营销观念是以企业能否实现产品销售作为衡量达成营销目的与否的标准，其营销目的在于销售产品或服务并获取利润。而顾客导向型营销观念是以能否满足消费者需求作为衡量达成营销目的与否的标准，其营销目的在于满足顾客需求，并通过满足需求而获得利润，企业经营活动具有互动性和针对性。

由此可见，顾客导向型营销观念是立足于目标市场、顾客需求、整合营销和盈利能力等四个重要环节。在生产者和消费者关系上，消费者是起支配和决定作用的一方，生产者应该根据消费者的需求组织生产。从根本上说，顾客导向型营销观念是一种以顾客需求为中心的经营哲学。

五、社会营销导向型营销观念

社会营销导向型营销观念是从20世纪70年代起所形成的一种对顾客导向型的营销观念的补充修正和完善的市场营销观念。因此，西方学者把顾客导向型和社会营销导向型的营销观念,统称为现代市场营销观念。社会营销导向型的营销观念是以满足消费者的需要与社会利益相一致的市场营销的指导思想,是市场营销学在成熟时期的产物。

在顾客导向型营销观念指导下,有些企业片面强调满足消费者的需求,忽视企业自身的资源和能力,结果生产出来的往往不是自己所擅长的产品,不能比竞争者的产品更能满足消费者的需要。有的企业在满足消费者需要时,可能不自觉地与社会公众的利益发生矛盾,造成社会损失。于是,一些市场营销学家就对顾客导向型营销观念进行了修正与完善,强调企业的市场营销活动应该像生物适应自然环境那样,与市场环境相适应。这样,企业既能扬长避短,充分发挥本企业的优势,生产销售市场需要的产品,又能满足消费者的需求。他们还强调,企业在发挥优势、拓展市场和夺取高额利润的过程中,必须维护社会公众的利益,否则,企业的生产发展与公众的利益就会发生矛盾。例如,汽车工业的发展是为了满足人们的需要,过量地生产汽车,结果对环境造成严重污染,因而要求企业在生产汽车过程中应当提高生产技术水平,降低有害气体的排放。

社会营销导向型营销观念是以社会为中心代替以消费者为中心,企业的生产经营不仅要对消费者负责,而且要对整个社会负责,包括对社会环境污染的防治、生态平衡的保护以及能源和各种资源的节约等。社会营销导向型营销观念强调将企业利润、消费者需要和社会利益三个方面统一起来。这种观念比以消费者为中心的观念更加全面。

六、大市场营销观念

20 世纪 80 年代以来,西方发达国家生产过剩,市场竞争日益激烈,但是市场有限。为了保护本国的工业,许多国家的政府干预加强,贸易保护主义抬头,采取了一系列关税和非关税贸易壁垒。在这种封闭型或保护型的市场上,已经存在的参与者和批准者往往会设置种种障碍,使得那些能够提供类似产品,甚至能够提供更好的产品和服务的企业难以进入市场,无法开展经营服务。在这样的背景下,菲利普·科特勒于 1984 年提出了“大市场营销”的观念。

大市场营销观念是在实行贸易保护的条件下,企业采取 6Ps 的营销组合策略,即“产品”“价格”“促销”“分销渠道”“政治力量”和“公共关系”。这种营销组合策略被称之为“大市场营销”。“大市场营销”是企业为了成功地进入特定市场或者在特定市场经营,应用经济的、心理的、政治的和公共关系技能,赢得若干参与者合作的观念。

大市场营销观念认为,企业可以通过自身的生产经营活动来影响外部市场环境,而不是简单地适应市场环境的变化。因此,为了更好地满足消费者的需求,大市场营销观念更强调采取所有营销策略和营销手段,开拓和进入某一目标市场,并且在一定程度上要能够改变和创造消费者的需要。从营销手段上,大市场营销观念注重整合各种营销手段,使各种营销手段实现优势互补,充分地影响消费者的需要,从而满足消费者的需要。

七、现代市场营销观念的新领域

（一）创造需求的营销观念

现代市场营销观念的核心是以消费者为中心，认为市场需求引起供给，每个企业必须依照消费者的需要与愿望组织商品的生产与销售。几十年来，这种观念已被公认，在实际的营销活动中也备受企业家的青睐。然而，随着消费需求多元性、多变性和求异性特征的出现，需求表现出了模糊不定的“无主流化”趋势，许多企业对市场需求及走向常感捉捕不准，适应需求难度加大。另外，完全强调按消费者购买欲望与需要组织生产，在一定程度上会压抑产品创新，而创新正是经营成功的关键所在。为此，在当代激烈的商战中，一些企业总结现代市场营销实践经验，提出了创造需求的新观念，其核心是指市场营销活动不仅仅限于适应、刺激需求，还在于能否生产出对产品的需求。

日本索尼公司曾公开表示：“我们的目标是以新产品领导消费大众，而不是问他们需要什么，要创造需要。”索尼公司的认识起码有三方面是新颖的：

其一，生产需要比生产产品更重要，创造需求比创造产品更重要。

其二，创造需要比适应需要更重要，现代企业不能只满足于适应需要，更应注重“以新产品领导消费大众”。

其三，“创造需求”是营销手段，也是企业经营的指导思想。它是对近几十年来一直强调“适应需求”的市场营销观念的发展。

（二）关系市场营销观念

关系市场营销观念是较之交易市场营销观念而形成的，是市场竞争激化的结果。传统的交易市场营销观念的实质是卖方提供一种商品或服务以向买方换取货币、实现商品价值，是买卖双方价值的交换，双方是一种纯粹的交易关系，交易结束后不再保持其他关系和往来。在这种交易关系中，企业认为卖出商品赚到钱就是胜利，顾客是否满意并不重要。而事实上，顾客的满意度直接影响到重复购买率，关系到企业的长远利益。由此，从 20 世纪 80 年代起美国理论界开始重视关系市场营销，即为了建立、发展、保持长期的、成功的交易关系而进行的所有市场营销活动。它的着眼点是与和企业发生关系的供货方、购买方、侧面组织等建立良好稳定的伙伴关系，最终建立起一个由这些牢固、可靠的业务关系所组成的“市场营销网”，以追求各方面关系利益最大化。这种从追求每笔交易利润最大化转化为追求同各方面关系利益最大化是关系市场营销的特征，也是当今市场营销发展的新趋势。

关系市场营销观念的基础和关键是“承诺”与“信任”。承诺是指交易一方认为与对方的相处关系非常重要而保证全力以赴去保持这种关系，它是保持某种有价值关系的一种愿望和保证。信任是当一方对其交易伙伴的可靠性和一致性有信心时产生的，它是一种依靠其交易伙伴的愿望。承诺和信任的存在可以鼓励营销企业与伙伴致力于关系投资，抵制一些短期利益的诱惑，而选择保持发展与伙伴的关系去获得预期的长远利益。因此，达成“承诺—信任”，然后着手发展双方关系是关系市场营销的核心。

（三）绿色营销观念

绿色营销观念是在当今社会环境破坏、污染加剧、生态失衡、自然灾害威胁人类生存和发展的背景下提出来的一种新观念。20 世纪 80 年代以来，伴随着各国消费者环保意识的日益增强，世界范围内掀起了一股绿色浪潮，绿色工程、绿色工厂、绿色商店、绿色商品、绿色消费等新概念应运而生，不少专家认为，我们正走向绿色时代，21 世纪将是绿色世纪。在这股浪潮冲击下，绿色营销观念也就自然而然地产生了。

绿色营销观念主要强调把消费者需求与企业利益和环保利益三者有机地统一起来，它最突出的特点，就是充分顾及资源利用与环境保护问题，要求企业从产品设计、生产、销售到使用整个营销过程都要考虑到资源的节约利用和环保利益，做到安全、卫生、无公害等，其目标是实现人类的共同愿望和需要——资源的永续利用与保护和改善生态环境。为此，开发绿色产品的生产与销售，发展绿色产业是绿色营销的基础，也是企业在绿色营销观念下从事营销活动成功的关键。

（四）文化营销观念

文化营销观念是指企业成员共同默认并在行动上付诸实施，从而使企业营销活动形成文化氛围的一种营销观念，它反映的是现代企业营销活动中经济与文化的不可分割性。企业的营销活动不可避免地包含着文化因素，企业应善于运用文化因素来实现市场制胜。

在企业的整个营销活动过程中，文化渗透于其始终。一是商品中蕴含着文化。商品不仅仅是有某种使用价值的物品，同时，它还凝聚着审美价值、知识价值、社会价值等文化价值的内容。“孔府家酒”之所以能誉满海外，备受海外华人游子的青睐，不仅在于它的酒味香醇，更在于它满足了海外华人思乡念祖的文化需要。日本学者本村尚三郎曾说过，“企业不能像过去那样，光是生产东西，而要出售生活的智慧和欢乐”，“现在是通过商品去出售智慧、欢乐和乡土生活方式的时代了”。二是经营中凝聚着文化。日本企业经营的成功得益于其企业内部全体职工共同信奉和遵从的价值观、思维方式和行为准则，即所谓的企业文化。营销活动中尊重人的价值、重视文化建设、重视管理哲学及求新、求变精神，已成为当今企业经营发展的趋势。美国 IBM 公司“尊重个人、顾客至上、追求卓越”三位一体的价值观体系、日本松下公司“造物之前先造人”的理念、瑞士劳力士手表“仁心待人、严格待事”的座右铭等，充分说明了企业文化的因素把企业是各类人员凝集在一起的精神支柱，是企业在市场竞争中赢得优势的源泉和保证。

（五）整体营销观念

1992 年美国市场营销学界的权威菲利普 · 科特勒提出了跨世纪的营销新观念——整

体营销，其核心是从长远利益出发，公司的营销活动应囊括构成其内、外部环境的所有重要行为者，他们是供应商、分销商、最终顾客、职员、财务公司、政府、同盟者、竞争者、传媒和一般大众。前四者构成微观环境，后六者体现宏观环境。公司的营销活动，就是要从这十个方面进行。

1. 供应商营销

对于供应商，传统的做法是选择若干数目的供应商并促使他们相互竞争。现在越来越多的公司开始倾向于把供应商看作合作伙伴，设法帮助他们提高供货质量及及时性。为此，一要确定严格的资格标准以选择优秀的供应商；二要积极争取那些成绩卓著的供应商，使其成为自己的合作者。

2. 分销商营销

由于销售空间有限，分销商的地位变得越来越重要。因此，开展分销商营销，以获取他们主动或被动支持成为制造商营销活动中的一项内容。具体来讲，一是进行“正面营销”，即与分销商展开直接交流与合作；二是进行“侧面营销”，即公司设法绕开分销商的主观偏好，而以密集广告、质量改进等手段建立并维持巩固的顾客偏好，从而迫使分销商购买该品牌产品。

3. 最终顾客营销

最终顾客营销是传统意义上的营销，指公司通过市场调查，确认并服务于某一特定的目标顾客群的活动过程。

4. 职员营销

职员是公司形象的代表和服务的真实提供者。职员对公司是否满意，直接影响着他的工作积极性，影响着顾客的满意度，进而影响着公司利润。为此，职员也应成为公司营销活动的一个重要内容。由于职员营销面对的是内部职员，因而也称“内部营销”。它一方面要求通过培训提高职员的服务水平，增强敏感性及与顾客融洽相处的技巧；另一方面，要求强化与职员的沟通，理解并满足他们的需求，激励他们在工作中发挥最大潜能。

5. 财务公司营销

财务公司提供一种关键性的资源——资金，因而财务公司营销至关重要。公司的资金能力取决于它在财务公司及其他金融机构的资信。因此，公司需了解金融机构对它的资信评价，并通过年度报表、业务计划等工具影响其看法，这其中的技巧就构成了财务公司营销。

6. 政府营销

所有公司的经济行为都必然受制于由政府颁布的一系列法律。为此，开展政府营销，以促使其制订于己有利的立法、政策等，已成为众多公司营销活动中的内容。

7. 同盟者营销

因为市场在全球范围的扩展，寻求同盟者对公司来说日益重要。同盟者一般与公司组成松散的联盟，在设计、生产、营销等领域为公司的发展提供帮助，并与公司建立互惠互利的合作关系。如何识别、赢得并维持同盟者是同盟者营销需要解决的问题，须根据自身实际资源状况和经营目标加以选择，一旦确定，就设法吸引他们参与合作，并在合作过程中不断加以激励，以取得最大的合作效益。

8. 竞争者营销

通常的看法，认为竞争者就是与自己争夺市场和盈利的对手。事实上，竞争者可以转变为合作者，只要“管理”得当，这种对竞争者施以管理，以形成最佳竞争格局、取得最大竞争收益的过程就是竞争者营销。

9. 传媒营销

大众传媒，如广播、报刊、电视等能直接影响公司的大众形象和声誉，公司甚至得受它摆布。为此，传媒营销的目的就在于鼓励传媒做有利的宣传，尽量淡化不利的宣传。这就要求一方面与记者建成良好的关系，另一方面要尽量赢得传媒的信任和好感。

10. 大众营销

公司的环境行为者中最后一项是大众，很多公司都逐渐体会到大众看法对其生存与发展有着至关重要的影响。大众营销就是为获得大众喜爱，公司必须广泛搜集公众意见，确定他们关注的新焦点，并有针对性地设计一些方案加强与公众的交流。如，资助各种社会活动，与大众进行广泛接触、联系等。

任务三　市场营销组合

任务导入

想一想

1996 年，一位四川成都的农民投诉海尔洗衣机排水管老是被堵，服务人员上门维修时发现，这位农民用洗衣机洗地瓜（又称红薯），泥土多，因此容易堵塞。服务人员并不推卸自己的责任，而是帮顾客加粗了排水管。顾客感激之余，埋怨自己给海尔人添了麻烦，还说如果能有洗红薯的洗衣机，就不用劳烦海尔人了。农民兄弟的一句话，被海尔人记在了心上。海尔营销人员调查四川农民使用洗衣机的状况时发现，在盛产红薯的成都平原，每当红薯大丰收的时节，许多农民除了卖掉一部分新鲜红薯外，还要将大量的红薯洗净后加工成薯条。但红薯上沾带的泥土洗起来费时费力，于是农民就动用了洗衣机。更进一步的调查发现，在四川农村有不少洗衣机用过一段时间后，电机转速减弱、电机壳体发烫。向农民一打听，才知道他们冬天用洗衣机洗红薯，夏天用它来洗衣服。这令海尔集团首席执行官张瑞敏萌生了一个大胆的想法：发明一种洗红薯的洗衣机。1997 年海尔为该洗衣机立项，成立以工程师李崇正为组长的4人课题组，1998年4月投入批量生产。洗衣机型号为XPB40－DS，不仅具有一般双桶洗衣机的全部功能，还可以洗地瓜、水果甚至蛤蜊，价格仅为848元一台。首次生产了1万台投放农村，立刻被一抢而空。

资料来源：海尔洗衣机“无所不洗”，http://course.shufe.edu.cn/course/marketing/allanli/haier.htm，[2015-6-20]

思考：(1)海尔为什么要开发能洗红薯的洗衣机？

(2)根据海尔这个例子分析市场营销组合有何意义。

市场营销组合是企业市场营销战略的一个重要组成部分，是指将企业可控的基本营销措施组成一个整体性活动。所谓市场营销组合，是指企业针对目标市场的需要，综合考虑环境、能力、竞争状况，对自己可控制的各种营销因素(产品、价格、分销、促销等)进行优化组合和综合运用，使之协调配合，扬长避短，发挥优势，以取得更好的经济效益和社会效益。

一、4Ps营销组合

1960年，麦卡锡在其《基础营销》一书中第一次将企业的营销要素归结为四个基本策略的组合，即著名的4Ps理论。麦卡锡认为，企业从事市场营销活动，一方面要考虑到企业的各种外部环境，另一方面要制订市场营销组合策略，通过策略的实施，适应环境，满足目标市场的需要，实现企业的目标。麦卡锡绘制了一幅市场营销组合模式图，图的中心是某个消费群，即目标市场，周围是四个可控要素：产品(Product)、价格(Price)、地点(Place)、促销(Promotion)，由于这四个词的英文字头都是P，再加上策略(strategy)，所以简称4Ps，如图1-2所示。

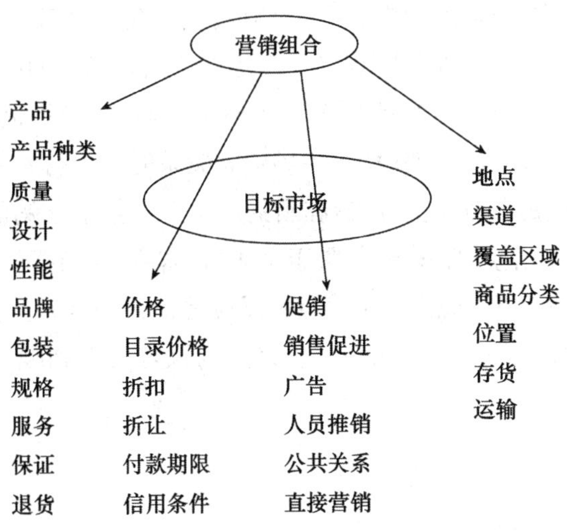

图1－2　4Ps模式图

在这里，产品就是考虑为目标市场开发适当的产品，选择产品线、品牌和包装等；价格就是考虑制订适当的价格；地点就是要通过适当的渠道安排运输储藏等把产品送到目标市场；促销就是考虑如何将适当的产品按适当的价格，在适当的地点通知目标市场，包括销售推广、广告、培养推销员等。在“4P”范围之外的有企业外部环境,它包括各种不可控因素,如经济环境、社会文化环境、政治法律环境等。麦卡锡指出,4Ps组合的各要素将要受到这些外部环境的影响和制约。

二、4Cs 营销组合

4Cs 营销组合策略由美国营销专家劳特朋教授于 1990 年提出,它以消费者需求为导向,重新设定了市场营销组合的四个基本要素:消费者(Consumer)、成本(Cost)、便利(Convenience)和沟通(Communication)。它强调企业首先应该把追求顾客满意放在第一位,其次是努力降低顾客的购买成本,然后要充分注意到顾客购买过程中的便利性,而不是从企业的角度来决定销售分销渠道策略,最后还应以消费者为中心实施有效的营销沟通。与产品导向的 4Ps 理论相比,4Cs 理论有了很大的进步和发展,它重视顾客,以追求顾客满意为目标,这实际上是当今消费者在营销中越来越居主动地位的市场对企业的必然要求。

三、4R 营销组合

21 世纪伊始,《4R 营销》的作者艾略特·艾登伯格便提出 4R 理论。4R 理论以关系营销为核心,阐述了四个全新的营销组合要素:关联(Relativity)、反应(Reaction)、关系(Relation)和回报(Retribution)。

4R 理论首先强调企业与顾客在市场变化的动态中应建立长久互动的关系,以防止顾客流失,赢得长期而稳定的市场;其次,面对迅速变化的顾客需求,企业应学会倾听顾客的意见,及时寻找、发现和挖掘顾客的渴望与不满及其可能发生的演变,同时建立快速反应机制以对市场变化快速作出反应;企业与顾客之间应建立长期而稳定的朋友关系,由实现销售转变为实现对顾客的责任与承诺,以维持顾客再次购买和顾客忠诚;企业应追求市场回报,并将市场回报当作企业进一步发展和保持与市场建立关系的动力与源泉。

4R 理论的最大特点是以竞争为导向,在新的层次上概括了营销的新框架。该理论根据市场不断成熟和竞争日趋激烈的形势,着眼于企业与顾客互动与双赢,不仅积极地适应顾客的需求,而且主动地创造需求,通过关联、关系、反应等形式与客户形成独特的关系,把企业与客户联系在一起,形成竞争优势。如今建立稳定的顾客关系和顾客忠诚的重要性已经为许多企业所认识。

思考题

(1)如何理解市场、市场营销之间的区别与联系?

(2)市场营销观念是如何形成和演变的?其中各种不同的营销观念各有什么特点和适用条件?

(3)现代市场营销观念的重点是什么?

(4)如何理解 4Ps 和 4Cs?

技能训练

技能训练一：一分钟自我推销训练

1. 训练目的

锻炼学生的口头表达能力、应变能力及自我控制能力。

2. 训练内容

(1)开场白和问候。

(2)我是谁(姓名、出生、兴趣爱好、家庭情况以及对未来的展望等)。

3. 操作要点

(1)知识点：训练胆量、勇气、口头表达能力等营销人员应具备的相关素质。

(2)能力点：普通话水平、行为仪表、语言表达能力、应变能力等。

(3)考核点：演讲的神态与举止，介绍内容的用语是否新颖、完整、连贯等，空间控制是否到位。

技能训练二：案例分析

皮尔斯堡面粉公司的新转变

美国皮尔斯堡面粉公司，于 1869 年成立，从成立到 20 世纪 20 年代以前，这家公司提出“本公司旨在制造面粉”的口号。因为在那个年代，人们的消费水平很低，面粉公司无须太多宣传，只要保持面粉质量，降低成本与售价，销量就会大增，利润也会增加，而不必研究市场需求特点和推销方法。1930 年左右，美国皮尔斯堡面粉公司发现，竞争加剧，销量开始下降。公司为扭转这一局面，第一次在公司内部成立商情调研部门，并选派大量推销员，扩大销售量，同时把口号变为“本公司旨在推销面粉”，更加注意推销技巧，进行大量广告宣传，甚至开始硬性兜售。然而随着人们生活水平的提高，各种强力推销未能满足顾客变化的新需求，这迫使面粉公司从满足顾客心理实际需求的角度出发，对市场进行分析研究。1950 年前后公司根据战后美国人的生活需要开始生产和推销各种成品和半成品的食品，使销量迅速上升。

1958 年后，公司着眼于长期占领市场，着重研究今后 3 年到 30 年的市场消费趋势，不断设计和制造新产品，培训新的推销人员。

资料来源：题目为编者添加，http://jpkc.szpt.edu.cn/2007/sgj/article_content.asp?id=385，[2007-5-18][2015-6-21]

问题：

(1)联系本案例，说明市场营销观念的转变和各阶段的特点。

(2)该公司的转变对中国企业有何借鉴意义?

技能训练三：案例分析

宝洁公司为什么能够成功？

我们生产和提供世界一流的产品，以美化消费者的生活。

——宝洁公司的格言

一、从理解消费者入手，生产消费者需要的产品

宝洁公司(P&G)是一个典型的以顾客为中心，用顾客需要来指导生产运营和营销活动的全球性大公司。

P&G所获得的对消费者的理解有两大用途：其一，证实P&G信奉的通用准则；其二，找到因适应当地差异性而需要修改的地方。

二、持续创新，提高产品价值

创新是P&G实现增长的主要驱动器，它对创新模式的创新主要表现在以下三个方面，即360度创新、反向设计、成本创新。

三、经营品牌的核心价值，以品牌为单元的产品经理体制

产品经理体制是一种矩阵型的组织结构，产品经理只对一种产品负责，对各个部门进行协调，保证各部门的行动统一在“战略或消费者价值之下”，形成以价值为核心的独立品牌体系。

每一个品牌都是独一无二的，每个品牌必须独立地建立顾客忠诚度。

四、独特的广告策略

P&G的每一个广告都成为广告界的话题。它依仗“独特的销售主张”，加上卓越的创意表现，使它的产品狂潮般地占领了中国市场。

问题：

(1)以宝洁为例，思考营销与推销的区别。

(2)以宝洁的某一种产品为例，说明其营销中的核心概念（基本需求、欲望、产品、价值、市场）是什么。

(3)宝洁的营销体现了哪一种市场观念？宝洁公司是如何在营销实践中应用这种观念的？

项目小结

(1)需求就是指一定时间内和一定价格条件下，消费者对某种商品或服务愿意而且能够购买的数量。必须注意，需求与通常的需要是不同的。市场需求的构成要素有两个，一是消费者愿意购买，即有购买的欲望；二是消费者能够购买，即有支付能力，两者缺一不可。营销是一个发现需求并且满足需求的过程，供需双方通过交换创造价值，而营销就是对这个过程的管理，从而让这个过程变得更有效、通过管理创造价值最大化。营销的目标就是发现需求、满足需求。

（2）市场营销是个人和集体通过创造并同他人交换产品和价值，以获得其所需所欲之物的一种社会和管理过程。市场营销是一个系统的社会和管理过程。它不仅包括生产、经营之前的具体经济活动，如进行市场调研、收集市场信息、分析市场机会、进行目标市场营销等，还包括销售过程的一系列具体的经济活动，如产品定价和包装、选择分销渠道、进行促销活动、提供销售服务等，同时还包括销售完成之后的售后服务、信息反馈等一系列活动。

（3）营销不是简单的产品销售或者推销，而是一种综合的管理过程，营销管理是指为了实现企业或组织目标，建立和保持与目标市场之间互利的交换关系，而对设计项目的分析、规划、实施和控制。

（4）市场营销观念认为，实现企业诸多目标的关键在于正确确定目标市场的需要和欲望，一切以消费者为中心，并且比竞争对手更有效、更有利地传达目标市场所期望满足的东西。

（5）企业要满足市场的需求，必然需要掌握一些工具、使用一些手段，而这些工具和手段的集合，可以称为营销组合。市场营销组合是指企业针对目标市场的需要，综合考虑环境、能力、竞争状况，对自己可控制的各种营销因素（产品、价格、地点、促销等）进行优化组合和综合运用，使之协调配合，扬长避短，发挥优势，以取得更好的经济效益和社会效益。

项目二 分析市场营销环境

知识点拨 学习要点

理论要点：了解市场营销环境的含义；

掌握微观营销环境分析和宏观营销环境分析。

技能要点：能够对营销的宏观环境和微观环境进行客观分析。

任务一 宏观营销环境分析

任务导入 想一想

在阿拉伯国家，虔诚的穆斯林每日祈祷，无论是居家或是旅行，祈祷者在固定时间都要跪拜于地毯上，且要面向“圣城”麦加。结果，比利时地毯厂商人范得维格巧妙地将扁平的“指南针”嵌入祈祷用的小地毯上，该“指南针”指的不是正南或正北，而是始终指向麦加城。这样，伊斯兰教徒们有了他的地毯，无论走到哪里，只要把地毯往地上一铺，便可准确找到麦加城所在的方向。这种地毯一上市就立即成了抢手货。

资料来源：国际市场营销环境分析，http://www.docin.com/p－692716832.html，(2013-8-22)[2015-6-20]

思考：比利时商人范得维格对哪种市场营销环境进行了分析，才使“指南针”地毯一举成功？

按照现代系统论，环境是指系统边界以外所有因素的集合。市场营销环境是存在于企业营销系统外部的不可控制或难以控制的因素和力量，这些因素和力量是影响企业营销活动及其目标实现的外部条件。

营销环境是一个综合的概念，由多方面的因素组成。环境的变化是绝对的、永恒的。随着社会的发展，特别是网络技术在营销中的运用，使得环境更加变化多端。虽然对营销主体而言，环境及环境因素是不可控制的，但它也有一定的规律性，我们可通过营销环境的分析对其发展趋势和变化进行预测和事先判断。企业的营销观念、消费者需求和购买行为，都是在一定的经济社会环境中形成并发生变化的。

任何企业都如同生物有机体一样，总是生存于一定的环境之中，企业的营销活动不可能脱离周围环境而孤立地进行。企业营销活动要以环境为依据，主动地去适应环境，同时又要在了解、掌握环境状况及其发展趋势的基础上，通过营销努力去影响外部环境，使环境有利于企业的生存和发展，有利于提高企业营销活动的有效性。因此，重视研究市场营销环境及其变化，是企业营销活动的最基本课题。

营销环境的内容比较广泛，可以根据不同标准加以分类。基于不同观点，营销学者提出了各具特色的环境分析法。菲利普·科特勒将市场营销环境分为微观营销环境和宏观营销环境。我们认为，微观营销环境和宏观营销环境是主从关系，而不是并列关系，即微观营销环境受制于宏观营销环境，微观营销环境中的各种要素都受到宏观营销环境中的各种力量的影响。

宏观市场营销环境是指企业不可控制的并能给企业的营销活动带来市场机会和环境威胁的主要社会力量，包括人口环境、经济环境、自然环境、政治法律环境、科学技术环境以及社会文化环境。企业及其微观市场营销环境的参与者，无不处于宏观市场营销环境中。

一、人口环境

人口是构成市场的第一要素。市场由那些想买东西并且有购买能力的人构成。因此，人口的多少直接决定市场的潜在容量。而人口的年龄结构、地理分布、婚姻状况、出生率、死亡率、人口密度、流动性、文化教育等特性，又会对市场需求格局产生深刻影响，并直接影响着企业的市场营销活动。老年人会有不同于年轻人的消费需求。同样，男性与女性，南方人与北方人，不同文化、不同民族、不同职业的人，在消费需求结构、消费习惯与方式上都会有明显的差异。企业必须认真关注人口环境的变化，密切注视人口特性及其发展动向，不失时机地抓住市场机会，避开威胁，调整战略，及时、果断地调整营销策略，以适应人口环境的变化，使企业在市场营销活动中领先一步。

（一）人口总量与增长速度对企业营销活动的影响

1. 一个国家或地区总人口数量是衡量市场潜在容量的重要因素

人口越多，如果收入水平不变，则对食物、衣着、日用品等生活必需品的需求量越多，那么该市场规模也就越大。我国作为全世界人口最多的国家，无疑是一个巨大的市场。

2. 人口的迅速增长促进了市场规模的扩大

因为人口增加，其消费需求也会迅速增加，那么市场的潜力也会很大。例如，随着我国人口增加，人均耕地减少，粮食供应不足，人们的食物消费模式将会发生变化，这就有可能对我国的食品加工业产生重要影响；随着人口增长，能源供需矛盾将进一步扩大，因此研制节能产品和技术是企业必须认真考虑的问题；人口增长将使住宅供需矛盾日益加剧，这就给建筑业及建材业的发展带来了机遇。

但是，人口的迅速增长也会给企业营销带来不利的影响。如人口的过快增长抵消了经济增长，制约了经济发展，破坏了生态环境，造成各种资源、能源、运输、教育等供应的紧张。

(二)人口结构对企业营销活动的影响

人口结构包括人口的年龄结构、性别结构、家庭结构、社会结构以及民族结构。

1. 年龄结构

不同年龄层次的消费者有着不同的需求特点，人口年龄结构的变化趋势为：一是出生率下降，这给儿童食品、童装、玩具等生产经营者带来威胁，但同时也使年轻夫妇有更多闲暇时间用于旅游、娱乐和外出用餐；二是人口老龄化现象开始出现，这给保健用品、营养品、老年人生活必需品等生产经营者带来了机遇，专门为老年人服务的老年大学、各种层次的托老所、家庭护理、临终关怀医院等服务产业发展迅猛。

2. 性别结构

性别结构反映到市场上就会出现男性市场和女性市场。如女性用品、家庭用品和儿童用品一般由女性购买，则构成了女性市场。目前我国性别结构呈现男性出生比例要高于女性出生比例的特点，这表明未来的男性市场潜力将会扩大。

3. 家庭结构

家庭是商品购买、消费的基本单位。目前，世界上普遍呈现家庭规模缩小的趋势，越是经济发达地区，家庭规模越小。我国随着计划生育的推行和家庭意识的变化，独生子女增多，家庭平均人口逐渐下降，家庭构成呈现小型化趋势。家庭小型化使得家庭数量激增，这必然刺激家具、住房、家用电器、炊具等需求的快速增长，为这些行业提供巨大的市场机会。

4. 社会结构

我国的人口绝大部分在农村，农村人口占总人口的80%左右。因此，农村是一个广阔的市场，有着巨大的潜力。这一社会结构的客观因素决定了企业在国内市场中应当以农民为主要营销对象，市场开拓的重点也应该放在农村，尤其是一些中小企业，更应该注意开发物美价廉的产品来满足农民的需要。

5. 民族结构

我国除了汉族以外，还有55个少数民族。民族不同，生活习性、文化传统也就不同。反映到市场上，即表现为各民族的市场需求存在很大的差异。因此，企业营销人员要注意民族市场的营销，重视开发适合各民族特性、受其欢迎的商品。

(三)人口的地理分布及流动对企业营销的影响

人口的地理分布指人口在不同地区的密集程度。由于自然地理条件以及经济发展程度等多方面因素的影响,人口的分布绝不会是均匀的。人口的这种地理分布在市场上体现为:人口的集中程度不同,则市场大小不同;消费习惯不同,则市场需求特性不同。

近年来,随着经济的发展,人口的区域流动性也越来越大。在发达国家,除了国家之间、地区之间、城市之间的人口流动外,还有一个突出的现象就是城市人口向农村流动。在我国,人口的流动主要表现在农村人口大量流入城市或工矿地区,内地人口向沿海经济开发区流动。另外,经商、学习、观光、旅游等使人口流动加速。对于人口流入较多的地方而言,一方面,由于劳动力增多,就业问题突出,从而加剧行业竞争;另一方面,人口增多,也使当地基本需求量增加,消费结构随之发生一定变化,继而给当地企业带来较多的市场份额和市场营销机会。

二、经济环境

经济环境是影响企业营销活动的主要环境因素,它包括收入、消费支出、产业结构、经济增长率、货币供应量、银行利率、政府支出等因素,其中收入、消费结构对企业营销活动影响较大。

(一)经济发展水平

企业的市场营销活动要受到一个国家或地区的整体经济发展水平制约。经济发展阶段不同,居民的收入不同,顾客对产品的需求也不一样,会在一定程度上影响企业的营销。例如,以消费者市场来说,在经济发展水平比较高的地区,在市场营销方面会强调产品款式、性能及特色,因此品质竞争多于价格竞争;在经济发展水平较低的地区,则会侧重于产品的功能及实用性,因此价格因素比产品品质更为重要。在生产者市场方面,经济发展水平高的地区主要看重投资较大而能节省劳动力的先进、精密、自动化程度高、性能好的生产设备;在经济发展水平低的地区,机器设备大多是投资少而耗费劳动力多、简单易操作、较为落后的设备。

(二)消费者收入状况

收入是构成市场的重要因素,甚至是更为重要的因素。因为市场规模的大小,归根结底取决于消费者的购买力大小,而消费者的购买力取决于他们收入的多少。企业必须从市场营销的角度来研究消费者收入,通常从以下五个方面进行分析:

1. 国民生产总值

它是衡量一个国家经济实力与购买力的重要指标。国民生产总值增长越快,对商品的需求和购买力就越大,反之,就越小。

2. 人均国民收入

这是用国民收入总量除以总人口的比值。这个指标大体反映了一个国家人民生活水平的高低,也在一定程度上决定商品需求的构成。一般来说,人均收入增长,对商品的需求和购买力就大,反之就小。

3. 个人可支配收入

指在个人收入中扣除消费者个人缴纳的各种税款和交给政府的非商业性开支后剩余的部分,可用于消费或储蓄的那部分个人收入,它构成实际购买力。个人可支配收入是影响消费者购买生活必需品的决定性因素。

4. 个人可任意支配收入

指在个人可支配收入中减去消费者用于购买生活必需品的费用支出(如房租、水电、食物、衣着等项开支)后剩余的部分。这部分收入是消费需求变化中最活跃的因素,也是企业开展营销活动时所要考虑的主要对象。这部分收入一般用于购买高档耐用消费品、娱乐、教育、旅游等。

5. 家庭收入

家庭收入的高低会影响很多产品的市场需求。一般来讲,家庭收入高,对消费品需求大,购买力也大;反之,需求小,购买力也小。另外,要注意分析消费者实际收入的变化。注意区分货币收入和实际收入。

(三)消费者支出模式

消费者支出模式是指消费者各种消费支出的比例关系,也就是常说的消费结构。经济的发展、产业结构的转变与收入水平的变化等因素直接影响消费者支出模式,而消费者个人收入则是单个消费者或家庭消费结构的决定性因素。对这个问题的分析要涉及恩格尔定律。该定律指出:随着家庭收入增加,用于购买食品的支出占家庭收入的比重将会下降;用于住房和家庭日常开支的费用比例保持不变,而用于服装、娱乐、保健和教育等其他方面及储蓄的支出比重将会上升。其中,食品支出占家庭收入的比重称作恩格尔系数。恩格尔系数是衡量一个国家、一个地区、一个城市、一个家庭的生活水平高低的标准。恩格尔系数越小,生活越富裕;恩格尔系数越大则表明生活水平越低。企业从恩格尔系数的大小可以了解市场的消费水平和变化趋势。需要指出的是,在利用恩格尔系数进行国家或地区之间的比较时,要注意地理因素和文化因素的影响。由于各国人民的生活习惯、价值观念、追求目标等方面的不同,以及各国政府在价格政策、免税、补贴等方面的诸多不同,各个国家的恩格尔系数并无绝对可比性,在利用恩格尔定律分析问题时,要考虑到上述这些因素的影响和作用。

消费者支出模式除了主要受消费者收入比重的影响外,家庭生命周期阶段和家庭所在地点的不同也会造成不同的消费结构。一个家庭的新婚阶段是家用电器、家具等耐用品的需求旺盛期;家庭中有了孩子,消费支出的重心便转移到孩子的需求上,家庭收入的很大比重都用于孩子的食品、服装、教育和文娱等方面;待到孩子长大成人、独立生活后,父母的消费多用于医疗、保健、旅游或储蓄。家庭由于所在地点不同开支也不一样,居住在城市中心和郊区的家庭,在交通、住房和食品等方面有不同的支出比例。

(四)消费者储蓄和信贷情况

分析企业营销活动的经济环境时,还应看到社会购买力和消费者支出不仅受消费者收入的影响,而且受消费者储蓄和信贷情况的影响。

储蓄来源于消费者的货币收入,其最终目的还是消费。在一定时期内货币收入水平不变的情况下,如果储蓄增加,购买力和消费支出便减少;反之,如果储蓄减少,购买力和消费支出便增加。因此,储蓄的增减变动会引起市场需求规模和结构的变动,从而对企业的营销活动产生重要的影响。我国居民有勤俭持家的传统,已养成储蓄习惯,因而企业需要特别注意调动消费者的潜在需求。

消费者信贷也是影响消费者购买力和支出的一个重要因素。消费者信贷是指消费者首先凭借信用取得商品使用权,然后按期归还贷款以购买商品。西方国家的消费者信贷主要有短期赊销、分期付款、信用卡信贷等形式。由于消费者可用贷款来购买商品,因而消费者信贷的规模变化也会影响购买力的增减变动。我国现阶段的信贷消费还主要是公共事业单位所提供的服务信贷,如水、电、煤气的交纳,其他方面如教育、住宅建设以及一些商家的信用卡服务正在逐步兴起。

三、政治及法律环境

政治环境对企业营销活动的影响主要表现为国家政府所制定的方针政策,如人口政策、能源政策、物价政策、财政政策、货币政策等,都会给企业营销活动带来影响。例如,国家通过降低利率来刺激消费的增长;通过征收个人收入所得税调节消费者收入的差异,从而影响人们的购买;通过增加产品税,如对香烟、酒等商品的增税来抑制人们的消费需求。

法律环境是指国家或地方政府所颁布的各项法规、法令和条例等,它是企业营销活动的准则,企业只有依法进行各种营销活动,才能受到国家法律的有效保护。近年来,为适应经济体制改革和对外开放的需要,中国陆续制定和颁布了一系列法律法规,对企业影响较大的法律有《公司法》《合同法》《知识产权法》《消费者权益保护法》《破产法》《保险法》《劳动法》《商标法》《价格法》《反不正当竞争法》《广告法》《环境保护法》《食品卫生法》《进出口关税条例》等。企业的营销管理者必须熟知有关的法律条文,才能保证企业经营的合法性,运用法律武器来保护企业与消费者的合法权益。

在现代市场环境中,企业和组织的所有经营活动始终处于政治环境和法律环境的影响下。这些影响主要体现在以下三个方面。

第一,政治局势。政治局势是否稳定,会影响国家或地区的经济发展,制约居民的购买能力，从而影响组织营销活动。

第二，方针政策。各个国家或地区的方针政策的制定，都是在国家宏观政策的指导下进行的，企业和组织的营销活动都要在方针政策的指导下进行。这就形成了一个递进的关系，即企业和组织的营销活动受国家宏观政策的指导和影响。

第三，法律法规。在营销活动中，组织会受到各种法律法规的制约和保护。法律法规对组织营销活动的影响主要体现在：保护企业和组织免受不公平竞争，保护消费者免受不正当商业行为的侵害和保护社会利益免受非法商业行为的损害。

四、自然环境

自然环境是人类最基本的活动空间和物质来源，可以说，人类发展的历史就是人与自然关系发展的历史。营销学上的自然环境主要是指自然物质环境，即自然界提供给人类各种形式的物质财富，如矿产资源、森林资源、土地资源、水力资源等。自然环境也处于发展变化之中。

目前，自然环境的变化主要表现在以下三个方面。一是自然资源逐渐枯竭。由于现代工业文明无限度地索取和利用，导致矿产、森林、能源、耕地等资源日益枯竭。甚至连以前认为永不枯竭的水、空气也在世界某些大城市出现短缺。目前，自然资源的短缺已成为各国经济进一步发展的制约力甚至反作用力。二是自然环境受到严重污染。过去，世界经济是物质经济，是肆意挥霍原料、资源、能源特别是矿物燃料作为发展动力的经济，这种粗放型的经济增长方式极大地消耗着地球资源，使人类付出了惨重的代价。随着工业化和城镇化的发展，环境污染程度日益加深。人类面临资源枯竭、海洋污染、土壤沙化、温室效应、物种灭绝和臭氧层破坏等一系列资源生态环境危机。三是政府对自然资源的管理和干预不断加强。综观近代以来世界范围内的人为环境破坏，发现环境问题已影响到人类的可持续发展。由于公众对自然环境的日益关心，促使许多国家政府加强了环境保护工作和对自然资源的管理。

为实现社会的可持续发展和协调发展，在环境保护的问题上，针对目前世界性的环境危机，各国政府都加强了对环境保护的干预。所有这些都会直接或间接地给企业带来威胁或机会。因此，企业必须积极从事研究开发，尽量寻求新的资源或代用品。同时，企业在经营中要有高度的环保责任感，善于抓住环保中出现的机会，推出“绿色产品”“绿色营销”，以适应世界环保潮流。

五、科学技术环境

科学技术是第一生产力，科技的发展对经济发展有巨大的影响，不仅直接影响企业内部的生产和经营，同时还与其他环境因素互相依赖、相互作用，给企业营销活动带来有利和不利的影响。所以，科学技术对企业的市场营销是“创造性的破坏力量”，是一把双刃剑。具体表现在以下几个方面：

(1)科技发展带来新产业的出现、传统产业的改造、落后产业的淘汰。

(2)科技发展为市场营销管理提供了更先进的物质技术基础,如电子计算机、传真机、办公自动化等提高了信息接收、分析、处理、存储的能力,从而有利于营销决策。

(3)科技发展为消费者提供了大量的新产品,同时使现有产品在功能、性能、结构上更趋于合理和完善,满足了人们的更高要求。

(4)科技发展影响到企业营销策略的制定。新材料、新工艺、新设备、新技术使产品生命周期缩短,企业需要不断研制开发新产品;先进通信技术、多媒体传播手段使广告更具影响力;商业中自动售货、邮购、电话订货、电子商务、电视购物等引起了分销方式的变化;科技应用使生产集约化和规模化、管理高效化,这些导致生产成本、费用大幅度降低,为企业制定理想价格策略创造了条件。

(5)科技发展直接引起了自然因素的变化。科技应用使人类提高了对资源勘探、开采和综合利用的能力,减少了浪费;科学技术还有助于人类开发替代资源,以弥补稀缺资源的不足,如太阳能、地热能、火山温泉、核能等。

六、社会文化环境

社会文化环境包括影响社会基本价值观、感知和行为的各种制度和其他因素。任何组织和个人都处在一定的社会文化环境之中,人们在具有特定文化特征的社会中成长,形成了基本价值观。组织的营销活动必然会受到社会文化和基本价值观的影响。以下几个社会文化环境特征会对营销战略的制定产生影响。

(一)教育状况

近年来,中国人口的受教育水平越来越高。受教育人口数量的上升会影响消费者的需求水平与层次。受教育水平的高低,也会影响到组织实施营销活动的质量。

(二)宗教信仰

宗教信仰是消费行为的重要影响因素之一。在营销活动中要关注不同的宗教信仰,避免由于宗教信仰问题所带来的矛盾和冲突。

(三)价值观

特定社会塑造了人们特定的价值观,并且使他们的价值观拥有高度的持续性。这些持续的价值观会影响日常生活中更具体的态度和行为,并在日常生活和消费过程中不断强化。

(四)消费习俗

消费习俗是指人们在长期经济与社会活动中所形成的一种消费方式与习惯。不同的消费习俗,具有不同的商品要求。研究消费习俗,不但有利于组织好消费用品的生产与销售,而且有利于正确、主动地引导健康的消费。了解目标市场消费者的禁忌、习惯等是企业进行市场营销的重要前提。

任务二　微观营销环境分析

任务导入

想一想

某轮胎厂位于东北地区，主要生产自行车内胎和外胎。该厂明年准备进入华北市场，一是向天津的几家自行车厂供货，再就是向北京市场零售。该厂在这两个地区都不准备自己设立机构，主要希望通过经销商来销售。

思考:经销商属于企业经营环境中的哪一环节？经销商对企业经营有何影响？

微观市场营销环境是指与企业紧密相连、直接影响企业营销能力和效率的各种力量和因素的总和，主要包括企业自身、供应商、营销中介、顾客、竞争者及公众。企业营销活动能否成功，除营销部门本身外，还要受到这些因素的直接影响。

一、企业自身

微观环境中的第一力量是企业内部的环境力量。良好的企业内部环境是企业营销工作得以顺利开展的重要条件。内部环境由企业高层管理(董事会、厂长、经理)和企业内部各种组织(财务、研发、采购、生产和会计等)构成。营销部门工作的成败与企业领导及其各部门的支持有很大关系。企业所有部门都同营销部门的计划和活动发生着密切的关系。各管理层之间的分工是否科学，协作是否和谐，能否使人精神振奋、目标一致、配合默契，都会影响企业营销管理决策和营销方案的实施。

市场营销部门在制定营销决策时，不仅要考虑企业的外部环境力量，还要考虑企业的内部环境力量。首先，市场营销部门应依据最高管理层的规划作出决策。作为企业的领导核心，最高管理层负责制定企业的任务、目标、发展战略及其重大决策，这些都会直接影响到企业的市场营销活动。市场营销部门必须在企业发展战略的指导下制定市场营销计划。其次，市场营销部门要与其他职能部门密切合作。一个企业的市场营销部门不是孤立的，因为市场营销部门的业务活动和其他部门的业务活动是互相关联的，例如，市场营销部门把它的市场营销计划呈送最高管理层之前，要征求财务和制造部门的意见，如果这两个部门在资金使用和生产能力上不予支持，则市场营销计划将成为一纸空文。在市场营销计划的执行过程中，财务资金能否有效地运用，制造部门能否按期、按质交货，研究与开发部门能否提高产品性能与设计新产品,采购部门对生产过程所需原材料能否及时供应,企业高层管理的决策是否正确,这些都是影响市场营销计划完成的企业内部环境力量。所以,市场营销部门的管理者们作决策时,必须考虑到其他部门的业务活动情况。而且企业所有部门都要密切协作,共同参与企业的市场营销工作。

二、供应商

供应商是指直接向零售商提供商品及相应服务的企业及其分支机构、个体工商户,包括制造商、经销商和其他中介商。供应商是公司“价值传递系统”的重要一环。供应商为公司提供生产产品和服务所必需的各种资源。供应商的经营状况会对营销产生重要影响。为此,公司营销部门的管理人员要随时关注供应商的供应状况,如供应短缺、供应延迟或其他影响因素都会导致对公司短期销售活动和顾客满意度的损害。营销部门还必须关注原材料等主要生产经营要素的价格变化,如供应成本的上升会使公司的产品价格上升,最终影响公司的销量。

三、营销中介

营销中介主要指协调企业促销、销售和经销其产品给最终购买者的机构,包括中间商、实体分配公司、营销服务机构和财务中介机构等。它们是企业进行营销活动不可缺少的中间环节,企业的营销活动需要它们的协助才能顺利进行,如生产集中和消费分散的矛盾需要中间商的分销来解决,广告策划需要得到广告公司的合作等。

(一)中间商

中间商包括商人中间商和代理中间商,是协助企业寻找顾客或直接与顾客交易的商业性企业。商人中间商购买商品,拥有商品所有权,又称经销商,主要有批发商和零售商。代理中间商包括代理商、经纪人和生产商代表,专门介绍客户或与客户洽商签订合同,但不拥有商品所有权。

(二)实体分配公司

实体分配公司主要是指协助厂商储存并把货物运送至目的地的仓储物流公司。实体分配公司包括包装、运输、仓储、装卸、搬运、库存控制和订单处理等,其基本功能是调节生产与消费之间的矛盾,弥合产销时空上的背离,提供商品的时间效用和空间效用,以便适时、适地和适量地把商品供给消费者。

(三)营销服务机构

营销服务机构主要是指为厂商提供营销服务的各种机构,如营销研究公司、广告公司、传播公司等。他们协助企业选择最恰当的目标市场,并帮助企业向其选定的目标市场推销产品。企业可自设营销服务机构，也可委托外部营销服务机构代理有关业务，并定期评估其绩效，以促进其提高创造力、质量和服务水平。有些大公司，如杜邦公司和老人牌麦片公司，他们都有自己的广告代理人和市场调研部门，而大多数企业都与专业营销服务机构以合同方式委托办理这些事务。

（四）财务中介机构

财务中介机构主要是指协助厂商融资或分担货物购销储运风险的机构，如银行、保险公司等。财务中介机构不直接从事商业活动，但对工商企业的经营发展至关重要。在市场经济中，企业与金融机构关系密切，企业间的财务往来要通过银行结算，企业财产和货物要通过保险取得风险保障，贷款利率与保险费率的变动也会直接影响企业成本，而信贷来源受到限制会使企业处于困境。

四、顾客

顾客就是企业的目标市场，是企业服务的对象，也是营销活动的出发点和归宿。企业的一切营销活动都应以满足顾客的需要为中心。因此，顾客是企业最重要的环境因素。为便于深入研究各类市场的特点，国内顾客市场按购买动机可分为五种类型，连同国际市场，企业面对的市场类型如图 2-1 所示。每一个市场都有各自的特点，企业必须研究各类市场的需求特点，以便有效地开展有针对性的营销活动。

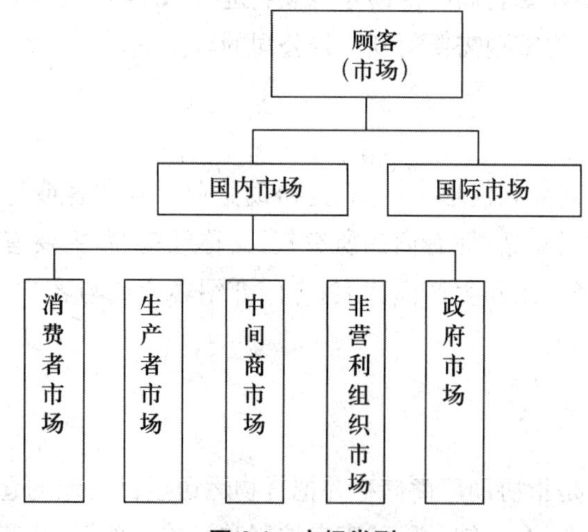

图 2-1　市场类型

（1）消费者市场。即由为了个人消费而购买产品和服务的个人或家庭所构成的市场。

（2）生产者市场。即由为了生产、取得利润而购买产品和服务的企业所构成的市场。

（3）中间商市场。即由为了转卖、取得利润而购买产品和服务的批发商和零售商所构成的市场。

（4）非营利组织市场。即由为了维持正常运转而购买产品和服务的各类非营利组织所构成的市场。

(5)政府市场。即由为了履行职责而购买产品和服务的政府机构所构成的市场。

(6)国际市场。即由国外的消费者、生产者、中间商、政府机构等所构成的市场。

五、竞争者

竞争者是指与企业存在利益争夺关系的其他经济主体。企业的营销活动常常受到各种竞争者的包围和制约,因此,企业必须识别和战胜自己的竞争对手,才能在激烈的竞争中立于不败之地。对于企业来说,并非仅仅是迎合目标顾客的需求,而且要通过有效的产品定位,使本企业产品与竞争者产品相比,在顾客心目中形成明显差异,取得竞争优势。企业的竞争对手包括生产和销售与本企业相同产品或服务的企业、潜在的进入者及替代品的生产者和供应商等。从消费需求的角度看,企业在市场上面临的竞争者可分为愿望竞争者、属类竞争者、产品形式竞争者和品牌竞争者四种类型。

(一)愿望竞争者

愿望竞争者是指提供不同产品、满足不同消费欲望的竞争者。消费者在同一时刻的欲望是多方面的,但很难同时满足,这就出现了不同需要,即不同产品的竞争。例如,消费者收入增加,为改善生活,可以购买家庭耐用消费品,可外出旅游,也可装修住宅等,出现了许多不同的欲望,但从时间和财力上来说,消费者只能选择其力所能及的项目作为这一时期的欲望目标。

(二)属类竞争者

属类竞争者是指满足同一消费欲望的不同产品之间的可替代性,是消费者在决定需要的类型之后出现的次一级竞争,也称平行竞争。如消费者需要购买家庭耐用消费品,那么是购买家庭娱乐设备,还是购买新式家具,或是购买家庭健身器材,消费者要选择其中一类,以满足这一消费欲望。

(三)产品形式竞争者

产品形式竞争者是指满足同一消费欲望的同类产品不同产品形式之间的竞争。消费者在决定了需要的属类产品之后,还必须决定购买何种产品。比如消费者在决定购买家庭娱乐设备后,还必须决定是购买大屏幕电视机,还是购买摄像机,或是购买高级音响设备。

(四)品牌竞争者

品牌竞争者是指满足同一消费欲望的同种产品形式但不同品牌之间的竞争。如消费者决定购买大屏幕电视机,而大屏幕电视机又有许多生产厂家,如长虹、康佳、TCL 等,消费者还需决定购买什么品牌的大屏幕电视机。

企业要成功,必须在满足消费者需要和欲望方面比竞争对手做得更好。企业的营销系统总是被一群竞争者包围和影响着。为此，企业必须加强对竞争者的研究，了解对本企业形成威胁的主要竞争对手及其策略，双方的力量对比，只有知己知彼、扬长避短，才能在消费者心目中强有力地确定其所提供产品的地位，获得战略优势。

六、公众

公众是指对企业实现营销目标的能力有实际或潜在利害关系和影响力的团体或个人。企业所面临的公众主要有以下几种：

（一）融资公众

融资公众是指影响企业融资能力的团体，如银行、投资公司、证券经纪公司、交易所、保险公司等。企业可以通过发布年度财务报告，回答关于财务问题的询问，稳健营运资金，在融资公众中树立信誉。

（二）媒介公众

媒介公众主要是指报纸、杂志、广播电台、电视台等大众传播媒体，它们对企业的形象及声誉的建立具有举足轻重的作用。企业必须与媒介建立良好的关系，争取有更多、更好的利于企业的新闻、特写。

（三）政府公众

政府公众是指负责管理企业营销活动的有关政府机构。企业的发展战略与营销计划应充分考虑政府的政策，研究政府颁布的有关法规和条例，与政府的发展计划、产业政策、法律法规保持一致，注意咨询有关产品安全卫生等与企业密切相关的法律法规。

（四）社团公众

社团公众是指保护消费者权益的组织、环保组织及其他群众团体等。企业营销活动关系到社会各方面的切身利益，必须密切注意并及时处理来自社团公众的批评和意见。

（五）社区公众

社区公众是指企业所在地附近的居民和社区组织。企业必须重视保持与当地公众的良好关系，积极支持社区的重大活动，为社区的发展贡献力量，争取社区公众理解和支持企业的营销活动。

（六）一般公众

一般公众是指上述各种公众之外的社会公众。一般公众虽然不会有组织地对企业采取行动，但企业形象会影响他们的惠顾。

（七）内部公众

内部公众是指企业内部的员工，包括董事会、经理、企业职工。企业的营销计划需要全体职工的充分理解、支持和具体执行，所以应经常向员工通报有关情况，介绍企业发展计划，关心职工福利，奖励有功人员，增强内部凝聚力。

所有这些公众，均对企业的营销活动有着直接或间接的影响，处理好与广大公众的关系，是企业营销管理的一项极其重要的任务。

思考题

（1）营销的宏观环境与微观环境分析的意义分别是什么？

（2）营销的宏观环境与微观环境分析的使用情景是什么？

技能训练

技能训练：案例分析

加多宝集团是一家以香港为基地的大型专业饮料生产及销售企业。加多宝旗下产品包括红色罐装、瓶装、盒装“加多宝”和“昆仑山天然雪山矿泉水”。

1996 年，经广州药业集团授权许可使用“王老吉”商标，并按合同从广州药业集团手里得到了红罐、红瓶王老吉凉茶的经营权，广州药业集团则保留了绿盒王老吉的经营使用权，合同至 2010 年到期。2011 年王老吉商标回归广州药业集团运营，失去王老吉 logo 的加多宝展开了加多宝重塑品牌的战略：

（1）未雨绸缪，去“王老吉化”战略迈出品牌重塑第一步。为了使消费者能很自然地从王老吉过渡到加多宝，牢牢吸引住原有消费群体，积极吸纳更广泛的消费群体，加多宝同时早早地对正宗凉茶的配方进行了改良与深加工，从本质上实现去“王老吉化”。

（2）渠道掌控，全面发力抢占市场，尽显“王者”气势。渠道和品牌维系之争才是竞争的关键。加多宝一方面巩固其渠道系统，稳住现有渠道商，另一方面通过渠道商掌控终端，避免渠道商投向王老吉，同时积极开拓新的渠道商以填补失去的部分渠道商的市场空白。

（3）重拳出击品牌宣传，密集推广，发动全方位品牌传播攻势。加多宝在开展电视、地铁广告、发布会等传统营销传播方式外，也同时注重通过 QQ、微博、微信等社会化媒体获取消费者支持，打造一个立体传播策略，无论是在地面还是空中都展开了密集的攻势，投入巨资，全方位阻击王老吉的消费导向。

（4）加多宝中国好声音的蝴蝶效应。《加多宝中国好声音》2012 年 7 月播出后收视爆棚，成为当年暑期人气最高的综艺节目。

（5）加多宝的促销宣传，主要是强调“我就是原来的王老吉”。

（6）加多宝公益活动显著。2008 年 5 月 18 日，向四川汶川地震灾区捐款 1 亿元；2010

年4月，向青海玉树地震灾区捐款1.2亿元；2010年初，送6.1万箱昆仑山天然雪山矿泉水援助西南旱区；2011年，为甘肃省舟曲泥石流捐款2000万元，用于推动全民公益行动的发展及泥石流受灾地区舟曲等地恢复生产；2013年4月，先后向雅安地震灾区紧急调集3000箱加多宝凉茶与1000箱昆仑山矿泉水，缓解了灾区用水的燃眉之急；2013年4月26日，在中国扶贫基金会主办的“有你救有力量——四川芦山地震救援行动”新闻发布会宣布再捐1亿元给雅安地区，用于赈灾和灾后重建工作。

(8)加多宝扶贫济困。新长城阳光操场项目，项目覆盖13省17县的25所小学，其中21所已竣工，直接受益1万人；资助1000名孤儿项目，项目覆盖9省10县，其中玉树孤儿约200人，持续3年资助，每人每年1500—2000元；2010年“加多宝·学子情”覆盖全国31个省、市、自治区，资助1200名优秀贫困高考生，捐助款达600万元。2013年宁夏首次被列入资助省(区)。

问题：

加多宝是如何应对环境变化的？

项目小结

(1)市场营销环境是指影响企业与目标顾客建立并保持互利关系等营销管理能力的各种角色和力量，它可分为宏观市场营销环境和微观市场营销环境。

(2)市场营销宏观环境是指那些给企业造成市场营销机会和形成环境威胁的外部因素。这些因素主要包括人口、经济环境、政治及法律环境、自然环境、科技环境以及文化环境。

(3)市场营销微观环境是指对企业服务其顾客的能力构成直接影响的各种力量，包括企业本身、供应商、市场中介、顾客、竞争者和公众。

项目三 购买行为分析

知识点拨

学习要点

理论要点：了解消费者市场的含义及特点；

了解消费者购买行为模式；

掌握影响消费者购买行为的主要因素；

掌握消费者购买决策的具体过程；

了解组织市场的概念和特点；

掌握组织市场的分类；

掌握生产者市场的购买行为；

掌握中间商市场的购买行为。

技能要点：掌握购买行为分析的方法。

任务一 消费者市场与购买行为分析

任务导入

想一想

"月光族"是指将每月赚的钱还未到下次发薪水就用光、花光的人，所谓吃光用光，身体健康；同时，也用来形容赚钱不多、每月收入仅可维持基本开销的一类人。"月光族"是相对于努力攒钱的"储蓄族"而言的。"月光族"的口号是挣多少用多少。

"月光族"一般都是年轻人，他们与父辈勤俭节约的消费观念不同，喜欢追逐新潮，买靓衫，只要吃得开心、穿得漂亮，想买就买，根本不在乎钱财。"月光族"有知识、有头脑、有能力，花钱不仅表达对物质生活的喜爱，更是他们赚钱的动力。老一辈信奉"会赚不如会省"，他们对"月光族"的行为痛心疾首；而"月光族"认为"会花才更能赚"，花光用光自得其乐。

资料来源：月光族，http://baike.baidu.com/link?url=ts4LvkYAcmFJAZvT3h—_8fgnxhSEZY8EQ8b5—9tC_hdATc5G_bH43NBfFLa5IFacgJr8AAYB6Rs3w3t5T1n7wK，[2015-6-21]

思考：

1. 你是如何看待“月光族”的？

2. 请对“月光族”消费者市场的购买行为进行分析。

3. 该案例给你的启示有哪些？

消费者市场购买行为分析是营销管理的核心内容，也是一切营销活动得以开展的出发点和归宿。在市场营销学中，我们把潜在消费者的集合称为市场。因此，消费者分析也称为市场分析。市场营销的核心是如何更好地满足消费者需求。本章主要介绍和分析消费者市场的特点、消费者行为模式、影响消费者购买的主要因素以及消费者的购买决策过程。

一、消费者市场

（一）消费者市场的含义

消费者市场又称最终产品市场，是指为满足生活消费需要而购买产品或服务的一切个人和家庭。消费者市场是通向最终消费的市场，是实现企业利润的最终环节，是一切社会生产的终极目标。因此，产业市场都是为消费者市场而存在的。对消费者市场的研究，是对整个市场进行研究的核心与基础。

（二）消费者市场的特点

消费者是生活消费品的主要购买者，是社会产品的最终使用者。由于消费者的需要与爱好存在着明显的差异，消费者市场需求便呈现复杂化、多样化的状态，从而形成了消费者市场需求的鲜明特点。

1. 购买者的分散性

消费者人数众多、分布面广，每次购买量较少而购买频率很高。针对这一特点，营销者应采取灵活多样的销售方式和服务方式，不断提高消费者服务质量，掌握消费者市场特点。为深入了解这些特点，还必须进一步研究消费者动机、行为和影响消费者行为的各种因素。

2. 消费需求的发展性

人们的需求不会停留在某一个水平上，随着社会生产力和科学技术的不断进步，新产品层出不穷，消费者收入水平不断提高，消费需求也会呈现由少到多、由粗到精、由低级到高级的发展趋势。

3. 市场需求的多样性

由于在地理位置、民族传统、宗教信仰、文化水平、兴趣爱好、生活习惯、年龄性别、职业特点等方面存在着不同程度的差异，消费者需求复杂，供求矛盾频繁，消费者对产品和服务的需求无论从对象本身还是满足方式上都不一致，这就决定了消费者需求的多样性。认识到消费者需求的多样性，企业应该注重产品开发的差异化，使产品在品种、规格、质量、色彩、式样、包装等方面各具特色，以满足不同的消费需求。

4. 消费需求的层次性

在各类条件一定的情况下，人们对各类消费资料的需求有缓有急，有低有高，呈现出层次性的特点。当低层次的基本生活需求被满足以后，就会产生高层次的发展和享受的需求。虽然每一个消费者的需求在一定时期只处在一个层次上，但就全社会来说，则同时存在着高、中、低档不同层次的需求。认识消费者需求的这一特点，企业应对不同时期的消费水平、消费结构和消费方式开展分类研究，根据自己的生产能力生产出不同层次的商品，更好地为不同层次的消费者服务。

5. 市场需求量的弹性

消费者市场的需求量是由内外多种因素决定的。外部因素包括商品供应量的多少、价格的高低、广告宣传的程度、销售服务的优劣等，内部因素包括消费者取得该商品或服务的迫切性和自己的货币支付能力。只要上述因素发生了变化，消费者市场需求就会发生相应的变化，既可能是需求增加，也可能是需求减少，表现出较强的弹性。消费者市场需求的弹性，在不同的产品上也不相同。一般来说，生活必需品的弹性小一些，而非生活必需品尤其是高档耐用消费品的弹性大一些。了解到消费者市场需求的弹性，企业应注意研究引起需求量变化的内外因素，并根据这些因素的变化调整产品结构和市场供应量。

6. 购买行为的可诱导性

由于绝大多数消费者缺乏相应的商品购买知识和市场知识，在购买过程中要经历一个收集有关信息的过程，其购买行为属非专业性购买，他们对产品的选择受广告、宣传的影响较大。由于消费者购买行为的可诱导性，生产和经营部门应做好商品的宣传广告，指导消费，向社会公众传播企业、产品和服务信息，帮助消费者学习、认识商品，引导消费者需求的变化和转移，创造新的消费时尚，并引导社会公众的消费朝健康的方向发展。

二、消费者购买行为模式

（一）“7O”(6W1H)研究法

消费者市场涉及的内容千头万绪，应该从哪里入手分析消费者的购买行为呢？关于如何分析消费者的购买行为，市场营销学家归纳出以下7个主要问题：

消费者市场由谁构成？(Who)　　购买者(Occupants)
消费者购买什么？(What)　　购买对象(Objects)
消费者为什么购买？(Why)　　购买目的(Objectives)
消费者市场的购买活动有谁参与？(Who)　　购买组织(Organizations)
消费者在什么时间购买？(When)　　购买时间(Occasions)

消费者在何地购买？(Where)　　　　购买地点(Outlets)

消费者怎样购买？(How)　　　　购买方式(Operations)

上述7个问题都包括以英文字母"O"开头的关键词，所以称为"7O"研究法，也称"6W1H"研究法，如图3-1所示。

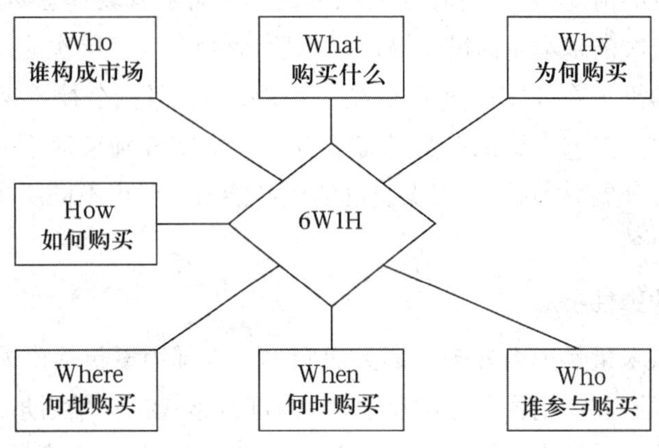

图3-1　消费者购买行为模式

消费者购买行为模式(7O)

消费者及其购买行为概括

Who	购买者(Occupants)	谁构成市场？谁购买？谁参与购买？谁决定购买？
Who	购买组织(Organizations)	谁使用所购产品？谁影响购买？
What	购买对象(Objects)	购买什么产品或服务？顾客需要什么？顾客的需求和欲望是什么？对顾客最有价值的产品是什么？满足顾客购买愿望的效用是什么？顾客追求的核心利益是什么？
Why	购买目的(Objectives)	为何购买？为何不愿意购买？为何购买这个而不购买那个？为何选择本企业产品？为何选择竞争者产品？
How	购买方式(Operations)	如何购买？如何决定购买行为？以什么方式购买(现场选购、邮购、网上购买、电视购物等)？按什么程序购买？消费者对产品及其广告等如何反应？
When	购买时间(Occasions)	何时购买(什么季节购买)？何时需要？何时使用？曾经何时购买过？何时重复购买？何时产生需要？何时需求发生变化？
Where	购买地点(Outlets)	何地购买？是在城市购买还是农村购买？是在超市购买还是在农贸市场购买？是在大商场购买还是在小商店购买？

可口可乐风波

20世纪50年代末，百事可乐抢走了可口可乐大面积的市场份额。可口可乐公司通过市场分析发现，消费者的口味存在多样性，而可口可乐的口味只有一种，无法迎合消费者口味的变化。为此，在20世纪80年代初，公司进行了市场调研，通过各种方式测试消费者对新配方的反应，最后决定开发新口味新配方可乐代替老可乐，不料却遭到消费者的强烈反对。最后，可口可乐不得不承认自己的错误，及时调整了产品结构，将新可乐作为产品系列中的一种，而不是用来替代老可乐，陆续推出了十几种可乐，一场风波才得以平息。究其原因，可口可乐公司没有真正做到以“6W1H”来分析消费者购买行为。案例说明，消费者的需求是复杂多变的，不能简单推测，需要销售员认真研究。

资料来源：消费者购买行为分析，http://wenku.baidu.com/view/839d0407ba1aa8114431d951.html?from=search，(2013-4-9)[2015-6-21]

（二）S—O—R分析法

为研究消费者购买行为，专家们建立了一个刺激(Stimulus)个体心理(Organism)反应(Response)模式来说明营销环境刺激与消费者反应之间的关系，如图3-2所示。即消费者在一定的外界刺激下，根据自己的生理、心理特性处理这些信息，经过一定的决策过程从而作出购买决定。也就是说，消费者购买行为模式是由消费者的外界刺激、消费者“黑箱”和消费者反应三个部分构成。该模式表明：首先，消费者总是直接或间接地受到外界因素的刺激与影响。这些外界因素包括两类：一类是企业的市场营销组合，即企业所提供的产品、价格、分销和促销；另一类是消费者的外部环境，即消费者所处的经济、技术、政治、文化等外部环境。其次，消费者在受到外部环境刺激后，便进入了消费者心理活动过程，也就是人们常说的“黑箱”，这是由于消费者的心理活动过程对企业来说是一种看不见、摸不着、不透明的东西，故称为“黑箱”。消费者“黑箱”体现在两个方面：一是消费者特征，主要是指影响消费者购买行为的各种因素，如社会因素、文化因素、个人因素、心理因素等；二是消费者的购买决策过程，即认识需要—收集信息—评价选择—购买决策—购后感受五个阶段。最后，消费者通过一系列的心理活动产生一系列明显的反应，如决定购买什么产品、什么品牌、向谁购买、何时购买、购买数量等，即对产品、品牌、经销商、购买时机、购买地点和购买数量等方面的选择。通过这一系列的选择，消费者最终实现其购买行为。可见，相同的外部环境刺激对不同的消费者会引起不同的反应，其原因是消费者从受到刺激到作出反应，其间还要经历一个过程，这个过程就是具有不同特征的消费者作出不同购买决策的过程，企业的营销任务就是研究这一过程，即研究影响消费者对外部环境刺激作出反应的因素，从而揭示消费者购买行为规律，制定出有针对性且行之有效的营销策略。

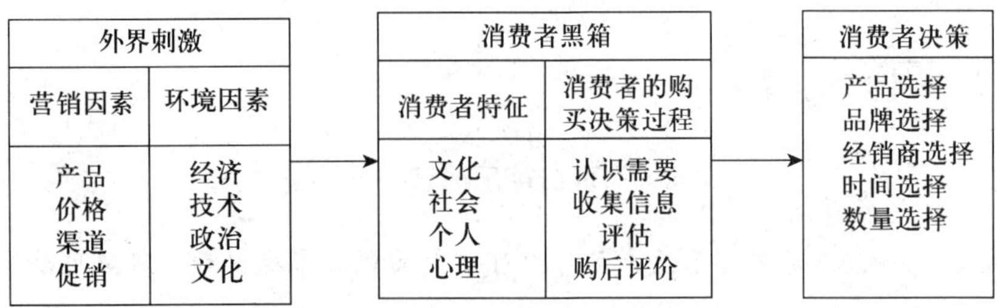

图 3-2 消费者购买行为模式

从这一模式中我们可以看到，具有一定潜在需要的消费者首先是受到企业营销活动的刺激和各种外部环境因素的影响而产生购买意向，而不同特征的消费者对于外界的各种刺激和影响又会基于其特定的内在因素和决策方式作出不同的反应，从而形成不同的购买意向和购买行为。这就是消费者购买行为的一般规律。

在这一购买行为模式中，“营销刺激”和各种“外部刺激”是可以看到的，消费者最后的决策和选择也是可以看到的，但是购买者如何根据外部刺激进行判断和决策的过程却是看不见的，这就是心理学中所谓的“黑箱”效应。消费者购买行为分析就是要对这一“黑箱”进行分析，设法了解消费者的购买决策过程以及影响这一决策过程的各种因素的影响规律。所以，对消费者购买行为的研究重点在于对消费者“黑箱”的研究。对“黑箱”的研究主要包括两个部分：一是对影响消费者行为的各种因素的分析；二是对消费者购买决策过程的研究。

三、影响消费者购买行为的因素

在现实中，人们的需要和欲望、消费习惯和行为，受到多种复杂因素的影响。这些因素可以分为经济的、文化的、社会的、个人的和心理的五大类。每个因素对消费者的购买行为的影响程度都有所不同，但各个因素是相互作用、彼此联系的，它们共同构成复杂的因素体系。

（一）经济因素

经济因素指消费者可支配收入、商品价格、消费结构、消费信贷、机会成本、经济周期等因素。经济因素是决定消费者购买行为的首要因素，决定着消费者能否发生以及发生何种规模的购买行为，决定着所购买商品的种类和档次。

1. 消费者收入

消费者收入水平是决定消费者购买行为的根本性的经济因素。人们的消费需求是以自己的支付能力购买消费品来满足的。在消费品价格既定的情况下，消费者收入水平，就成为影响市场需求的决定性因素。消费者收入越高，对商品的需求规模就越大。

研究收入因素对消费者市场需求的影响，既要看收入总量，又要看家庭收入，还要看人均收入。总收入决定总需求的规模，家庭收入和人均收入水平则直接影响消费需求的档次和结构。

2. 商品价格

商品价格是影响消费者购买行为最直接的因素。居民购买力的大小，不仅取决于居民的收入水平，还取决于消费品的价格水平。在收入水平既定的情况下，消费品的价格越高，消费者所能买到的消费品数量就越少；反之，消费品价格越低，消费者所能购买到的消费品数量就越多。消费者把购买商品的费用看作自己的成本支出，并且要把购买、使用以及不同购买行为造成的机会损失计算在内，因而消费者考虑的价格包括购买价格、使用价格（使用成本）及价格与功能的一致性（机会成本）。

一般而言，质量相同而品牌不同的商品，价格低的比价格高的品牌对消费者的吸引力更大，收入低的消费者对商品价格更为敏感。

3. 消费结构

人们的消费需求是由多种商品和服务来满足的。消费结构是指某项消费支出占总消费支出的比重。根据费用由低到高排列，人类消费结构有三种基本类型：生存型消费、发展型消费和享乐型消费。不同类型消费结构的更替，既表现为需求总量的增加，也表现为生存需求支出的比重由高到低，发展和享受需求的支出比重由低到高的变化，这种变化规律称为恩格尔定律。

消费结构因素直接影响着产品需求结构的变动趋势和规模，研究消费结构的变化，对企业的营销决策有着十分重要的意义。

4. 经济周期

一个国家的经济周期与消费者行为之间存在着密切的关系。经济周期可以分为繁荣、衰退、萧条、复苏四个阶段，在不同的阶段消费者的消费行为具有不同的特点。在繁荣阶段，存在一定的通货膨胀，商品价格较高，消费者对经济发展的信心下降。随着消费品价格的提高，利率也就逐渐升高，利率的上升会导致消费者增加储蓄，商品需求下降。

（二）文化因素

文化因素对消费者的行为具有最广泛和最深远的影响，是造成不同区域、不同阶层消费者需求差异的重要因素。由于生存环境、生活水平以及所受文化教育程度的不同，造成不同民族和国家的风俗习惯、伦理道德、价值观念及思维方式等有很大不同，而且文化对购买行为的影响在不同民族、国家之间差异很大，企业营销活动如果不针对这些差异进行调整就不会有效果，甚至犯尴尬的错误。

文化因素主要包括文化、亚文化和社会阶层等方面。

1. 文化

从广义的角度理解，文化是指人类在历史发展过程中所创造的物质财富和精神财富的总和，是根植于一定的物质、社会、历史传统基础上形成的特定的价值观念、信仰、思维方式、宗教、习俗的综合体。不同的民族、不同的社会，其文化的内涵差别极大。

文化作为一种社会氛围和意识形态，对消费者的行为具有最广泛和最深远的影响。文化不仅影响人们对特定商品的购买，还作用于消费者信息收集和价值判断，即文化以多种方式作用于个人购买决策。虽然商家可以通过广告、促销等策略来施加影响，但文化的力量是难以克服的。

2. 亚文化

在每一种文化中，往往还存在着许多在一定范围内具有文化同一性的群体，他们被称为亚文化群，如国籍亚文化、种族亚文化、地域亚文化等，亚文化群体的成员不仅具有与主文化共同的价值观念，还具有自己独特的生活方式和行为规范。就消费者购买行为来讲，亚文化的影响更为重要，这种影响甚至是根深蒂固的。对企业市场营销来说，亚文化群体构成了重要的细分市场。

(1)国籍亚文化群。国籍亚文化群是指来自某个国家的社会群体。在一些移民组成的国家中，国籍亚文化现象尤为明显。例如，在美国等西方国家的大城市里都有“唐人街”，那里集中体现了中国的国籍文化。但是由于“唐人街”是在美国等国，总体上受着所在国地域文化的影响，所以只能是一种亚文化。

(2)种族亚文化群。种族亚文化群是指由于民族信仰或生活方式不同而形成的特定文化群体。如，中国是一个统一的多民族国家，除了占人口90%以上的汉族以外，还有50多个少数民族。由于自然环境和社会环境的差异，不同的少数民族形成了不同的亚文化群。这些亚文化群在饮食、服饰、建筑、宗教信仰等方面表现出明显的不同。

(3)地域亚文化群。同一个民族，居住在不同的地区，由于各方面的环境背景不同，也会形成不同的地域亚文化。我国汉族人口众多，居住在祖国辽阔的土地上，汉族人都讲汉语，但各地都有各自的方言。我国北方的汉语比较统一，但到了南方，方言就十分复杂。江南人讲吴语，广东人讲粤语，闽南人讲闽南话。各地人在一起，不讲普通话而讲方言，也是无法沟通的。我国各地的饮食文化有着明显差异：西南和北方人喜欢吃辣，江南人偏爱甜，北方人以面食为主，南方人则以米饭为主，等等。

对于亚文化现象的重视和研究能够使企业对市场有更为深刻的认识，对于进一步细分市场、有的放矢地开展营销活动具有十分重要的意义。

沃尔玛退出韩国市场

1998年7月，沃尔玛借韩国金融危机之机，通过兼并韩国小型零售企业开始进入韩国市场。沃尔玛把低价仓储经营的美国模式原封不动地移植到韩国，企图迅速改变和占领韩国消费市场。但由于缺乏对韩国市场特别是对韩国顾客消费心理和消费习惯的研究，没有针对韩国消费者的需求采取相应措施并及时调整营销模式，沃尔玛照搬美国模式的做法在韩国并不成功。2006年5月，沃尔玛宣布正式退出韩国市场。

沃尔玛退出韩国市场的主要原因：

(1)选址偏远以降低租金——韩国消费者喜欢就近购买；

(2)简陋灰暗的购物环境——韩国消费者喜欢舒适明亮的购物环境；

(3)仓储式的高大货架——矮小的妇女喜欢较低货架；

(4)国际超市一流品牌——韩国消费者偏爱本土品牌。

3. 社会阶层

社会阶层是社会学家根据职业、收入来源、教育水平、价值观和居住区域对人们进行的一种社会分类，是按层次排列、具有同质性和持久性的社会群体。同一阶层的人具有类似的价值观、兴趣爱好和行为方式。社会阶层直接影响人们的生活方式，使其购买行为呈现出较大差别。

因此，企业在营销活动中，要对社会阶层进行划分并深入研究其消费动向。改革开放以后，中国开始走向市场经济，经济条件也逐渐成为形成社会阶层的重要因素。中国不同社会阶层的消费习惯与购买行为有着很大差异，其不仅体现在衣着打扮、饮食起居方面，甚至在家庭摆设和兴趣爱好方面也会有明显不同。

社会阶层作为一种文化因素，具有这样一些特点：处于同一社会阶层的人的行为，比不同阶层的人的行为更为相似；人们以其所处的社会阶层而拥有优劣不同的地位；社会阶层同时受职业、收入、财富、教育、价值观等多种因素的影响，而不仅仅受单一因素的影响；一个人一生中可能在不同社会阶层之间移动，既可以迈向高阶层，也可以跌至低阶层。

(三)社会因素

消费者的购买行为与其所处的社会环境密切相关。影响消费者购买行为的社会因素主要包括相关群体、家庭状况、社会角色等。

1. 相关群体

相关群体是指能够直接或间接影响消费者态度、价值观和购买行为的个人或集体。按照对消费者的影响程度分类，一般分为主要群体、次要群体和渴望群体三种类型。

(1)主要群体，即相对稳定地在一起工作、学习、生活的人所形成的非正式群体，例如家庭成员，在同一所学校上学的同学，在同一个工厂、商店、机关、学校等单位工作的同事，同住一个居民区的邻居等。由于这些群体同消费者发生密切的面对面的关系，因而对其购买行为影响最大。

(2)次要群体，即那些有共同的业务要求但接触较少的正式群体，如宗教团体、各种专业协会、学会、联谊会等。消费者虽然是这些组织的成员，但由于接触的次数较少，这些组织只能对消费者的购买行为产生间接影响。

(3)渴望群体，是具有共同志趣的群体，如电影明星、体育明星的崇拜者和追随者。这些人虽然没有正式的交往关系，但该群体在某些方面对群体成员的购买行为影响较大。

相关群体对消费者购买行为的影响一般表现在三个方面：一是示范性，相关群体向人们展示了各不相同的消费行为和生活方式，可推动群体成员改变原来的购买行为模式或者形成新的购买行为模式；二是仿效性，相关群体能引起人们的仿效欲望，从而改变消费者的购买态度和引起消费者价值观念的变化；三是一致性，相关群体促使人们的购买行为趋于一致，从而影响消费者对产品的品种及品牌的选择。

一花引来万花开

有一天，萨耶下班回家，看见桌上放着一块布料，他知道这是妻子买的，心里就很不高兴，因为这种布料在自己店里积压了很多卖不出去，干吗还要去买别人的呢？妻子任性地说："我高兴嘛！料子不算太好，但花色流行啊。"萨耶叫了起来："我的天！这种衣料自去年上市以来，一直卖不出去，怎么会流行起来？""卖布的小贩说的。"妻子坦白了，"今年的游园会上，这种花色将会流行起来。"妻子还告诉萨耶，在游园会上，当地社交界最有名的贵妇瑞尔夫人和泰姬夫人都将穿这种花色的衣服。妻子还嘱咐他不要把这个消息说出去。萨耶对女人在服饰方面这种"不甘人后"的一窝蜂心理早就习以为常了，那两位贵妇可以说是当地妇女时装界的向导，女人们对她们心目中仰慕的女人一向盲从。

萨耶并没有把这件事挂在心上，甚至他店中的这种布料都被一个布贩买走，也没有引起他的注意。游园会那天，全场妇女中，只有那两名贵妇及少数几个女人穿着那种花色的衣服，萨耶太太也是其中之一，她因为与那两名贵妇穿的是一种花色的衣服，格外引人注目，因此出尽了风头。游园会结束时，许多妇女都得到一张通知单，上面写着：瑞尔夫人和泰姬夫人所穿的新衣料，本店有售。

萨耶暗自惊讶，他不得不佩服那个小贩的推销手段。第二天，萨耶找到那家店铺，只见人群拥挤，争先恐后地在抢购这种布料。等他走近一看，才知道这个店铺比他想象的更绝，店门贴着一行大字：衣料售完，明日来新货。那些购买者唯恐明天买不到，都在预先交钱，伙计们还不断地解释说，这种法国衣料因原料有限，很难充分供应。萨耶当然知道这种面料进货不多，并非因为缺少原料，而是因为销路不好，才没有继续进货。看到这个小贩如此巧妙地利用女人的心理，直到最后还利用缺货来吊她们的胃口，萨耶自叹不如，打心里佩服。

资料来源：消费心理. http://www.worlduc.com/blog2012.aspx?bid=19425607,(2013-11-11)[2015-6-21]

2. 家庭状况

家庭是社会的基本单位，是重要的相关群体之一，应该受到特别重视。一般认为，家庭是指以婚姻关系、血缘关系和收养关系为纽带结成有共同生活活动的社会生活组织形式或单位。家庭既是很多产品的基本消费单位，又是重要的社会群体，消费者的购买模式无不打上家庭影响的烙印。家庭成员对消费者的购买行为产生的影响最直接也最强烈。不同的家庭形态和家庭生命周期会呈现不同的需求特点。

家庭生命周期可以分为单身、新婚、满巢、空巢、解体五个阶段。在家庭生命周期的不同阶段，家庭对消费的需求有明显的变化。孩子在家庭购买决策中的影响力也不容忽视，尤其中国的独生子女在家庭中受重视的程度越来越高。随着孩子的成长、知识的增加和经济上的独立，他们在家庭购买决策中的权力逐渐加大。

家庭对消费者购买行为起着至关重要的作用。家庭对消费者购买行为的影响主要体现在三个方面：一是每个家庭成员对购买决策都会产生或多或少的影响；二是在家庭生命周期的不同阶段需求存在明显差别；三是家庭对消费者购买行为的影响方式具有特殊性，作用特别大。

3. 社会角色

社会角色是指一个人在一定的社会条件下所处的具有某种权利和义务的社会地位和被社会或群体所规定的行为模式。一个人在一生中参加许多群体，在长期的社会生活中，不同的社会角色形成了各自较为固定的职责和行为准则。社会利用这些职责来衡量和评价每一个社会角色，每个人则通过消费来表现自己的社会角色。由于人们的社会活动内容日益多样化，每个人在不同时间和不同空间里都扮演着不同的社会角色。例如，一个在工作单位是职工或领导的已婚妇女，在家里分别是妻子、母亲或儿媳（女儿）。在担当不同的社会角色时，人们对自己有不同的要求，从而产生了不同的购买特点和习惯。因此，了解和认识每个人的社会角色，就可以基本了解其购买行为。

（四）个人因素

个人因素是指消费者的生理、生活方式、个性及自我概念等对购买行为的影响。

1. 生理

生理因素指年龄、性别、健康状况和嗜好等生理体征的差别。人从出生到死亡一般要经历儿童期、青年期、中年期和老年期四个年龄阶段，每个年龄阶段会有不同的消费需求和消费心理。小时候吃的是婴儿食品，长大后吃的是各种各样的食品，到了晚年只能吃特殊的食品。人们对服装、家具和娱乐的需求也与同年龄有关。

由于生理上的差别以及后天社会化过程的区别，男性和女性消费者都有典型的性别特点。一般来说，男性消费者购买的主动性较差，购买过程中缺乏耐心去挑选和询问商品细节；女性消费者的购买行为容易受到外界因素的影响，注重价格和实际利益。

2. 生活方式

生活方式是指一个人在生活中所表现出来的活动、兴趣和态度的综合模式。即使亚文化、社会阶层和职业都相同的人，他们的生活方式也可能不同。市场营销人员应寻找自己的产品与各种生活方式群体间的关系。例如，电脑公司可能发现其产品的目标顾客是具有成就的知识工作者。

3. 个性

个性是指一个人带有倾向性、本质的和比较稳定的心理特征的总和。个性是在个体生理素质的基础上，经由外界环境的作用逐步形成的。个性的形成既受遗传和生理因素的影响，又与后天的社会环境尤其是童年时的经验有直接关系。因此，每个人的个性都有不同的特点。消费者的个性通过其能力、兴趣、气质、性格和自我形象表现出来，影响着消费者的购买行为。

4. 自我概念

自我概念也称自我形象，是指个人对自己的能力、气质、性格等个体特征的感知、态度和自我评价。大量实践证明，消费者在选购商品时，不仅以质量优劣、价格高低、实用性能强弱为依据，而且把商品品牌特性是否符合自我概念作为重要的选择标准，即判断商品是否有助于"使我成为我想象或期望的人"，以及"我希望他人如何看待我"。如果能够从商品中找到与自我印象或评价一致(相似)之处，消费者就会倾向于购买该商品。在这一意义上讲，自我概念是影响购买行为的重要因素之一。

(五)心理因素

消费者的购买行为要受动机、感觉、学习以及态度与信念四个心理因素的影响。

1. 动机

消费者的购买行为是由其购买动机引起的。消费者的购买动机是指消费者为了满足自身的某种需要做出购买某种商品决策的内在驱动力，是引起购买行为的前提，也就是引起行为的缘由。购买动机在一定程度上支配着消费者的购买行为。

消费者购买动机的产生以消费者的需要为基础。只有当消费者有了某种需要并期望得到满足时，才会产生购买动机。对于企业来说，应重视引导消费者形成购买本企业产品的动机，并通过满足消费者的需要使这一动机不断强化，从而为维持企业产品的持续畅销打下坚实的基础。

消费者的购买动机是多种多样的，按照引起动机需要的差别，消费者购买动机可以划分为两种基本类型，即生理动机和心理动机。

2. 感觉

感觉是人脑对直接作用于感觉器官的客观事物的个别属性的反应。消费者利用眼、耳、鼻、舌、身这些器官感觉事物的色、声、味、形、质等属性。人在感觉的基础上，形成知觉。知觉是人脑对刺激物各种属性和各个部分的整体反应，它是对感觉信息加工和解释的过程。

消费者对产品或服务的感觉有三个特点：

(1)适应性。即消费者对初次接触到的商品在形状、色彩、式样、使用环境和方法等方面总有一个从不适应到逐步适应的过程，从而出现了由对该商品不习惯到购买的行为变化。

(2)选择性。即消费者面对无数商品的信息刺激总是按各自的需要进行取舍：首先是选择性注意，即消费者面对大量的商品信息刺激，容易接受对自己有利的信息以及与其他信息相比有明显差别的信息；其次是选择性曲解，即消费者按照自己的认识或意愿来解释客观事物或信息，形成先入为主的印象；再次是选择性记忆，即消费者容易记住与自己的态度和信念一致的信息，忘记与自己的态度和信念不一致的信息。

(3)错觉性。即消费者可能对商品产生错误的感受。例如，同一物体或图案放在比它大的物体旁会显得小一些，放在比它小的物体旁则显得大一些。为此，企业在营销活动中，应充分利用消费者的错觉，搞好产品的设计和陈列，以满足消费者的心理要求。

3. 学习

消费者绝大部分的需要和行为是后天习得的。通过学习，消费者获得了丰富的知识和经验，提高了对环境的适应能力；同时，在学习过程中，其行为也在不断地调整和改变。一个人的学习是在驱动力、刺激物、诱因、反应和强化等因素的相互作用下进行的。

对市场营销人员来讲，学习理论的价值在于他们可以通过把产品与强烈的驱动力联系起来，利用刺激性的诱因并通过正面强化等手段，来建立产品的需要。企业可以通过诉求与竞争者相同的驱动力并提供相似的诱因来进入市场，因为购买者更可能从原品牌转向类似的品牌而不是相异的品牌。企业也可针对不同的驱动力设计品牌的诉求，并提供强烈的诱因来诱导消费者转换品牌。

4. 态度与信念

(1)态度。态度是消费者在认识事物的基础上所表现出来的好恶感情，是情感和认知的统一，它直接影响着消费者的购买行为。一个人的态度表现为稳定一致的模式，改变一种态度就需要在其他态度方面做重大调整。因此，公司应尽可能使其产品迎合既有态度，根据消费者的态度设计符合他们需要的产品，或改革工艺使产品符合他们的要求，并通过广告宣传，使消费者的不利态度转变为有利态度，使消费者的有利态度得到进一步巩固。

(2)信念。消费者信念是指消费者持有的关于事物的属性及其利益的知识。不同消费者对同一事物可能拥有不同的信念，而这种信念又会影响消费者的态度。例如，一些消费者可能认为名牌产品的质量比一般产品高出很多，能够提供较大的附加利益；另一些消费者则坚持认为，随着产品的成熟，不同企业生产的产品在品质上并不存在太大的差异，名牌产品提供的附加利益并不像人们想象的那么大。营销人员要高度重视顾客对本企业或本品牌的信念，一旦发现顾客的信念有误并阻碍了其购买行为，就应运用有效的营销手段加以纠正以促进产品销售。

“购岛”闹剧后日系车消费态度调查

2012年10月下旬，网上车市针对消费者对不同车系的消费偏好进行了一轮调查。该调查涉及6个小问题，共有5156名网上车市的热心网友参与调查。众所周知，2012年9月日本政府的“购岛”事件严重冲击了中日关系，伤害了中国人民情感，加之侵华历史，中国民间短时间内形成了一股强烈的反日浪潮。从电商到零售，公开抵制日货的行动与口号愈演愈烈，日系车也受到了强烈的抵制，9月份日系车的销量大幅下滑。

据中国汽车工业协会统计分析，2012年9月，在国外品牌中，日系乘用车销量下降较快，9月共销售16万辆，环比下降29.49%，同比下降40.82%，占乘用车销售总量的12.16%，占有率比上月下降6.46个百分点，比上年同期下降8.33个百分点。

资料来源："购岛"闹剧后日系车消费态度调查分析，http://news.cheshi.com/20121105/741445.shtml，(2012-11-5)[2015-6-21]

四、消费者购买决策过程

（一）消费者购买决策的参与者

消费者消费虽然是以家庭为单位，但参与购买决策的通常并非一个家庭的全体成员，许多时候是一个家庭的某个成员或某几个成员，而且由几个家庭成员组成的购买决策层，其各自扮演的角色亦是有区别的。消费者购买决策过程中的参与者一般可以分为五种类型：

(1)发起者，即首先提出或有意购买某一产品或服务的人。

(2)影响者，即其看法或建议对最终决策具有直接或间接影响的人。

(3)决定者，即能够对是否购买、为何买、买多少、何时买、何处买等问题做出最后决定的人。

(4)购买者，即具体执行购买行为的人。

(5)使用者，即实际消费或使用所购商品或服务的人。

消费者在购买决策中，可能扮演上述五种类型参与者中的一种，也可能是全部角色。了解每个购买者在购买决策中扮演的角色，并针对其角色地位与特性，采取有针对性的营销策略，就能较好地实现营销目标。比如，购买一台电视机，提出这一要求的是孩子，是否购买由父母共同决定，而父亲对电视机的品牌做出决定，这样电视公司就应对父亲做更多有关品牌方面的宣传，以引起父亲对本企业生产的电视机的注意和兴趣，母亲在电视机的造型、色调方面有较大的决定权，公司则可设计一些在造型、色调等方面受母亲喜爱的产品。市场营销者必须了解购买决策过程中参与者的作用及特点，从而制定出有效的生产计划和营销计划。

（二）消费者购买行为类型

消费者在购买不同类型商品时，购买决策行为有很大的差异。以购买一部手机和购买一瓶水为例，前者可能要广泛搜集信息，反复比较选择；后者则可能不假思索，随时就可以购买。

根据购买活动中消费者的介入程度和商品品牌间的差异程度，可将消费者的购买行为分为以下四种类型：复杂型购买行为、变换型购买行为、协调型购买行为和习惯型购买行为。这四种购买行为之间的比较见表3-1。

表 3-1 消费者购买行为类型

购买介入程度 / 品牌差异	高	低
大	复杂型购买行为	变换型购买行为
小	协调型购买行为	习惯型购买行为

1. 复杂型购买行为

复杂型购买行为主要是指对性能缺乏了解、价格昂贵、品牌差异大、购买频率不高的大件耐用消费品的购买行为。由于价格昂贵,购买决策的风险就比较大,购买决策必然比较谨慎;由于消费者对产品不够熟悉,需要搜集的信息比较多,进行选择的时间也比较长。对于这种复杂的购买行为,企业应采取有效的措施帮助消费者了解产品性能及相对的重要性,并介绍产品的优势及其给消费者带来的利益,从而影响消费者的最终选择。

2. 变换型购买行为

变换型购买行为是指消费者低度介入,且不同品牌的产品之间差异很大的购买行为。在这种情况下,消费者经常改变品牌选择,并且改变品牌选择并非因为对产品不满意,而是由于市场上有大量可选择的品牌,消费者寻求多样化导致了这种购买行为。针对这种购买行为类型,企业可采用销售促进和占据有利货架位置等办法保障供应,并跟进广告,促成习惯性购买行为。

3. 协调型购买行为

协调型购买行为是指不同品牌的产品之间差异不大,消费者不经常购买,而购买时又有一定的风险,所以消费者一般要比较、看货,只要价格公道、购买方便、机会合适,消费者就会购买的一种购买行为。购买之后,消费者也许会感到有些不协调或不够满意,在使用过程中,会了解更多的情况,并寻求种种理由来减轻、化解这种不协调,以证明自己的购买是正确的。经过由不协调到协调的过程,消费者会有一系列的心理变化。针对这种购买行为类型,企业应注重运用价格策略和人员推销策略,选择最佳销售地点,并向消费者提供有关产品评价的信息,使其在购买后相信自己做出了正确的选择。

4. 习惯型购买行为

习惯型购买行为是指消费者低度介入,并且所购买的不同品牌的产品之间没有多大差别的购买行为。绝大多数食品和日用消费品都属于习惯性购买行为所购买的产品。消费者往往会因为习惯而长期购买某一品牌的产品,但是他们对该品牌并不了解,也称不上品牌忠诚者,所以他们对该品牌的好感或者习惯会很容易改变。因此,这类产品的生产企业可以采用优惠价格、电视广告、独特包装等方式,鼓励消费者试用、购买和连续购买其产品。

(三)消费者购买决策过程

消费者的购买决策是指在特定心理驱动下,按照一定程序发生的心理和行为过程。每个消费者在购买某一商品时，均会有一个决策过程，典型的消费者购买决策过程包括认识需求、收集信息、品牌评估、购买决策以及购后评价与行动五个阶段，如图 3-3 所示。

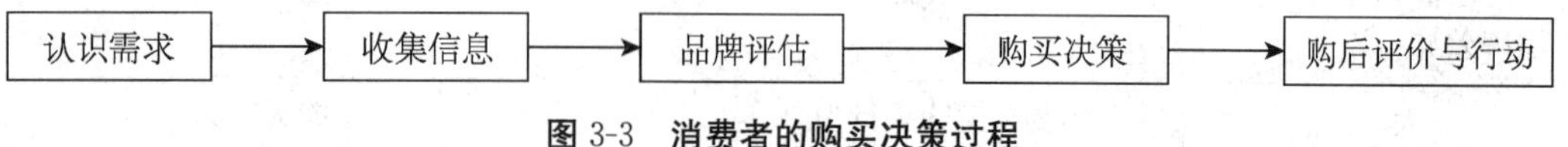

图 3-3　消费者的购买决策过程

1. 认识需求

认识需求是消费者购买决策过程的起点。当消费者在现实生活中感觉到或意识到实际与其期望之间有一定差距，并产生了要解决这一问题的要求时，购买决策便开始了。消费者的需求往往由两种刺激引起；内部刺激和外部刺激。消费者需求的产生，既可以是人体内机能感受所引发的，即由内部刺激引起，如因饥饿引发购买食品、因口渴引发购买饮料，又可以是由外部条件刺激所唤起的，如看见电视中的西服广告而打算自己买一套，路过水果店看到新鲜的水果而决定购买等。当然，有时候消费者的某种需求可能是内外刺激共同作用的结果。

市场营销人员应注意识别引起消费者某种需要和兴趣的环境，并充分注意两方面的问题：一是注意了解那些与本企业的产品实际上或潜在有关联的驱使力；二是消费者对某种产品的需求强度会随着时间而变化，并且为一些诱因所触发。在此基础上，企业还要善于安排诱因，促使消费者对企业产品产生强烈的需求，并立即采取购买行动。

不准偷看

泰国曼谷有家酒店门口放着一个巨型酒桶，并写着醒目的大字“不准偷看”。许多行人出于好奇，偏偏要停下来看个究竟，哪知道只需把头探进桶里，便可闻到一股清醇的酒香，还可以看到桶底隐显着“本店美酒与众不同，请享用！”的字样，当不少人大叫“上当”时，酒瘾却被这酒香激起挥之不去，欲罢不能，不由得走进酒店畅饮一番。

资料来源：房彦华. 攻势营销——啤酒企业营销新观念[J]. 啤酒科技，2010(11)：3.

2. 收集信息

在认识需求的基础上，消费者受满足需求的动机驱使，开始寻找各种满足需求的方法和途径。如果他所要购买的产品就在附近，他便会实施购买活动，以满足需求。如果所需购买的产品不易购到，或者说需求不能马上得到满足时，他便会把这种需求存入记忆中，并注意收集与需求相关和密切联系的信息，以便进行决策。

收集信息的方式可以分为内部收集和外部收集两种。就习惯性购买决策而言，消费者主要依赖内部信息收集；就复杂购买决策而言，消费者则既要进行内部信息收集，又要进行外部信息收集。

为了向目标市场有效地传递信息，企业需要了解消费者获得信息的主要来源，消费者信息的来源主要有四个方面：

（1）个人来源，指从家庭、朋友、邻居、同事等个人交往中获得信息。

（2）商业性来源，这是消费者获取信息的主要来源，包括广告、销售员介绍、商品包装、商品展览与陈列、产品说明书等提供的信息。这一信息源是企业可以控制的。

（3）公共来源，指消费者从电视、广播、报刊等的客观报道和消费者团体的评论所获得的信息。

（4）经验来源。消费者从自己亲自接触、试验和使用商品的过程中得到的信息。

上述四种信息来源中，商业性来源最为重要。从消费者角度看，商业性来源获得的信息最多，而且一般来说具有针对性、可靠性，个人来源和经验来源对消费者的作用体现在帮助消费者对产品或服务的评价方面。对企业来说，商业性来源是可以控制的，商业性来源的信息对消费者的影响体现在告知方面。消费者可以通过商业性来源了解企业的产品，进而购买企业的产品。

3. 品牌评估

消费者在全面获得所要购买的产品或服务的有关信息后，就会以一定的方法对可供选择的品牌进行分析和比较，并对各种品牌的产品做出评价，作为最后决定购买的依据。

消费者根据收集到的信息主要从以下几个方面对各种产品进行评价：

（1）分析产品属性。产品属性即产品能够满足消费者需要的特性。产品在消费者心目中一般表现为一系列属性的集合。如对于照相机，消费者关心的是照片清晰度、速度、体积大小、价格，而对于计算机，消费者关心的是存储能力、图像显示能力、软件的实用性。这些都是消费者感兴趣的产品属性，但消费者不一定认为产品的所有属性都同等重要。市场营销人员应分析本企业产品有哪些消费者感兴趣的属性，哪个属性在消费者心目中占有最重要的地位，对不同需求的消费者提供具有不同属性的产品，既满足消费者的需求，又最大限度地减少因生产不必要的属性所造成的资金、劳动力和时间的耗费。

（2）建立属性权重。即消费者对产品有关属性所赋予的不同重要性的权数。在消费者被问及某一产品属性时立刻想到的属性，就是产品的特色属性，但特色属性并不一定是最重要的属性。在特色属性中，有些可能被消费者遗忘，而一旦被提及，消费者就会认识到它的重要性。市场营销人员应更多地关心属性权重，而不是特色属性。

（3）确定品牌信念。指消费者对品牌优劣程度的总的看法。消费者会根据各品牌的属性及各属性的参数，形成对各个品牌优劣程度的总的看法，以及对品牌的不同信念，比如确认哪种品牌在哪一个属性上占优势，哪一个属性相对较差。

（4）形成“理想产品”。消费者的需求只有通过购买才能得到满足，而他们所期望的从产品中得到的满足，是随产品每一个属性的不同而变化的，这种满足程度与产品属性的关系可用效用函数描述。效用函数是描述消费者所期望的产品满足感随产品属性的不同而有所变化的函数关系。它与品牌信念的联系是，品牌信念指消费者对某品牌的某一属性已达到何种水平的评价，而效用函数则表明消费者要求该属性达到何种水平他才会接受。

(5)做出最后评价。消费者从众多可供选择的品牌中,通过一定的评价方法,对各种品牌进行评价,从而形成对它们的态度和对某种品牌的偏好。在这一评价过程中,大多数的消费者总是将实际产品与自己的理想产品进行比较;也就是说,偏好和购买意图并不总是导致实际购买行为,尽管二者对购买行为有直接影响。

4. 购买决策

消费者在对各种备选品牌进行比较的基础上,会形成对某一品牌的购买意向,即最后决定购买各方面都比较满意的某一品牌商品,并做出花多少钱、在什么时间、到什么地点购买的决策。

5. 购后评价与行动

在确定最优方案之后,消费者将方案付诸实施,即实际进行购买。完成购买后,决策活动仍未结束。产品在被购买之后,就进入了买后阶段。这一阶段,消费者要对购买到的产品或服务进行评价,还涉及消费者如何处置失去功能的产品或服务。购后行为直接影响消费者以后的购买决策,是营销人员必须注意的问题。

消费者购买商品后,通过自己的使用和他人的评价,会对自己购买的商品产生某种程度的满意或不满意。消费者根据自己从卖主、朋友以及其他来源所获得的信息来形成产品期望,消费者对其购买活动的满意程度,取决于产品预期得到实现的程度。如,产品符合买主的期望,买主购买后就会比较满意;期望与现实距离越远,买主的不满就越大。

任务二　组织市场与购买行为分析

任务导入

想一想

在消费者市场上,商品的品牌效应对消费者的购买行为具有非常大的影响。而在组织市场上,由于目标市场规模较小,目标消费者数量较少,往往忽视了品牌形象的打造和传播。

与传统的组织市场的品牌营销模式不同,徐工机械走出一条大众化品牌传播之路。这种策略可以用“专业媒体+大众电视媒体+大众广播媒体”的三结合战略来概括。

这种三结合战略的核心价值就是形成品牌传播的“鸟笼效应”:让目标客户在行业内和社会上都能感受到品牌无处不在,进而影响消费者的购买行为。首先,利用专业媒体深塑品牌形象。利用专业媒体杂志,如《中国工程机械》《筑路工程设备》《中国经营报》《财经》等进行专业品牌形象的传播。其次,利用大众电视媒体创造品牌影响力的广度,如央视和凤凰卫视这样的大众媒体,虽然这些大众消费群体与徐工的目标顾客不是十分一致,但其品牌影响的广度大幅度提升。最后,大众广播媒体形成有效覆盖。利用中国之声等广播媒体,将品牌的知名度和影响力进一步扩大。

如今,“徐工,徐工,祝您成功”的广告,消费者耳熟能详,徐工的品牌形象,在组织市场中,甚至在消费者市场中,都已经形成了较大的影响力。这种品牌影响力,必然极大地影响组织市场的消费行为。

思考:组织市场与消费者市场的区别是什么?

组织市场是一个相对于消费者市场的概念。组织市场是指工商企业为从事生产、销售等业务活动以及政府部门和非营利组织为履行职责而购买产品和服务所构成的市场。消费者市场的终端消费者是个人,组织市场的消费者是企业法人或非营利组织。与消费者市场相比,组织市场的需求和购买行为有其独有的特征。

总的来说,组织市场包括为生产消费和加工而购买产品和服务的组织。组织市场购买产品不是为了自身消费,而是用于社会化大生产,这是与消费者市场的根本性区别。

一、组织市场的概念

组织市场指各类企业、各级政府部门、各种机构为生产性消费、转卖、出租或用于其他非生活性消费而购买产品或服务的市场。

二、组织市场的特点

相对于消费者市场,组织市场有其自身的特点。

(一)购买者比较少但购买数量大

组织市场的客户数量比消费者市场要少得多,但单位规模和总体规模都要大得多。由于很多客户的购买频率较低,因而每次的购买量非常大。很多工业客户,其主要设备往往若干年才购买一次,原材料和零配件也大多签有购销合同,一年或半年购买一次,商业客户进货次数稍多一些,但不会比个人和家庭购买更频繁。政府更是不可多得的大主顾。所以在组织市场上,一些企业的业绩往往取决于少量大客户的大订单。

(二)买卖双方关系紧密

相对于松散型的消费者市场,组织市场中买方与卖方通常会保持一个良好的长期合作关系,这样有利于销售渠道问题的解决,更有利于买卖双方一起分担市场风险。在一些特殊的行业中,有些买卖双方甚至组成战略联盟来共同开展市场经营活动。

(三)购买者的地理位置相对集中

组织市场的购买者常集中于某些地区,这就好比消费者市场集中在人口众多的城市一样。

组织市场的购买者相对集中，这与一个国家的生产力布局、资源分配和竞争有关。例如，浙江省义乌市形成了小商品批发和集散中心，吸引了全世界的采购商。

（四）派生需求

在组织市场中，生产者市场和中间商市场的需求最终来自消费者市场的需求。房地产商购买钢筋和水泥，是因为消费者有强烈的购房需求，如果百姓的购房需求减少，那么所有房地产经销商的建筑材料需求都会减少。

（五）需求弹性小

由于生产者市场具有派生性，生产资料的购销双方就会受到制约。相对于消费品的需求来说，生产资料的需求就显得缺乏弹性，它不会因价格变动而有所增减，特别是在短时期内。例如，农产品原料价格下降，农产品加工企业不一定会大量购买农产品原料，除非该农产品是不可替代的主要原料。

（六）需求波动大

相对于消费者市场的需求变化，组织市场的需求波动幅度较大，且速度更快。消费品需求的微小波动可能会引起生产者市场中相关设备和原材料需求的大幅变动。有时消费品需求仅上升 10%就可能导致生产者市场对生产资料的需求上涨 200%，经济学家把这种现象称为“加速原理”。这一现象导致企业的产品线趋向多样化，以便在商业周期中保持某种均衡。

（七）专业人员采购

组织市场中的采购人员大多经过专业培训，具有丰富的专业知识，冲动性购买现象较少，且不易受个人偏好和广告宣传的影响。购买过程越复杂，参与决策的人就越多，例如技术专家和高层管理人员甚至政府部门相关人员。

（八）人员推销方式较为有效

与消费者市场比较而言，在组织市场中，由于买方购买决策参与人员多，因此派出推销人员进行拜访，直接与目标消费者接触，介绍产品信息，解答消费者疑问，这在组织市场中是一种较为有效的销售方式。

（九）直接采购

组织市场的购买者往往向供应方直接采购，而不经过中间环节。在购买价格昂贵、技术较复杂或需要较多售后服务的产品时尤其如此。

(十)互惠购买

组织市场的购买者在选择供应商时往往还会要求供应商同样选择自己的产品,即“你采购我方商品,我也同时购买你方商品”。例如,某造纸公司向某化工企业购买原材料,同时也要求这个化工企业购买该公司所生产的纸。

(十一)租赁

许多企业往往通过这种方式取得所需的产品。如大型的机器、设备等,许多企业往往无力购买或只能融资购买。但是,采用租赁的方式可以最大限度地节约企业的成本,扩大企业的生产能力。

三、组织市场的分类

组织市场一般包括生产者市场、中间商市场、非营利组织市场和政府市场。

(一)生产者市场

生产者市场是指购买产品或服务用于制造其他产品或服务,然后销售或租赁给他人以获取利润的单位和个人。它们购买产品和服务,用于制造其他产品或向社会提供其他服务。生产者市场主要由各种营利性的农业、林业、水产业、制造业、建筑业、运输业、通信业、公共事业、金融业和保险业、服务业等构成。

(二)中间商市场

又称为转卖者市场,指购买产品用于转售或租赁以获取利润的单位和个人,包括批发商和零售商。批发商的主要业务是购买产品或劳务并将其转卖给零售商、其他商人、工业用户及其他机关团体等,而零售商的主要业务则是将产品或劳务直接销售给最终消费者。

(三)非营利组织市场

非营利组织市场泛指所有不以营利为目的、不从事营利性活动的组织。我国通常把非营利组织称为“机关团体、事业单位”,如学校、医院、疗养院、监狱和其他为公众提供产品和服务的部门。非营利组织市场是指为了维持正常运作和履行职能而购买产品和服务的各类非营利、组织所构成的市场。

(四)政府市场

政府市场是指为了执行政府职能而购买或租用产品的各级政府和下属各部门。由于各级政府通过税收、财政预算掌握了大部分的国民收入,形成了潜力极大的政府采购市场,从而成为组织市场的主要组成部分。

营销小资料

生产者市场的顾客们

生产者市场面向的客户群体较多，在整个国民经济发展中发挥着非常巨大的作用。生产者市场的顾客群体包括：

(1)工业企业。主要从事工业性产品(服务)的生产经营活动。

(2)农业企业。通过人的劳动去强化或控制、利用动植物(包括微生物)的生活机能和外界自然力，从而取得产品的产业。

(3)交通运输业企业。利用运输工具专门从事运输生产或直接为运输生产服务的产业。

(4)邮电通信业企业。通过邮政和电信传递信息、办理通信业务的企业。

(5)建筑安装业企业。主要从事土木工程和设备安装工程施工。

(6)金融业企业。由专门经营货币和信用业务的企业组成。

(7)旅游观光业企业。背靠旅游资源，依托服务设施，通过组织旅行游览活动向游客出售服务的服务性产业。

生产者市场，也称产业市场或工业市场，主要由各种营利性的工业、农业和服务业买主构成。它们购买商品的主要目的是社会化大生产，而不是自己消费。这个市场上的购买者也称为产业市场购买者。

生产者市场与消费者市场的购买行为虽然具有很多相似性，但在市场结构与需求、购买单位性质、购买行为类型与购买决策过程等方面又存在较大的差异。

四、生产者购买行为分析

(一)生产者购买行为的类型

生产者购买行为的复杂程度和采购决策项目的多少，取决于采购业务的类型。生产者购买行为分为以下三种类型：

1. 直接重购

直接重购即用户按既定方案不做任何修订而直接进行的采购业务。这是一种重复性的采购活动，供应者、购买对象、购买方式等都不变，按一定程序办理即可，基本上不用做新的对策，有的情况下甚至建立自动订购系统。面对这种采购类型，原有的供应者不必重复推销，而应努力保持产品的质量和服务的质量，减少购买时间，争取稳定的关系。

2. 修订重购

修订重购是指购买者想就产品规格、价格、交货条款中的某些方面进行修订之后再购买。修订重购通常有更多人参与决策，要收集更多的信息。供应商必须清醒地认识到所面临的挑战，积极改进产品规格和服务质量，大力提高生产率，降低成本，以保持现有客户；新的供应者要抓住机遇，积极开拓，争取更多的业务。因此，修订重购对原供货企业是一个压力，迫使其全力以赴保住这个客户；而对原供货企业的竞争对手则是获取新订单的好机会。

3. 新购

新购即产业用户第一次购买某种产品和服务，这也是最复杂的采购业务。新购的过程要经过知晓、兴趣、评价、试用和采用这样几个阶段。由于买方对新购买的产品心中无数，往往要求获得大量有关信息，而且购买成本越高，风险越大，参加制定购买决策的人数也越多。这种情况对供应者是最好的竞争机会，它可派出专业销售人员携带样品或样本上门推销，尽量提供必要的信息，帮助用户解决疑问，减少顾虑，促成交易。

（二）生产者购买决策的参与者

与消费者市场类似，在生产者市场上，购买类型不同，购买决策的参与者也不同。直接重购时，采购部门负责人起决定作用。新购时，企业的高层领导起决定作用。在确定产品的性能、质量、规格、服务等标准时，技术人员起决定作用；而在供应商选择方面，采购人员起决定作用。由于采购决策过程中受到许多人直接或间接的影响，这些人分别扮演以下不同角色。

1. 使用者

使用者是直接具体使用某种产品或服务的人员。使用者往往是提出购买某种产品的倡议者。使用者在购买产品的品种、规格中起着重要作用。例如，企业的生产部门往往是原材料的直接使用者，对原材料的选择具有很大的话语权。

2. 影响者

影响者是直接或间接参与购买过程，并在采购中发挥一定行政威力，进而影响采购决策的人员。他们以自己的技术知识施予压力，如强调要保持生产进度、维持设计要求，通过他们在定价、买卖方面的专业知识对购买决策人员施加影响。属于影响者的有采购经理、总经理、生产和办公室人员、研发工程师等。

3. 决策者

决策者是有权决定买与不买，以及产品规格、购买数量和供应商的人员。有些购买活动的决策者很明显，有些却不明显。供应商应当设法弄清谁是决策者，以便以决策者的需要为目标，有效地达成交易。一般来说，企业在生产、技术、设备、研发、销售等部门的高级管理人员都可能成为决策者。

4. 批准者

批准者是有权批准决策者或购买者所提供的购买方案的人员。

5. 采购者

采购者是被赋予权力并按照采购方案选择供应商和商谈采购条款的人员。不仅采购活动较为重要，采购者中还会包括高层管理人员。近年来，为了增加政府采购的透明度，各级政府往往引入第三方机构，作为整个采购过程的监督者或评估者，以保证采购结果的最优化，同时也避免贪腐现象的发生。

6. 信息控制者

信息控制者是企业外部和内部能够控制信息流传到决定者、使用者和采购中心成员的人员。不仅采购代理人或技术人员可以提供或拒绝某些供应商和产品的信息，企业的行政管理人员也有可能成为信息控制者。因此，注意信息渠道是否畅通，成为企业能否成功销售的一个重要因素。

为了实现成功销售，企业的营销人员必须分析以下问题：谁是购买决策的主要参与者？其影响决策的程度如何？他们对哪些决策具有影响力？他们使用的评价标准是什么？

在生产者市场购买决策过程中，上述几种角色有时同时出现并发挥作用，但很多时候只出现一种或几种重要购买角色，这取决于具体购买商品的特性或购买决策过程的复杂程度。

（三）影响生产者购买决策的因素

影响生产者购买决策的基础性因素是经济因素，即产品的质量、价格和服务，但在不同供应商的产品质量、价格和服务基本没有差异的情况下，其他因素就会对购买决策产生较大影响。这些因素可以分为四大类：环境因素、组织因素、人际因素和个人因素，如图 3-4 所示。

环境因素	组织因素	人际因素	个人因素
需求水平 经济前景 货币成本 供给状况 技术革新速度 政治法律情况 市场竞争趋势	营销目标 采购政策 工作程序 组织结构 管理体制	职权 地位 感染力 说服力	年龄、教育 职位、性格 风险态度等

图 3-4　影响生产者购买决策的主要因素

1. 环境因素

环境因素包括生产者无法控制的宏观环境因素，如国家的经济前景、技术发展、竞争态势、政治法律状况等，也包括生产者自身经营状况、竞争者等微观环境因素。市场营销环境和经济前景对企业的发展影响甚大，也必然影响到其采购计划。例如，国家的经济环境前景很好或国家宏观政策扶植某一行业，有关企业就会追加投资，增加原材料采购和库存，以备扩大再生产之需。

2. 组织因素

组织因素是指生产者用户自身的经营战略、组织和制度因素等。企业营销管理人员必须了解购买中心的管理层级、参与购买决策的人等因素。

3. 人际因素

企业采购中心一般包括使用者、影响者、采购者、决策者、批准者和信息控制者，这六种成员都参与购买决策过程。这些参与者在企业中的地位、职权、说服力及其相互之间的关系各有不同，这种人际关系会影响生产者用户的购买决策和购买行为。

4. 个人因素

个人因素主要是指参与购买过程中相关人员的年龄、个性、偏好、风险意识等要素，这些要素对生产者市场的购买行为影响较大。

（四）生产者的购买决策过程

生产者的购买决策过程比消费者的购买决策过程更为复杂。生产者的购买决策过程可分为以下七个阶段。

1. 了解需求

了解需求是生产者购买决策过程的起点，是指生产者用户在生产过程中认识到了某个问题或某种需要，且该问题或该需要可以通过得到某一产品或服务来解决时，便开始了采购过程。需求既可来自企业内部，也可来自外界刺激。例如，企业拟推出新产品，在产品生产过程中，需要进行的一系列工作（购进原材料、新机器及人员配备等）的认知，是企业新产品开发工作的起点。

2. 说明需要

说明需要指说明所购产品的品种、性能、特征、数量和服务，写出详细的技术说明书，作为采购人员的采购依据。卖方应通过价值分析，向潜在顾客说明自己的产品和价格比其他品牌更理想。说明需要是对所需产品更详细、更精确的描述，针对所购产品的品种、性能、特征、数量和服务，写出详细的技术说明书，作为采购人员的采购依据。说明书要列明拟购产品和服务在品种、数量、售后保证等方面的具体要求。销售人员应该向买方介绍产品特征，帮助买方确认需求。

3. 物色供应商

物色供应商是指采购人员根据产品技术说明书的要求寻找最佳供应商。企业可以通过广告、客户网络、互联网等各种途径，尽量寻求一些声誉好、服务周到、产品质量高的供应商。

4. 征求供应建议书

对已物色的多个候选供应商，购买者应请他们提交供应建议书，取得预购产品的相关信息资料，如产品目录、质量标准、价目表等，尤其是对价值高、价格高的产品，还要求他们写出详细说明，对经过筛选后留下的供应商，要求他们提供正式的说明。营销人员必须在周密的市场调研的基础上，提出合理的建议，并形成书面报告。通过这份报告，为消费者树立消费信心，为企业树立形象，从而在竞争中脱颖而出。

5. 选择供应商

选择供应商是指生产者用户对供应建议书加以分析评价，确定供应商。评价内容包括供应商的产品质量、性能、产量、技术、价格、信誉、服务、交货能力等。用户会同时选择几条供应渠道，以免受制于人。

6. 签订合同

签订合同是指生产者用户根据所购产品的技术说明书、需求量、交货时间、退货条件、担保书等内容与供应商签订合同。通常情况下，如果双方都有着良好的信誉，通过一份长期有效的合同将建立一种长期的关系，而避免重复签约的麻烦。在这种合同关系下，供应商答应在特定的时间内根据需要按协议的价格条件继续供应产品给购买者。

7. 绩效评价

绩效评价是指生产者用户对各供应商的绩效进行评价，以决定维持、修正或终止供货关系。

综上可知，生产者的购买决策过程是在购买前进行的、从产生需要到对即将购买的产品进行评估的一系列过程。但是具体过程依不同的购买类型而定，并非所有的购买类型都要经过这七个阶段，直接重购和修订重购可能跳过某些阶段，新购则要经历完整的七个阶段。总之，生产者市场是一个极具挑战性的领域，其中最关键的问题就是要了解采购者需要、购买参与者、购买标准以及购买步骤。了解以上各点，生产者的营销人员就能够因势而动，为不同的顾客制定不同的营销组合策略。

五、中间商市场购买行为分析

中间商主要是指各类批发商或零售商。中间商购买的产品和服务，一部分用于满足自身经营活动的需要，大部分用于转售或出租给他人以获取利润。

（一）中间商市场购买决策的内容

中间商的购买行为与购买决策同样受到环境因素、组织因素、人际因素等的影响。尽管如此，中间商购买行为与决策仍有一些独特之处。中间商市场购买行为有如下三方面内容：

1. 中间商市场需求

中间商市场的需求是一种派生需求，与生产者市场相比，中间商市场对社会需求变化作出的反应比一般生产者快得多。因此，中间商市场的供应更应注意从社会需求的角度了解和把握市场的需求内容、需求水平及其变化趋势。

2. 中间商市场供货来源的选择

与产业市场的购买者相比，中间商市场的购买者在供货来源的选择方面有更大的自由度，因而具有经常变换供应商的倾向，以获取更有利的交易条件，寻找更适销对路的产品，这进一步激化了中间商市场上供应商之间的矛盾。

3. 中间商市场购买决策的参与者

在中间商市场中，一般来说，小的批发企业和零售企业的分工较粗，没有专职的采购人员，由雇主或者经理亲自负责采购工作，或者从事采购工作的雇员同时还从事一些其他工作；大的批发企业和零售企业的分工则较细，有专职的采购人员，甚至还组建了专业的采购团队。

（二）中间商市场购买决策的参与者

中间商市场购买决策的参与者，往往因中间商的规模、决策重要程度和涉及金额而有所不同。不同的批零企业的采购人员多寡不一，专职程度各异。小批发企业和小零售企业，一般不配备专职的采购人员，商品的选择与采购可能由店主，也可能由熟悉业务的员工负责，但这些员工还必须兼做其他工作。而大批发零售企业则不同，采购已是专业化的职能，采购员是一项专职工作。然而，不同的大规模批零企业，甚至同一行业的不同批零企业，其采购工作已经具备了专业化水平。

（三）中间商市场购买决策过程

中间商的购买决策和具体采购业务会随着其购买类型的变化而变化。中间商的购买情况可分为以下三类。

1. 新产品情况

新产品情况即中间商面临是否接受新产品的决策问题。这一决策过程与产业市场新购买大体相同，其主要步骤也是认识需要、确定需要、说明需要、物色供应者、征求建议、选择供应商、选择订货程序和检查履行合同情况等八个阶段。如果中间商采购的是正常情况下的商品，那么其购买过程就简单得多，只要这种商品存量降到一定水平，中间商就会向原有的供应商发出订货单，而遇到经营费用提高、毛利偏低的情况时，中间商则会要求与供应商一起重新议定进货价格。

2. 最佳经销商情况

中间商已明确自己需要购买的是什么商品，但仍需选择最合适的供应商，这种购买情况的发生大致有两个原因：①品种、品牌货源充裕，然而仓储量和资金有限，只能选购其中一部分品种和品牌的商品；②中间商打算挂自己的牌子（即中间商品牌）来推销商品、扩大影响，为此而寻求愿意给予配合的制造厂商。

3. 最佳交易条件情况

中间商希望从现有的供应商身上获得较好的交易条件。也就是说，中间商并不是企图更换供应商，只是想要求原有的供应商给予更好的服务、更宽的信用条件和更大的价格折扣。对于改善交易条件，就要与供应商重新谈判。

电脑和电信技术的进步也大大改进了批零企业的采购业务。目前信息技术已广泛应用于库存控制、订货量计算、供应商报价、订单填写和订货单加速处理等方面。批发和零售企业可通过电脑，将预先写明所需要的产品品种、数量等情况的资料卡片，经互联网传输给供应商。目前许多批发商和零售商对某些产品已经实行“无库存采购”，也就是说，由供应商来负责储存一定数量的商品，他们一接到批发商和零售商的通知，就立即送货。

思考题

(1)消费者市场有哪些特点？

(2)结合某一市场，分析影响消费者购买行为的主要特点。

(3)影响一对年轻夫妇购买房屋的因素有哪些？

(4)组织市场与消费者市场相比，有哪些主要特点？

(5)影响生产者市场消费行为因素有哪些？

(6)中间商购买决策包括哪些内容？简述中间商市场的购买决策过程。

技能训练

技能训练一：案例分析

抓住消费者需求乃食品电商王道

近年来，随着全民触电时代的到来，“衣食住行”等有关人们日常生活各个方面的商品品类纷纷触网，相较于“衣、住、行”迅速电商化并取得巨大成功，“食”却被众多电商专家评为“最难被电商化”的一个品类，原因就是大部分食品的利润无法抵消物流费用，加之冷链物流等不完善，不少食品在运送过程中难以保鲜。低盈利、高成本，成为阻碍“食”电商化的最大难题，而早早退市倒闭的“西米网”正好证实了电商专家的这一说法。

不过，电子商务市场的飞速发展是有目共睹的。据相关数据显示，自 2011 年以来，仅 B2C 电商平台的交易规模就高达 5000 亿元。如此庞大的交易规模以及巨大的市场前景，国内众多电商从业者岂能视而不见。以国内首家高端食品 B2C 平台同源康商城为首的电商企业正是瞅准这一市场空白，纷纷进入国内食品电商市场。

据业内人士表示，食品始终是消费者的刚性需求，市场极大；食品电商如能抓住线下食品零售企业所无法满足的消费者需求，并将其作为自身优势凸显出来，势必取得成功。而事实证明，以同源康商城为首的几家食品电商正是很好地抓住了消费者的食品需求，成为最受消费者喜爱的食品电商网站。

众所周知，现今我国食品安全问题频频发生，消费者对所购食品安全的信任度日益降低，他们对于安全、优质、健康的绿色食品的要求日益强烈。中粮旗下食品电商网站、同源康商城等食品电商正是抓住了消费者这一需求，在保证食品质量绝对安全的前提下，十分重视用户购物体验,因此颇受消费者及业内人士的喜爱。

以国内首家高端健康食品电商网站同源康商城为例。商城正是为了避免出现像西米网所碰到的那种情况,主动避开低端市场,重点开拓中高端市场,商城面向的目标人群为国内中高端消费人士。

此外,同源康商城牢牢抓住中高端消费人士的食品需求,商城主推的正是这一人群所需的优质进口食品,由于进口食品售价相对偏贵,该人群对价格的敏感度低,正好可各取所需。这样一来,西米网所遇到的"食品利润无法抵消物流费用"的问题对同源康商城而言就不存在。

据业内资深人士表示,当前国内食品电商市场发展前景非常大,食品电商企业大有可为。不过食品电商如果想要取得成功,抓住消费者的食品需求非常重要,正所谓"抓住消费者需求乃食品电商王道"。目前来看,同源康商城等食品电商无疑做得还不错。

资料来源:抓住消费者需求乃食品电商王道,http://www.cnetnews.com.cn/2012/1113/2130527.shtml,(2012-11-13)[2015-6-25]

问题:

(1)健康食品电商网站同源康商城成功的原因是什么?

(2)你认为影响食品消费者购买行为的因素有哪些?

技能训练二:案例分析

戴尔怎样采购

戴尔采购工作最主要的任务是寻找合适的供应商,并保证产品的产量、品质及价格方面在满足订单时有利于戴尔公司。采购经理的位置很重要。戴尔的采购部门有很多职位设置,如做采购计划、预测采购需求、联络潜在的符合戴尔需要的供应商。因此,采购部门安排了较多的人。采购计划职位的作用是什么呢?就是尽量把问题在前端解决。戴尔采购部门的主要工作是管理和整合零配件供应商,而不是把自己变成零配件的专家。戴尔有一些采购人员在做预测,确保需求与供应的平衡,在所有的问题从前端完成之后,戴尔在工厂这一阶段很少有供应问题,只是按照订单计划生产高质量的产品就可以了。所以,戴尔通过完整的结构设置来实现高效率的采购,完成用低库存来满足供应的连续性。戴尔认为,低库存并不等于供应会有问题,但它确实意味着运作的效率必须提高。

精确预测是保持较低库存水平的关键,既要保证充足供应,又不能使库存太多,这在戴尔内部被称为没有剩余的货底。在IT行业,技术日新月异,产品更新换代非常快,厂商最基本的要求是要保证精确的产品过渡,不能有剩余的货底留下来。戴尔要求采购部门做好精确预测,并把采购预测上升为购买层次进行考核,这是一件比较困难的事情,但必须精细化,必须落实。

"戴尔公司可以给你提供精确的订货信息、正确的订货信息及稳定的订单。"一位戴尔客户经理说,"条件是,你必须改变观念,要按戴尔的需求送货;要按订货量决定你的库存量;要用批量小，但频率高的方式送货；要能够做到随要随送，这样你和戴尔才有合作的基础。”事实上，在部件供应方面，戴尔利用自己的强势地位，通过互联网与全球各地优秀供应商保持着紧密的联系。这种“虚拟整合”的关系使供应商可以从网上获取戴尔对零部件的需求信息，戴尔也能实时了解合作伙伴的供货和报价信息，并对生产进行调整，从而最大限度地实现供需平衡。给戴尔做配套，或者作为戴尔零部件的供应商，都要接受戴尔的严格考核。戴尔的考核要点如下：

(1)供应商计分卡。在卡片上明确定出标准，如瑕疵率、市场表现、生产线表现、运送表现以及做生意的容忍度，戴尔要的是结果和表现，据此进行打分。如瑕疵品容忍度：戴尔考核供应商的瑕疵率不是以每100件为样本，而是以每100万件为样本，早期是每100万件的瑕疵率低于1000件，后来质量标准升级为6-Sigma标准。

(2)综合评估。戴尔经常会评估供应商的成本、运输、科技含量、库存周转速度、对戴尔的全球支持度以及网络的利用状况等。

(3)适应性指标。戴尔要求供应商应支持自己所有的重要目标，主要是策略和战略方面的。戴尔通过确定量化指标，让供应商了解自己的期望；戴尔定期给供应商提供进度报告，让供应商了解情况。

(4)品质管理指标。戴尔对供应商进行综合品质考核，要求供应商应“屡创品质、效率、物流、优质的新高”。

(5)每3天出一个计划。戴尔的库存之所以比较少，主要在于其执行了强有力的规划措施，每3天出一个计划，这就保证了戴尔对市场反应的速度和准确度。供应链管理的第一步是做计划。预测是龙头，企业的销售计划决定利润计划和库存计划。俗话说，龙头变龙尾跟着变。这也就是所谓的“长鞭效应”。

为了达到戴尔的送货标准，大多数供应商每天要向戴尔工厂送几次货，漏送一次就会让这个工厂停工。因此，如果供应商感到疲倦和迷茫、半途而废，其后果是戴尔无法承受的，任何供应商打个喷嚏就可能使戴尔的供应链体系遭受重创。然而，戴尔的强势订单凝聚能力又使任何与之合作的供应商尽一切可能按规定的要求来送货，按需求变化的策略来调整自己的生产。

在物料库存方面，戴尔比较理想的情况是维持4天的库存水平，这是业界最低的库存记录。戴尔是如何实现高效库存管理运作的呢？

(1)拥有直接模式的信用优势，合作的供应商相信戴尔的实力。

(2)具有强大的订单凝聚能力，大订单可以驱使供应商按照戴尔的要求去主动保障供应。

(3)供应商在戴尔工厂附近租赁或者自建仓库，确保及时送货。

戴尔拥有相当于对手9个星期的库存优势，并使之转化为成本优势。在IT行业，技术日新月异，原材料的成本和价值每星期都会有所下降。按近五年历史平均值计算，每个星期原材料成本下降的幅度在0.3%—0.9%。如果取中间值的0.6%，然后乘上9个星期的库存优势，戴尔就可以得到一个特殊的结构，可以得到5.5%的优势，这就是戴尔运作效率的来源。

戴尔很重视与供应商建立密切的关系。“必须与供应商无私地分享公司的策略和目标”，通过结盟打造与供应商的合作关系，也是戴尔公司非常重视的基本方面。在每个季度，戴尔总要对供应商进行一次标准的评估。事实上，戴尔让供应商降低库存，他们彼此之间的忠诚度很高。2001—2004年，戴尔遍及全球的400多家供应商名单里，最大的供应商只变动了两三家。

戴尔也存在供应商管理问题，并已练就出良好的供应链管理沟通技巧，在有问题出现时，可以迅速化解。当客户需求增长时，戴尔会向长期合作的供应商确认对方是否可能增加下一次发货数量。如果问题涉及硬盘之类的通用部件，而签约供应商难以解决，就转而与后备供应商商量，所有的一切都会在几个小时内完成。一旦穷尽了所有供应渠道也依然无法解决问题，那么就要与销售和营销人员进行磋商，立即回复客户，这样的需求无法满足。

“我们不愿意用其他人的方式来作业，因为他们的方法在我们的公司行不通。”戴尔通过自行创造需求的方法，并取得供应商的认同，已经取得了很好的成绩。戴尔要求供应商不光要提供配件，还要负责后面的即时配送。对一般的供应商来说，这个要求是“太高了”，或者是“太过分了”。但是，戴尔一年200亿美元的采购订单，足以使所有的供应商心动。一些供应商尽管起初不是很愿意，但最后还是满足了戴尔的及时配送要求。戴尔的业务做得越大，对供应商的影响就越大，供应商在与戴尔合作中能够提出的要求会更少。戴尔公司需要的大量硬件、软件与周边设备，都是采取随时需要，随时由供应商提供送货服务。

供应商要按戴尔的订单要求，把自己的原材料转移到第三方仓库，这个原材料的物权还属于供应商。戴尔根据自己的订单确定生产计划，并将数据传递给本地供应商，让其根据戴尔的生产要求把零配件提出来放在戴尔工厂附近的仓库，做好送货的前期准备。戴尔根据具体的订单需要，通知第三方物流仓库，通知本地的供应商，让他把原材料送到戴尔工厂，戴尔工厂在8小时之内把产品生产出来，然后送到客户手中。整个物料流动的速度是非常快的。

资料来源：戴尔怎样采购，http://www.docin.com/p—173685255.html，(2011-4-7)[2015-6-25]

问题：

(1)戴尔的采购从哪些方面反映了产业购买者的共同行为特征？

(2)作为产业购买者，戴尔的购买行为有哪些时代特征？

(3)假设你所在的公司是一家生产液晶显示器的大型企业，现在打算将戴尔由潜在客户变为现实客户，请你为自己的公司提出一套能够实现这一目标的方案。

项目小结

(1)消费者市场又称消费品市场或终极市场，是指为满足生活消费需要而购买商品或服务的一切个人和家庭。消费者市场是通向最终消费的市场，是实现企业利润的最终环节，是一切社会生产的终极目标。因此,其他的产业市场都是为消费者市场而存在的。对消费者市场的研究,是对整个市场研究的基础与核心。

(2)消费者市场具有下述特点:需求的多样性、需求的层次性、需求的发展性、需求的可诱导性、需求的相关性、需求的分散性。

(3)影响消费者购买的因素有:环境因素,包括文化、亚文化、社会阶层、相关群体、家庭、消费者情境、消费者保护、角色和地位等;个体因素,包括年龄与家庭生命周期、职业、经济条件、个性和自我概念等;心理因素,包括动机、知觉、学习、信念和态度。

(4)消费者购买动机有:生理性购买动机,包括生存性购买动机、享受性购买动机、发展型购买动机;心理性购买动机,包括情感性购买动机、理智性购买定级、惠顾性购买动机。

(5)消费者购买决策过程包括引起需要、收集信息、评价方案、决定购买、购后感受。

(6)组织市场的购买目的是维持生产经营活动,对产品再加工或转售,或向其他组织和社会提供服务。它由三部分组成:产业市场、中间商市场和政府市场。

(7)产业市场,又称生产者市场或企业市场,它指所购买的一切产品和服务,将用于其他产品或劳务,以供销售、出租或供应给他人的组织。与消费者市场相比,产业市场有以下特征:产业市场的购买者数量少(相对消费者人数),但每单采购量大;用户地理位置集中;存在派生需求,也就是延伸需求;需求与价格之间的弹性较小;需求波动大;专业人员购买;直接购买。

(8)产业市场购买行为的特点:购买的目的性、购买的理智性、购买的组织性、购买的集团性、个人的动机性、购买的环境性。

(9)产业市场在新购的情况下,购买过程的阶段最多,要经过8个阶段:认识需要,确定需要,说明需要,物色供应商,征求建议,选择供商,选择订货程序,检查合同履行情况。

项目四 发现市场机会

知识点拨 学习要点

理论要点：理解市场调研的内涵和功能；
了解市场调研的类型；
理解市场预测的内容和方法。

技能要点：能够根据需求，选择适当的市场调查方法。

任务一 市场调研

任务导入 想一想

男人长胡子，因而要刮胡子；女人不长胡子，自然也就不必刮胡子。然而，美国的吉利公司却把“刮胡刀”推销给女人，居然大获成功。

吉利公司创建于1901年，其产品因使男人刮胡子变得方便、舒适、安全而大受欢迎。20世纪70年代，吉利公司的销售额已达20亿美元，成为世界著名的跨国公司。然而吉利公司的领导者并不因此满足，而是想方设法继续拓展市场，争取更多用户。就在1974年，公司推出了面向妇女的专用“刮毛刀”。这一决策看似荒谬，却是建立在坚实可靠的市场调研基础之上的。

吉利公司先用一年的时间进行了周密的市场调查，发现在美国30岁以上的妇女中，有65%的人为保持美好形象，要定期刮除腿毛和腋毛。这些妇女之中，除使用电动刮胡刀和脱毛剂之外，主要靠购买各种男用刮胡刀来满足此项需要，一年在这方面的花费高达7 500万美元。相比之下，美国妇女一年花在眉笔和眼影上的钱仅有6 300万美元。毫无疑问，这是一个极有潜力的市场。

根据市场调查结果，吉利公司精心设计了新产品，它的刀头部分和男用刮胡刀并无两样，采用一次性使用的双层刀片，刀架选用了色彩鲜艳的塑胶，并将握柄改为弧形以适于妇女使用，握柄上还印压了一朵雏菊图案。这样一来，新产品立即显示了女性的特点。

为了使雏菊刮毛刀迅速占领市场，吉利公司还拟定几种不同的“定位观念”到消费者之中征求意见。这些定位观念包括：突出刮毛刀的“双刀刮毛”，突出其创造性的“完全适合女性需求”，强调价格的“不到 50 美分”，以及表明产品使用安全的“不伤玉腿”等。

最后，公司根据多数妇女的意见，选择了“不伤玉腿”作为推销时突出的重点，刊登广告进行刻意宣传。结果，雏菊刮毛刀一炮打响，迅速畅销全球。

资料来源：吉利公司市场调查的成功案例，http://www.docin.com/p—366264907.html&isPay=1，(2012-3-20)[2015-6-25]

思考：市场调研有什么作用？市场调研有哪些方法？

一、市场营销调研的内涵

随着社会经济的发展，市场营销处于不断发展之中，人们对于市场营销调研的认识和理解也会发生相应的变化。关于市场营销调研的内涵，国际商会/欧洲民意和市场研究协会于 1986 年在《市场营销和社会调查业务国际准则》中明确提出了市场营销调研的目的在于收集信息，认为市场营销调研是指个人或组织（工商企业、公共团体等）对有关其经济、社会、政治和日常活动范围内的行为、需要、态度、意见、动机等情况的系统收集、记录、分类、分析和提出数据资料。美国市场营销协会则认为市场营销调研是企业的一项重要的营销职能，旨在有效地连接顾客、消费者和社会公众与市场营销主体，认为市场营销调研是一种通过信息识别和明确市场营销的机会和问题，形成、优化和评估市场营销活动，监督市场营销运作，增强对市场营销整个过程的理解。菲利普·科特勒认为，市场营销调研是系统地设计、收集、分析和报告与公司所面临的特定的营销状况有关的数据及发现的调查研究结果。德国大多数学者强调市场调查的目的是要获得市场信息，认为市场营销调研是指企业对经营各方面的影响因素，运用系统的原理和方法，去获取信息的一项活动。法国大多数学者主要强调了市场营销调研的范围和内容，认为市场营销调研应分为广义和狭义两种情况。其中，广义市场营销调研是有计划、有步骤地收集市场信息的一项活动；狭义的市场营销调研是指对消费群的调查。

我国许多专家和学者对此也提出了各自的看法。吴世经认为，市场营销调研是指采用科学的方法对与市场营销有关的资料和信息，进行系统地和客观地收集、记录、处理、分析和报告的活动，旨在帮助企业的营销管理者进行有效的营销决策。吴健安认为，市场营销调研就是运用科学的方法，有目的、有计划、系统地收集、整理和分析研究有关市场营销方面的信息，提出解决问题的建议，供营销管理人员了解营销环境、发现机会与问题，作为市场预测和营销决策的依据。这些定义不仅强调了市场营销调研的过程，更重要的是明确了市场营销调研在市场营销乃至在企业经营管理中的作用，突出了市场营销调研是服务于营销决策的重要特征。

综合国内外专家和学者的不同观点，我们认为，市场营销调研是企业或个人为了市场营销决策的需要，明确所需营销信息，并运用科学的调查技术和方法，系统地开展营销信息收集、整理、分析和研究，并得出一定的营销结论的活动与过程。市场营销调研具有狭义和广义之分：从狭义层次来看，市场营销调研是对市场的调研，即企业为了销售产品，对用户和消费者购买和使用商品的情况的调查；从广义层次来看，市场营销调研是对市场营销整体状况的调研，除了对消费者的调研以外，还包括对企业的经营环境和经营状况进行调研。本书分析的市场营销调研是指广义的市场营销调研，而非狭义的市场营销调研。

二、市场营销调研的作用

国际知名的市场调研专家、美国得克萨斯大学阿灵顿分校市场营销系主任卡尔·迈克丹尼尔在《当代市场调研》指出，市场营销调研具有三种功能，即描述、诊断和预测。市场营销调研在企业运行中为经营决策活动提供重要依据。企业经营的重点是决策，决策的前提是信息，信息的来源是市场营销调研。由此可见，企业开展市场营销调研在营销活动中的意义，主要表现在以下几个方面。

1. 市场营销调研是企业制定正确营销决策的基础

企业的任何一项正确的营销决策，都必须基于对特定条件下对客观市场情况的正确认识和对经济规律的自觉运用。企业的营销决策一般来说取决于三个条件，即企业内部条件、企业外部环境和决策者的主观能力。企业内部条件和决策者的主观能力通常是已知的或相对明确的，而企业外部环境却是经常变动的或不确定的。企业外部环境的认识，离不开市场营销调研。只有通过市场营销调研，弄清企业在特定条件下的外部营销环境，才能使企业紧跟市场形势，做出正确的市场营销决策，并及时调整企业的营销策略，把企业面临的风险降到最低。

2. 市场营销调研有利于企业发现市场机会

通过市场营销调研，企业可以随时掌握市场营销环境的变化，并从中寻找到新的市场机遇。随着科学技术的进步，新技术、新工艺不断涌现，企业只有通过市场营销调研，了解国际和国内市场的需求情况，才能确定何时开发研制、生产和销售新产品，以满足消费者的需求，把握市场机会，使企业不断开拓新市场。

3. 市场营销调研有利于企业提高市场营销的经济效益

企业营销活动的直接目的就是要以较少的劳动耗费和资金占用，取得较多的符合社会需要的产品，提高营销效益。要做到这一点，企业必须开展市场营销调研，弄清市场需求的变化，了解同行中先进企业的经营状况，学习他们的管理经验，提高本企业的管理水平，加强营销人员配置、训练和管理，采取有效的广告和销售手段，实行正确的销售策略，选择合理的销售方式等等。

4. 市场营销调研有利于企业提高竞争能力

随着市场经济的不断发展，市场竞争越来越激烈。企业要想在竞争中立于不败之地，就必须开展市场调查研究，自觉地、及时地和准确地掌握市场信息，发现市场机会，提高企业自身的竞争能力。例如，市场供求关系发生了什么变化，企业产品在市场上是不是赢得消费者的喜爱，消费者对本企业产品的售后服务有什么要求……要解决这些问题就需要通过市场营销调研，将这些信息及时反馈给企业，使企业及时地调整营销策略，最终在竞争中取胜。

三、市场营销调研的类型

区分不同的市场营销调研类型，是为了正确设计市场营销调研方案，保证市场营销调研的顺利实施。按照不同的标准，市场营销调研可以分为以下几种类型。

1. 按功能分类

按照营销调研功能的不同，市场营销调研可分为探索性调研、描述性调研、因果性调研和预测性调研。

(1)探索性调研。探索性调研是指对所研究的市场营销问题在不确定的情况下进行的试探性调研，掌握和识别所要研究的营销问题的基本特征及其相关因素。探索性调研的目的在于发现问题，找出关键所在，明确调查对象，确定调查重点，为深入研究做必要的准备，以回答“营销问题出在哪里”。探索性调研主要采用次级资料收集、专家或相关人员的访谈、试点调查等方法。

(2)描述性调研。描述性调研是对所研究的市场营销问题做出结论性的描述，目的在于客观地反映调研对象的实际情况，以回答“营销问题是什么”。常见的描述性调研有产品调研、价格调研、渠道调研、促销调研、企业形象调研等。

(3)因果性调研。因果性调研是指研究某种市场现象及其各种影响因素之间的关系，以回答“为什么”的问题。因果性调研是在探索性调研和描述性调研的基础上进一步研究产生该市场现象的原因，以更深入地认识营销问题。

(4)预测性调研。预测性调研是在说明研究对象的状况及变量之间关系的基础上，通过收集、分析和研究过去和现在的各种市场情况，运用预测方法，进一步研究和推测发展趋势的一种市场营销调研。预测性调研通常采用专家意见集成法、经验判断法等定性预测方法和线性预测、非线性预测等定量预测方法。

2. 按范围分类

按照营销调研范围的不同，市场营销调研可分为专题性调研和综合性调研。

(1)专题性调研是为了解决某个具体的营销问题而开展的市场营销调研。它涉及范围小，调研目的明确，投入资源少，时间短。例如，消费者购买意向调研、产品质量评价、市场滞销原因调研等。

(2)综合性调研是企业为了了解市场总体情况而开展的全面调研。综合性调研涉及的营销问题比较多，具有调研时间长、调研费用高、数据分析复杂、决策难度大等特点。例如，企业为开发某个新产品所进行或为进入一个新市场领域所进行的全面市场调查。

3. 按形式分类

按照营销调研形式的不同，市场营销调研可分为可行性调研、检验性调研和试验性调研。

(1)可行性调研。可行性调研是企业在开拓市场、试制、生产和投放新产品之前开展的营销调研。通过调查市场的动态及消费者的反应，掌握企业内部和外部的主客观条件，对新产品、新市场进行可行性研究，提出选择性方案。

(2)检验性调研。检验性调研是检查分析、验证既定商品购销的政策和营销决策的适应性，包括对企业的营销成果和经济效益的检验。通过对企业产品与竞争产品的成本、利润的分析比较，总结成功经验，找出营销不足及其成因，以便采取相应的措施，提高决策水平。

(3)试验性调研。试验性调研是通过一定的仪器和设备观察与检查商品的物理性能、化学性能等商品质量性的数据和指标，或了解消费者对商品性能的反映，从而为改善生产工艺流程，提高商品质量提供科学的依据。

4. 其他分类

对市场营销调研还可以从其他角度进行分类。例如，按调研使用的数据性质不同可分为定性调研和定量调研；按调研的区域范围不同，可分为地方性市场调研、地区性市场调研、全国性市场调研和国际性市场调研；按市场营销调研的时间不同，可分为一次性调研、定期调研和经常性调研等等。市场营销调研的类型不同，其调研的内容、特征、要求和方法等均有差异。

四、市场营销调研的原则

市场营销调研是一项极其复杂的工作。要使市场营销调研卓有成效，必须遵循以下原则。

1. 科学性和客观性原则

人们对客观事物的本质和规律的认识，需要经过一个不断深化的发展过程。如果市场调查的信息不充分、不真实，样本的代表性不强，由此做出的市场营销决策就不科学、不准确，容易产生偏差和失误。这就要求企业在市场营销调研过程中，必须以科学的态度，通过科学的方法，实事求是地调查市场营销决策所需要的信息，杜绝缺乏事实依据的想象和推理，更不能以虚代实，以假乱真。

2. 系统性和针对性原则

市场营销调研应从企业市场营销决策的需求出发，有计划地明确调查的先后顺序。市场营销调研要对市场进行系统观察，对庞杂的市场信息进行全面分析和筛选，抓住本质和主流，不能把一时一事或者个别现象作为普遍现象，要确保市场营销调研的系统性和针对性，以避免营销决策的失误。

3. 时效性和经济性原则

市场营销调研必须及时，要做到收集信息及时、数据分析及时、反映情况及时、以及营销决策和调整及时，否则调查就会失去其应有的价值。市场营销调研要考虑到经济效果，用尽可能少的调研经费取得相对满意的资料。所以，市场营销调研要根据调查的目的和要求，选择合理的调查途径和方法，做到经济性和时效性的统一。市场营销调研的科学性和客观性、系统性和针对性、时效性和经济性，在一定程度上是一个两难问题。例如，企业在强调调查的经济性时，往往会在一定程度上牺牲其他调查原则，反之亦然。所以，为了实现营销决策的科学性和合理性，市场营销调研应在保证科学性、系统性和客观性的前提下，突出营销调研的时效性和针对性，并尽可能追求经济性。

五、市场营销调研的程序

市场营销调研是一项系统的调研工作，主要包括确定调查问题和调研目标，初步调查，制订调查计划，设计调查问卷或调查表，选择调查人员，收集调查资料，资料整理与分析，撰写调研报告等步骤。

1. 确定调查问题和调研目标

准确提出市场调查问题是市场营销调研最基础的一步。每一次市场调查研究能否达到预期目的，首要的前提条件就是选题是否正确。企业根据营销决策问题来明确市场营销调查的具体问题，从而合理地确定调研目标。

2. 初步调查

初步调查就是根据确定的调查问题，先进行一般性的摸底调查。初步调查可以为制订调查计划指出调查方向或缩小调查范围。初步调查只能了解“是什么”，不能回答“为什么”和“怎么办”。

3. 制订调查计划

经过初步调查，接着就要拟订调查计划。调查计划通常包括：①确定调查时间、地点、范围和对象；②确定信息搜集的来源；③确定调查的方式和方法；④确定调查人员；⑤调查费用预算等。

4. 设计问卷或调查表

调查问卷或调查表的设计，直接影响到调查内容能否得到正确的答案。设计问卷或调查表应基于调查计划、调查问题，同时考虑到市场信息收集的可行性。

5. 选择调查人员

调查人员水平的高低，直接关系到调查质量的高低。所以，要做好对调查人员的选择、培训和管理工作。

6. 收集调查资料

收集调查资料是市场营销调研的核心阶段和主体部分，是调查人员根据调查计划采用各种手段和方法获取所需信息的过程。

7. 资料整理与分析

资料整理与分析是根据调查的目的和要求，对搜集到的原始资料和次级资料按照一定的程序和方法，进行资料和信息的校核、分类、计算、分析和预测，并得出一定的结论，为正确的市场营销决策提供依据。

8. 撰写调研报告

市场营销调研的最后一个程序就是撰写调研报告，以供营销决策。市场调研报告一般包括：①导言。导言主要说明市场调查的原因、问题、目的、意义等内容。②调研概况。简要说明调查的时间、地点、对象、范围、过程以及调查方式和方法等内容。③资料分析。资料分析一般可以分为统计分析和理论分析。统计分析主要对调查内容予以客观的描述，着重对经过整理的调查资料做出简述性介绍，回答"是什么"的问题。理论分析是依据翔实的资料数据，运用科学的研究方法，系统地展开分析，着重回答"为什么"的问题。④提出建议。依据前面的分析，提出具有必要性、可行性的解决问题的建议，或做出某种预测，回答"怎么办"的问题。

任务二　市场预测

任务导入

想一想

1936年美国正从经济大恐慌中复苏，全国仍有900万人失业。当年的美国总统大选，由民主党员罗斯福与共和党员兰登进行角逐。《文学文摘》(Literary Digest)杂志对结果进行了调查预测。他们根据当时的电话号码簿及该杂志订户俱乐部会员名单，邮寄1 000万份问卷调查表，回收约240万份。工作人员获得了大量的样本，对此进行了精确的计算，根据数据的整理分析结果，他们断言：在总统选举中，兰登将以370∶279的优势，即以57%比43%，领先14个百分点击败罗斯福。与之相反，一个名叫乔治·盖洛普的人，对《文学文摘》调查结果的可信度提出质疑。他也组织了抽样调查，进行民意测验。他的预测与《文学文摘》截然相反，认为罗斯福必胜无疑。结果，罗斯福赢得了2 770万张民众选票，兰登得到1 600万张选票；罗斯福赢得了除缅因州、佛蒙特州以外48个州的民众选票，获得选举团523张选票的98%，而兰登的选票低于2%(8张)。最终，罗斯福以62%比38%的压倒性优势大败兰登。这一结果使《文学文摘》销声匿迹,而盖洛普则名声大噪。

思考:如何进行科学的预测?

市场预测是在对影响市场供求变化的诸多因素进行调查研究的基础上,运用科学的方法,对未来市场商品供需的发展趋势以及有关因素的变化,进行的分析、估计和判断。

预测的目的在于最大限度地减少不确定性因素对预测对象的影响,为科学决策提供依据。

一、市场预测的主要内容

进行市场预测,必须深入分析研究各种因素的发展变化,预测以下几个主要方面的内容。

(一)预测生产的发展及其变化趋势

预测生产的发展及变化趋势,首先要搜集历史资料,其次要了解各种现有的生产企业的数量、生产能力、产品质量等情况。

(二)预测市场容量及其变化

预测市场容量,应包括两部分,一是生产资料市场容量,二是消费资料市场容量。

(三)预测市场价格的变化

价格反映着各方面的经济关系,关系着经济建设、市场需求和人民生活的安定。因此,进行市场预测不能忽视市场价格的变化。

(四)预测消费需求的变化

预测消费需求的变化:一要注意研究消费者需求倾向的变化,二要注意对消费心理的变化进行预测。

(五)预测市场占有率

预测市场占有率,既要研究相关部门(企业)历史上的市场占有率和现实中竞争对手的竞争能力及各自优势等,又要研究市场未来占有率的变化趋势。

二、市场预测的程序

(一)确定预测目标

确定预测目标是进行市场预测的首要环节。确定预测目标就是明确市场预测所要解决的问题是什么，即市场预测是为什么服务的。在市场预测中，只有明确了预测的目标，才能进一步确定预测的内容，选择预测的方法，否则市场预测就是盲目的，也是根本无法展开的。预测目标应尽可能具体、详尽，因为它既关系到整个预测活动的成败，又关系到预测活动其他环节的顺利进行，如收集什么资料，怎样收集资料，用什么方法去预测，以及如何制订预测工作计划和进度计划等。

（二）搜集资料

无论采用哪一种方法，都应杜绝无根据的预测或任意的主观想象。市场预测必须以充分的市场调查资料为依据。预测是否能够有组织、有计划地顺利进行，预测结果的准确性如何，预测者对预测资料的占有情况起着非常关键的作用。因此，市场预测所需资料的收集、整理与分析是市场预测的一个非常重要的步骤。

（三）选择预测方法与建立预测模型

目标明确以后，预测者要针对资料的占有情况，在对预测对象的性质与特点进行认真分析的基础上，选择适合的预测方法，做出各种假设，拟定出预测对象的预测模型，用以描述经济现象或经济现象之间的关系。选定合理的预测方法和建立预测模型是做好预测的关键性步骤。

（四）分析预测误差

分析预测误差是对初步预测结果的可靠性和准确性进行检验，估计预测结果的精确度。预测误差越大，预测结果的准确性就越低。若误差过大，超出了误差的允许范围，预测就失去了其应有的作用。这时就应该进一步分析其原因，修订预测模型或重新选择预测方法，直到得到满意的预测结果为止。

（五）编写预测报告

预测报告应包括预测的主要活动过程，列出预测的目标、预测对象及相关因素的分析结论、主要资料、预测方法的选取及预测模型的建立、预测结果的评价和修正以及实现预测目标的政策与建议等内容。

三、市场预测方法的选择

（一）定性预测方法

依靠预测者的专门知识和经验，来分析判断事物未来发展的趋势，称为定性预测。它要求在充分利用已知信息的基础上，发挥预测者的主观判断力。定性预测适合预测那些模糊的、无法计量的社会经济现象，并通常建立在集体预测的基础之上。集体预测是定性预测的重要内容，能集中多数人的智慧，克服个人的主观片面性。

定性预测方法简便，易于掌握，而且时间快、费用省，因此得以广泛采用。特别是进行多因素综合分析时，采用定性预测方法效果更加显著。

定性预测方法缺乏数量分析，主观因素的作用较大，预测的准确度难免受到影响。因此，在采用定性预测方法时，应尽可能结合定量分析方法，使预测过程更科学，预测结果更准确。

（二）定量预测方法

定量预测方法是指在数据资料充分的基础上，运用数学方法，有时还要结合计算机技术，对事物未来的发展趋势进行数量方面的估计与推测。定量预测方法有两个明显的特点：一是依靠实际观察数据，重视数据的作用和定量分析；二是建立数学模型作为定量预测的工具。随着统计方法、数学模型和计算机技术日益为更多的人所掌握，定量预测的运用会越来越普遍。

定量预测法分为两类：一是时间序列分析预测法；二是因果分析预测法。时间序列预测法按市场现象变动因素的不同，可分为直线趋势预测法、趋势外推预测法和季节变动预测法。直线趋势预测法，又称平均（平滑）预测法，主要包括简单平均法、移动平均法、指数平滑法等预测方法。

1. 简单平均法

简单平均法是一种简单的时间序列预测法。它是由一定观察期的数据求得平均数，并以所求平均数为基础，预测未来时期预测值的方法。这种方法简单易行，不需要进行复杂的模型设计和数学运算，适用于短期预测和近期预测，是市场预测中常用的方法。

（1）简单算术平均法是将一定时期内时间序列的各期数据的算术平均数作为预测值的方法。用简单算术平均法进行市场预测需要一定的条件，只有当数据的时间序列表现出水平型变动趋势而无显著的长期趋势变化和季节变动时，才能采用此法进行预测。

设 $X_1, X_2, X_3, \cdots, X_n$ 为观察期 n 个数据，求得 n 个数据的算术平均数作为下一时期的预测值。其计算方法如下：

$$\hat{X}=\overline{X}=\frac{\sum_{i=1}^{n} X_i}{n}$$

（2）加权平均法就是在求平均数时，根据观察期各期资料重要性的不同，分别给予不同的权数后加以平均的方法。

设 $X_1, X_2, X_3, \cdots, X_n$ 为观察期的数据资料，$W_1, W_2, W_3, \cdots, W_n$ 为观察期的数据资料相对应的权数。加权平均法的计算方法如下：

$$\hat{X}=\overline{X_W}=\frac{X_1W_1+X_2W_2+\cdots+X_nW_n}{W_1+W_2+\cdots+W_n}=\frac{\sum_{i=1}^{n} W_iX_i}{\sum_{i=1}^{n} W_i}$$

2. 移动平均法

移动平均法是对时间序列观察值，由远及近按一定的跨越期计算平均值的一种预测方法。移动平均法包括一次移动平均法和二次移动平均法。

(1)一次移动平均法是对时间序列的数据按一定的跨越期进行移动，逐个计算其移动平均值，取最后一个移动平均值作为预测值的方法，即直接以本期(t 期)的移动平均值作为下期($t+1$ 期)预测值的方法。

一次移动平均预测法适用于预测对象既无长期增加(下降)趋势亦无周期性变动的时间序列预测。一次移动平均法的计算方法如下：

$$\hat{X}_{t+1}=M_t^{(1)}=\frac{X_t+X_{t-1}+\cdots+X_{t-n+1}}{n}=\frac{\sum_{i=t-n+1}^{t}X_i}{n}$$

(2)二次移动平均法是运用移动平均的方式在一次移动平均法的基础上进行二次移动平均，并在此基础上求得预测值。二次移动平均法是利用一次移动平均值落后于实际数据变化的滞后偏差演变规律求得移动系数，然后建立线性时间关系的数学模型而进行市场预测的方法。

3. 指数平滑法

一次指数平滑法是通过计算时间序列的一次指数平滑值，以本期的指数平滑值为基础来确定下一期预测值的预测方法。它将本期的实际值和预测值的加权平均数作为下一期的预测值。

设时间序列为：$X_1, X_2, \cdots, X_t$，各期数据被赋予的权数为 $\alpha, \alpha(1-\alpha), \alpha(1-\alpha)^2, \cdots, \alpha(1-\alpha)^{t-1}$，(其中 α 为加权系数，$0\leqslant\alpha\leqslant1$)，则一次指数平滑值 S_t 为：

$$S_{t+1}^{(1)}=\alpha X_t+\alpha(1-\alpha)X_{t-1}+\alpha(1-\alpha)^2X_{t-2}+\cdots+\alpha(1-\alpha)^{t-1}X_1$$

以上公式可以被简化为以下形式：

$$S_{t+1}^{(1)}=\alpha X_t+(1-\alpha)S_t^{(1)}$$

思考题

(1)市场营销调研的内涵是什么?

(2)市场营销调研的主要类型有哪些?

(3)在市场营销调研中，应当遵循哪些原则和程序?

(4)移动平均预测法是怎样进行的?

(5)什么是指数平滑预测法?

技能训练

技能训练一：市场调查实训

1. 实训项目名称

市场调查实训

2. 实训目的

通过本项实训，学生应学会实验调查方案设计，为其将来从事市场调查工作打下良好的基础。

3. 实训内容

某酸奶制造商想了解广告投入对销售量的影响程度。请为该企业设计一个有对照组的前后对比实验方案，并绘制相关表格。

4. 实训步骤

(1)为该企业设计一个有对照组的前后对比实验方案(文字说明)；

(2)绘制实验方案的相关表格；

(3)每个学生在班上交流自己的实验方案；

(4)指导老师评分。

技能训练二：案例分析

肯德基选址调研

肯德基选址通常按以下步骤进行：

一、商圈的划分与选择

1. 划分商圈

肯德基计划进入某城市前，会先通过有关部门或专业调查公司收集这个地区的资料。有些资料是免费的，有些资料需要花钱去买。资料集齐后，开始规划商圈。

商圈规划采取的是计分的方法，例如，这个地区有一个大型商场，该商场营业额达 1 000 万元算 1 分，达 5 000 万元算 5 分。有一条公交线路加××分，有一条地铁线路加××分。这些分值标准是多年平均下来的一个较准确的经验值。

通过打分把商圈分成几大类。以北京为例，有市级商业型(西单、王府井等)、区级商业型、定点(目标)消费型，还有社区型，社区、商务两用型，旅游型等等。

2. 选择商圈

选择商圈即确定目前重点在哪个商圈开店，主要目标有哪些。在商圈选择的标准上，一方面要考虑餐馆自身的市场定位，另一方面要考虑商圈的稳定度和成熟度。餐馆的市场定位不同，吸引的顾客群不同，商圈的选择也就不同。

例如，马兰拉面和肯德基的市场定位不同，顾客群不一样，是两个“相交”的圆，有人吃肯德基也吃马兰拉面，有人可能从来不吃肯德基而专吃马兰拉面，也有人反之。马兰拉面的选址也当然与肯德基不同。

而肯德基与麦当劳市场定位相似，顾客群基本上重合，所以在商圈选择方面也是一样的。可以看到，有些地方同一条街的两边，一边是麦当劳，另一边是肯德基。

商圈的成熟度和稳定度非常重要。比如，规划局说某条路要开，将来这里有可能为成熟商圈，但肯德基一定要等到商圈成熟稳定后才进入，因为肯德基投入一家店要花费好几百万元，一定要比较稳健，保证开一家成功一家。

二、聚客点的测算与选择

1. 明确商圈内最主要的聚客点位置

例如，北京西单是很成熟的商圈，但不可能西单任何位置都是聚客点，肯定有最主要的聚集客人的位置。肯德基开店的原则是努力争取在最聚客的地方及其附近开店。

古语说“一步差三市”，开店地址差一步就有可能差三成的买卖。这与人流动线(人流活动的线路)有关，可能有人走到这里就要拐弯，则这个地方就是客人到不了的地方，差了一个小胡同，但生意差很多。这些因素在选址时都要考虑进去。

人流动线是怎么样的？在这个区域，人从地铁出来后是往哪个方向走的？这些都要派人去测量，有一套完整的数据之后才能据此确定地址。

例如，在店门前人流量的测定，是在计划开店的地点掐表记录经过的人流，测算单位时间内多少人经过该位置。除了该位置所在人行道上的人流外，还要测马路中间和马路对面的人流量。马路中间的只算骑自行车的，开车的不算。是否算马路对面的人流量，要看马路宽度：路较窄就算；路宽超过一定标准，一般就是隔离带，顾客不可能再过来消费，就不算对面的人流量。

肯德基选址人员将采集来的人流数据输入专用的计算机软件，就可以测算出在此地投资额不能超过多少，超过多少这家店就不能开。

2. 选址时一定要考虑人流动线会不会被竞争对手截住

因为人们对品牌的忠诚度还没到“我就吃肯德基，看见麦当劳就烦”的程度。只要你在我面前，我今儿挺累的，我干吗非要再走一百米去吃别的，我先进你这儿了。除非这里面人特别多，找不着座了，我才往前挪挪。

但人流是有一个主要动线的，如果竞争对手的聚客点比肯德基选址更好，那就有影响。如果两家一样，就无所谓。例如，北京北太平庄十字路口有一家肯德基店，如果往西一百米，竞争者再开一家西式快餐店就不妥当了，因为主要客流是从东边过来的，再在那边开，大量客流就被肯德基截住了，开店效益就不会好。

3. 聚客点选择影响商圈选择

聚客点的选择也影响到商圈的选择。这是因为，一个商圈有没有主要聚客点是这个商圈成熟度的重要标志。比如，北京某新兴的居民小区居民非常多，人口素质也很高，但据调查，找不到该小区哪里是主要聚客点，这时就可能先不去开店，当什么时候这个社区成熟了或比较成熟了，知道其中某个地方确实是主要聚客点再开。

为了规划好商圈，肯德基开发部门投入了很大精力。以北京肯德基公司为例，其开发部人员常年跑遍北京各个角落，对这个每年建筑和道路变化极大、当地人都易迷路的地方了如指掌。经常发生这种情况，北京肯德基公司接到某顾客电话，建议肯德基在他所在地方设点，开发人员一听地址就能随口说出当地的商业环境特征是否适合开店。

肯德基与麦当劳市场定位相似，顾客群基本重合，所以我们经常看到一条街道一边是麦当劳，一边是肯德基，这就是肯德基采取的跟进策略。因为麦当劳在选择店址前已做过大量细致的市场调查，挨着它开店不仅可省去考察场地的时间和精力，还可以节省许多选址成本。当然，肯德基除了跟进策略外，自己对店址的选择也有很多可圈可点之处，值得借鉴。

有了店址的评估标准和一些成功案例，我们就可以开发出一套店址的评估工具。评估工具主要由租赁条件表、商圈及竞争条件表、现场情况表、综合评估表组成，它们是我们进行连锁经营店址评估的标准化管理工具。

问题：

这一案例给我们什么启示？

项目小结

(1)市场营销职能的有效发挥需要详细、准确和及时的市场信息，市场调查正是不断提供这种市场信息的营销服务。在深入调研、掌握市场信息的基础上，用科学的预测方法帮助营销管理者认识市场潜在的发展规律，才能制定科学的营销组合策略。可见，市场调查是营销决策重要依据之源，是企业营销系统中不可缺少的一项重要活动。

(2)市场预测方法有两类：一类是定性预测法，是依赖于预测人员丰富的经验和知识以及综合分析能力，对预测对象的未来发展前景做出性质与程度上的估计和推测的一种方法；另一类是定量预测法，主要是按照信息资料的时间序列进行预测。在运用过程中，要充分理解每种预测方法的要求和特点，选择适合预测项目要求和特点的技术。

项目五 制定营销战略

知识点拨

学习要点

理论要点：理解市场营销战略的概念和三种状态，确定企业任务考虑的因素；
掌握市场细分、目标市场选择及市场定位的方法；
学会运用市场竞争策略。

技能要点：理解市场细分的依据、市场细分有效性、市场竞争者分析等问题。

任务一 领会企业战略规划

任务导入

想一想

经过激烈的市场竞争，格兰仕攻占国内市场60%以上的份额，成为中国微波炉市场的代名词。在国家质量检测部门历次全国质量抽查中，格兰仕几乎是唯一全部合格的品牌，与众多洋品牌频频在抽检中不合格被曝光形成鲜明对比。

由于格兰仕的价格挤压，微波炉的利润空间降至低谷。国内品牌的主要竞争对手一直是韩国产品，它们由于起步早，一度占尽先机。在近几年的竞争中，韩国品牌落在了后面。韩国公司在我国的微波炉生产企业，屡次在一些重要指标上被查出不符合标准，并且屡遭投诉，这在注重质量管理的韩国公司是不多见的。业内人士认为，200多元的价格水平不正常，是一种明显的倾销行为。它有两种可能：一是韩国受金融危机影响，急需扩大出口，向外转嫁经济危机；二是抛库套现，做退出前的准备。

面对洋品牌可能的大退却，格兰仕不是进攻而是选择了暂时退却。格兰仕总部发出指令，有计划地减少东北地区的市场宣传，巩固和发展其他市场。

格兰仕在解释这种战略性退让时指出，其目的在于让出部分市场，培养民族品牌。从长远看，格兰仕保持一些竞争对手，也是对自己今后的鼓励和鞭策。格兰仕的目标是打出国门。1998年，格兰仕微波炉出口额为5 000万美元，比上年增长两倍，在国内家电行业名列前茅，其国际市场价格平均高于韩国同类产品25%。前不久，在世界最高水平的德国科隆家电展中，第二次参展的格兰仕不仅获得大批订单，而且赢得了世界微波炉经销商的广泛关注。

资料来源：格兰仕微波炉战略，http://www.iliyu.com/mba/kemu/guanli/2123292/，(2014-8-28)[2015-6-25]

思考：格兰仕为什么要保持一些竞争对手？这对自己及整个微波炉行业有什么好处？

企业战略是指企业根据环境变化、自身资源和实力选择适合的经营领域和产品，形成自己的核心竞争力，并通过差异化在竞争中取胜。企业战略是对企业各种战略的统称，其中既包括竞争战略，也包括营销战略、发展战略、品牌战略、融资战略、技术开发战略、人才开发战略、资源开发战略等。企业战略是层出不穷的，例如信息化就是一个全新的战略。企业战略虽然有多种，但基本属性是相同的，都是对企业的谋略，对企业整体性、长期性、基本性问题的计谋。例如，企业竞争战略是对企业竞争的谋略，是对企业竞争整体性、长期性、基本性问题的计谋。以此类推，都是一样的。各种企业战略有同有异，相同的是基本属性，不同的是谋划问题的层次与角度。总之，无论哪个方面的计谋，只要涉及企业整体性、长期性、基本性问题，就属于企业战略的范畴。

一、影响企业战略的因素

第一个影响企业战略的因素是远景规划。使命、核心价值观和远景是远景规划的三个组成部分，也是一个企业存在时最核心的部分。在战略规划的过程中，使命和远景始终指引着战略制定的方向和要求；而核心价值观引导着战略的思考方式以及执行策略。

影响企业战略的第二个因素是外部环境。这个外部环境，包括宏观环境和产业环境。所谓宏观环境主要是指区域的经济状况以及每个经济周期的经济状况，而产业环境则包括供应商、客户、竞争者、替代者以及潜在的竞争者。

同时企业战略也受到内部因素的影响。内部因素包括两个方面，第一是哈默尔和普拉哈拉德所推崇的所谓企业核心竞争力；第二是企业文化，企业文化对企业战略的影响主要包括以下几点：①决策风格；②阻止战略的转变；③克服对战略改变的阻碍；④主导价值观；⑤文化冲突。

二、企业战略的三种状态

通过投资组合规划，对现有产品和业务进行评估和规划，使企业产品或业务得到优化。同时还要进一步寻找企业的发展机会，对企业未来的发展方向做出战略规划，即制定企业市场营销发展战略。企业发展战略主要有如下三类。

(一)密集性发展战略

密集性发展战略,又称集约性发展战略,是指一个特定市场的潜力尚未完全挖掘出来,还存在着市场机会,企业仍可以在现有的生产、经营范围内求得发展。这种战略主要有三种形式,如图 5-1 所示。

图 5-1　密集性发展战略

1. 市场渗透

市场渗透是指通过更加积极有效的市场营销手段,如加强广告宣传、增加销售网点等,努力增加现有产品在原有市场上的销售量。具体有三种做法:

(1)刺激现有消费者更多地购买本企业现有产品;

(2)吸引竞争对手的消费者,提高现有产品的市场占有率;

(3)吸引新消费者,使更多潜在消费者也来购买本企业的这种产品。

2. 市场开发

市场开发是指通过努力开拓新市场来扩大现有产品的销售量,从而实现企业业务的增长。主要形式有:

(1)寻找新的目标市场,例如,某种洗涤剂原适用于洗发,后来发现用于半导体器件清洗十分有效,从而打开了新的销路;

(2)开辟新的销售区域,例如,从城市市场扩展到乡村市场,由国内市场扩展到国际市场。

3. 产品开发

产品开发是指通过向现有市场提供多种改型变异产品,如增加花色品种、增加规格档次、改进包装、增加服务等,以满足不同消费者的需要,从而扩大销售,实现企业业务的增长。

4. 多角化(略)

(二)一体化发展战略

一体化发展战略又称纵向发展战略。企业在基本行业很有发展前途,而且企业在产、供、销等方面实现一体化,能提高效率、加强控制、扩大销售、增加盈利。一体化战略有三种形式,如图 5-2 所示。

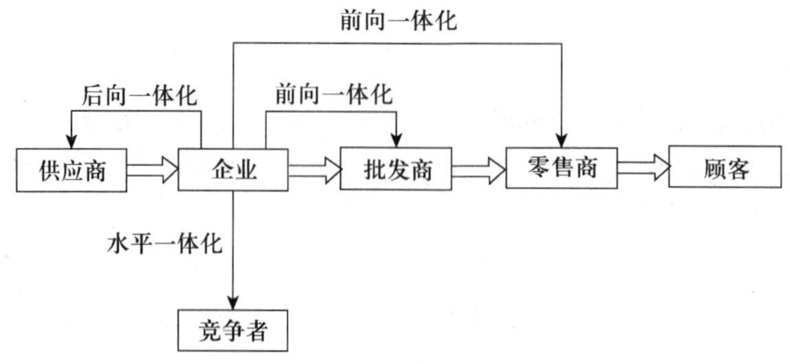

图 5-2　一体化发展战略

1. 后向一体化

企业收购或兼并若干材料供应企业，拥有或控制其供应系统，实行供产一体化。这么做的原因一般是由于供应商盈利很高，或发展机会极好，通过一体化争取更多收益；还可以避免因材料短缺而使成本受制于供应商的危险。

2. 前向一体化

企业谋求对销售系统甚至用户的控制权，如收购、兼并批发商、零售商、商业贸易公司，以增强销售力量来求发展；或将自己的产品向前延伸，从事由原用户经营的业务，如毛纺企业生产毛衣、林业公司加工家具等。

3. 水平一体化

争取对同类型其他企业的所有权或控制权或实行各种形式的联合经营，这样可以扩大生产规模和经营实力，或取长补短，共同利用某些机会。

（三）多元化发展战略

多元化发展战略，又称多样化或多角化发展战略，即向本行业以外发展，扩大业务范围，实行跨行业经营。当企业所属行业缺乏有利的市场营销机会或其他行业的吸引力更大时，可实行多元化发展战略。但多元化并不意味着毫无选择地利用一切获得的机会，而是要求企业扬长避短，结合自身的资源优势来选择市场机会，以充分发挥资源潜力并分散风险。多元化主要有三种形式，如图 5-3 所示。

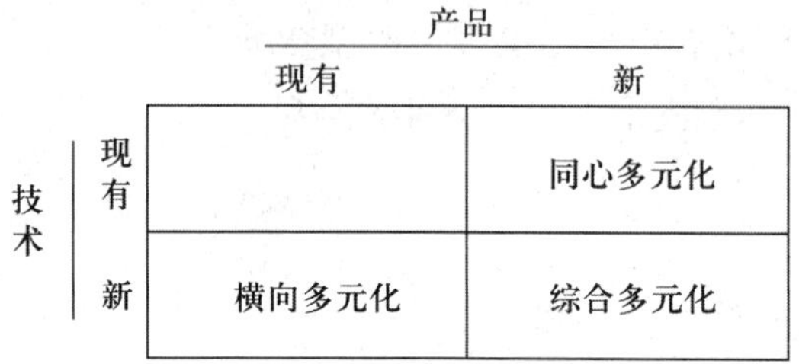

图 5-3　多元化发展战略

1. 同心多元化

同心多元化，就是利用企业现有的资源和技术力量，以现有产品为中心向外扩展业务范围，开发新产品以寻求新的增长。例如，海尔集团公司从电冰箱开始，陆续开发出洗衣机、空调、电视机等一些家电类产品。采用这种战略可以利用原有的设备、技术优势，风险较小，易于成功。

2. 横向多元化

横向多元化，就是企业针对现有目标市场的其他需要，投入新的资源和技术力量开发新产品，以扩大业务经营范围，寻求新的增长机会。例如，一家童装厂，现又开发生产儿童玩具、儿童食品，所针对的都是儿童这个目标市场。采用这种战略，可以充分利用现有的市场和现有的销售渠道扩大销售额。横向多元化意味着向其他行业投资，有一定的风险，企业应具有相当大的实力。

3. 综合多元化

综合多元化，就是企业通过投资或兼并等形式，把经营范围扩展到多个新部门或其他部门，组成混合型企业集团，开展与现有技术、现有产品、现有市场无联系的多样化经营活动，以寻求新的增长机会。例如，首都钢铁集团股份有限公司，除钢铁业以外又发展房地产、酒店、电子工业等产业。采用综合多元化战略的企业一般都是各方面实力雄厚的大企业。

任务二 市场细分

任务导入

在碳酸饮料横行的20世纪90年代初，汇源公司就开始专注于各种果汁饮料市场的开发。虽然当时国内已经有一些小型企业开始零星生产和销售果汁饮料，但大部分由于起点低、规模小而难有起色；而汇源是国内第一家大规模进入果汁饮料行业的企业，其先进的生产设备和工艺是其他小作坊式的果汁饮料厂无法比拟的。“汇源”果汁充分满足了人们当时对营养健康的需求，凭借其100%纯果汁专业化的大品牌战略和令人眼花缭乱的新产品开发速度，在短短几年时间就跃升为中国饮料工业十强企业，其销售收入、市场占有率、利润率等均在同行业中名列前茅，从而成为果汁饮料市场当之无愧的引领者。其产品线也先后从鲜桃汁、鲜橙汁、猕猴桃汁、苹果汁，扩展到野酸枣汁、野山楂汁、果肉型鲜桃汁、葡萄汁、木瓜汁、蓝莓汁、酸梅汤等，并推出了多种形式的包装。应该说，这种对果汁饮料行业进行广度市场细分的做法，是汇源公司得以在果汁饮料市场竞争初期取得领导地位的关键因素。

资料来源：市场定位攻略之市场细分，http://www.ltwh.com.cn/article—657.html，[2015-6-25]

思考：为什么说市场细分是汇源公司在果汁饮料市场取得领导地位的关键因素？

市场细分的概念是美国市场学家温德尔·史密斯于1956年提出来的。它是第二次世界大战结束后,美国众多产品市场由卖方市场转化为买方市场这一新的市场形式下企业营销思想和营销战略的新发展,更是企业贯彻以消费者为中心的现代市场营销观念的必然产物。

市场细分是企业根据消费者需求的不同,把整个市场划分成不同的消费者群的过程。其客观基础是消费者需求的异质性。进行市场细分的主要依据是异质市场中需求一致的顾客群,实质就是在异质市场中求同质。市场细分的目标是为了聚合,即在需求不同的市场中把需求相同的消费者聚合到一起。这一概念的提出,对于企业的发展具有重要的促进作用。

一、市场细分的基础

(一)顾客需求的差异性是客观基础

顾客需求的差异性是指不同的顾客之间的需求是不一样的。在市场上,消费者总是希望根据自己的独特需求去购买产品,根据消费者需求的差异性可以把市场分为"同质性需求"和"异质性需求"两大类。

同质性需求是指由于消费者的需求差异性很小,甚至可以忽略不计,因此没有必要进行市场细分。而异质性需求是指由于消费者所处的地理位置、社会环境不同、自身的心理和购买动机不同,造成他们对产品的价格、质量及款式上需求的差异性。这种需求的差异性就是市场细分的基础。

(二)消费需求的相似性是理论基础

在同一地理条件、社会环境和文化背景下的人们形成有相对类似的人生观、价值观的亚文化群,他们的需求特点和消费习惯大致相同。正是因为消费需求在某些方面的相对同质,市场上绝对差异的消费者才能按一定标准聚合成不同的群体。所以消费者需求的绝对差异造成了市场细分的必要性,消费需求的相对同质性则是使市场细分有了实现的可能性。

(三)企业有限的资源是外在基础

现代企业由于受到自身实力的限制,不可能向市场提供能够满足一切需求的产品和服务。为了有效地进行竞争,企业必须进行市场细分,选择最有利可图的目标细分市场,集中企业的资源,制定有效的竞争策略,以取得和增加竞争优势。

出口冻鸡的市场细分

中国粮油公司出口的冻鸡主要面向消费者市场，所选择的销售渠道以超级市场、专业食品商店为主。随着日本冻鸡市场竞争的加剧，中国冻鸡的出口销售量呈下降趋势。主要问题在于：目标市场不明确，品种规格较少，包装不能适合日本市场的要求。为了扩大冻鸡出口，中国粮油公司对日本冻鸡市场做了进一步的调查分析，以掌握不同细分市场的需求特点。首先，将购买者分为三种类型：第一类是饮食业用户；第二类是团体用户；第三类是家庭主妇。这三个细分市场对冻鸡的品种、规格、包装和价格等要求不尽相同。饮食业用户对鸡的品质要求较高，相对于零售市场家庭主妇，对价格不太敏感；家庭主妇对冻鸡的品质、外观均有较高要求，同时要求价格合理，购买时选择性较强。根据日本冻鸡市场的需求特点，中国粮油公司重新选择了目标市场，以饮食业用户和团体用户为主要目标市场，并据此调整了产品、渠道等营销组合策略，出口量大幅度增长。

二、市场细分的作用

（一）有利于选择目标市场和制定市场营销策略

市场细分后的子市场比较具体，比较容易了解消费者的需求，企业可以根据自己经营思路、方针及生产技术和营销力量，确定自己的服务对象，即目标市场。针对较小的目标市场制定特殊的营销策略。同时，在细分的市场上，信息容易了解和反馈，一旦消费者的需求发生变化，企业可迅速改变营销策略，制定相应的对策，以适应市场需求的变化，提高企业的应变能力和竞争力。

联想的产品细分策略，正是基于产品的明确区分，联想打破了传统的“一揽子”促销方案，围绕“锋行”“天骄”“家悦”三个品牌面向的不同用户群需求，推出不同的“细分”促销方案。选择“天骄”的用户，可以优惠购买让数据随身移动的魔盘、可精彩打印数码照片的3110打印机、SOHO好伴侣的M700多功能机以及让人尽享数码音乐的MP3；选择“锋行”的用户，可以优惠购买“数据特区”双启动魔盘、性格鲜明的打印机以及“新歌任我选”MP3播放器；钟情于“家悦”的用户，则可以优惠购买“电子小书包”魔盘、完成学习打印的打印机、名师导学的网校卡以及成就电脑高手的XP电脑教程。

（二）有利于发掘市场机会，开拓新市场

通过市场细分，企业可以对每一个细分市场的购买潜力、满足程度、竞争情况等进行分析对比，探索出有利于本企业的市场机会，使企业及时作出投产、移地销售决策或根据本企业的生产技术条件编制新产品开拓计划，进行必要的产品技术储备，掌握产品更新换代的主

动权，开拓新市场，以更好地适应市场的需要。

（三）有利于集中人力、物力投入目标市场

任何一个企业的资源、人力、物力、资金都是有限的。通过细分市场，选择适合自己的目标市场，企业可以集中人、财、物等资源，去争取局部市场上的优势，然后再占领自己的目标市场。

（四）有利于企业提高经济效益

前面三个方面的作用都能使企业提高经济效益。除此之外，通过市场细分，企业可以面向自己的目标市场，生产出适销对路的产品，既能满足市场需要，又可增加企业收入；产品适销对路可以加速商品流转，加大生产批量，降低企业的生产销售成本，提高生产工人的劳动熟练程度，提高产品质量，从而全面提高企业的经济效益。

三、市场细分的标准

市场细分是建立在顾客需求的差异性或顾客偏好的差异性基础上的，因而形成需求差异性的因素就可以作为市场细分的标准和依据。由于市场类型不同，对消费者市场和对生产者市场细分的标准自然也应有所不同，企业正是以这些因素为标准或依据，将整个市场细分为若干具有不同偏好的小市场。

（一）消费者市场细分的标准

消费者市场上的需求千差万别，影响因素错综复杂，对消费者市场细分所依据的标准主要可概括为四大类，即地理环境、人口状况、消费者心理和消费者行为，每个方面又包含了一系列的细分因素。

1. 按地理环境细分市场

地理细分是指企业根据消费者所在的地理位置、地理环境等因素来细分市场，然后选择其中一个或几个子市场作为目标市场。处在不同地理环境下的消费者，对于同一类产品往往会有不同的需要与偏好，尤其是我国幅员辽阔，人口众多，风俗差异较大，则更是这样。例如，对自行车的选购，城市居民喜欢式样新颖的轻便车，农村居民喜欢坚固耐用的加重车等。对消费品市场进行地理细分是非常必要的，具体包括以下变量：

（1）地理位置。按照经济区域或地理位置来进行细分，如在我国可以划分为东北、华北、西北、西南、华东和华南地区或内地、沿海；也可以按照行政区域来进行细分，划分为省、市、自治区、县等。在不同地区，由于地理条件不同，消费者的需求显然存在较大差异。如由于气候的原因，北方居民对冬衣的需求时间较长，数量也较多，而南方居民则需要更多的春夏服装；饮食口味上各地的差异也很大，在我国素有“东甜、南辣、西酸、北咸”之说；南方以米饭为主食，北方则以面食为主食。例如，为了满足不同消费者的口味，宝洁公司在英国和新加

坡市场上分别推出了咖喱味和烧烤味的品客薯片。

（2）城镇大小。按照工商业与交通发达与否、人口密度的稠密与稀疏，把城镇分为大城市、中等城市、小城市、乡镇和农村。处在不同规模城镇的消费者，在消费结构、消费数量和质量等方面存在较大差异。比如，对化妆品的需求，城市居民以美容为主，农村居民则以护肤为主。

（3）地形和气候。按地形可划分为平原、丘陵、山区、沙漠地带等，按气候可分为热带、亚热带、温带、寒带等，按湿度可分为干旱区、多雨区。防暑降温、御寒保暖之类的消费品就可按不同的气候带来划分。如在我国北方，冬天气候寒冷干燥，加湿器很有市场；在江南，由于空气湿度大，基本上不存在对加湿器的需求。对于收音机的需求，山区要求灵敏度高，而平原则要求选择性多。

地理环境因素易于衡量和运用，是细分市场应予以考虑的重要因素；同时，它又是一种相对静态的变量，处于同一地理位置的消费者对某一产品的需求仍会存在较大的差异。因此企业选择目标市场，还必须同时依据其他因素进行市场细分。

2. 按人口状况细分市场

人口细分就是企业按照人口变量进行市场细分，如年龄、性别、收入、家庭规模、职业、教育、民族、种族、国籍等。由于消费者的欲望和使用程度与人口因素有密切关系，而且人口因素比其他因素更容易衡量，因而人口变量一直是细分市场的重要依据。

（1）年龄。根据年龄大小可将消费者大致分为婴幼儿、少年、青年、中年、老年等阶段，不同年龄和生活阶段消费者的需求和购买力存在很大的差异。例如，儿童对玩具、少儿读物的需求最多；青年对时装、文化体育用品的需求较多；营养滋补品和医疗保健用品的需求者多为老年人等。对服饰的需求，青年人与老年人也有较大差异，青年人需要鲜艳、时髦的服装，老年人则需要端庄素雅的服饰。经营服装、食品、保健品、书刊等的企业，经常以年龄来细分市场。

（2）性别。按性别可将市场划分为男性市场和女性市场。由于生理上的差别，男性与女性在产品需求与偏好上有很大不同，在服装、纺织品、化妆品、自行车、手表等市场上因性别不同而产生的差异极其明显，性别已成为一个常用的细分变量。另外，有些原本男女通用的产品，后来也有人创立了女性专用品牌，如国外一些企业针对女性需要，生产女用香烟，味道、规格和包装都与普通香烟有所区别。像美国的一些汽车制造商，过去一直是迎合男性要求设计汽车，现在，随着越来越多的女性参加工作和拥有自己的汽车，这些汽车制造商正研究市场机会，设计具有吸引女性消费者特点的汽车。

（3）收入。收入是直接影响消费者的支出模式和购买能力的主要指标。高收入消费者与低收入消费者在产品选择、购物地点的选择、休闲时间的安排等方面都会有较大差异。收入高的消费者更多地购买高价的产品，如钢琴、汽车、豪华家具、珠宝首饰等，购物地点的选择也多为大型商场或品牌专卖店；收入低的消费者则更多地选择物美价廉的产品，通常在附近的便利店、超市购买。家电、家具等耐用消费品、旅游产品、饮食服务业、化妆品、房地产等很多产品和行业都可根据这一变量进行细分。企业在分析市场时，必须要了解不同消费者的工资水平、家庭收入总额及人均收入状况及其对消费者需求的影响。例如，同是外出旅游，在交通工具以及食宿地点的选择上，高收入者与低收入者会有很大的不同。

(4)家庭规模。家庭规模的大小对生活用品需求量的大小有直接的影响。根据家庭规模的大小可分为单身家庭(1人)、单亲家庭(2人)、小家庭(2～3人)、大家庭(4～6人，或6人以上)，在我国核心家庭一般为3口人。家庭人口数量不同，在住宅大小、家具、家用电器乃至日常消费品的包装大小等方面都会出现需求差异。比如，新婚小家庭需要的炊具和电冰箱为小型、小容量的，而6人以上的大家庭则需要大型、大容量的。

(5)职业。不同职业的消费者，由于工作环境、知识水平和生活方式等不同，其消费需求存在很大的差异，如教师比较注重书籍、报刊等产品的需求，文艺工作者则比较注重美容、服装等产品的需求。

(6)教育状况。受教育程度不同的消费者，在价值观念、文化素养、生活方式等方面都会有所不同，进而对其购买行为产生影响。以香皂为例，一些调查资料显示，以两面针、雕牌为代表的国产品牌的消费者学历和收入偏低，夏士莲和力士等国际品牌的消费者学历、收入则偏高一些。

3. 按消费者心理细分市场

心理细分是指企业以社会阶层、生活方式、个性及购买动机等变量作为划分消费者群的依据。

(1)社会阶层。社会阶层是指在某一社会中具有相对同质性和持久性的群体，通常是职业、教育、收入和价值观诸因素共同作用的结果。处于不同社会阶层的成员在价值观念、生活方式和兴趣爱好等方面存在较大的差异，因而对产品和服务的需求也不一致。经营汽车、服装、家具、娱乐等产品的企业常按此变量细分市场。有些企业专为特殊的社会阶层设计产品和提供服务，以吸引目标社会阶层的消费者。

(2)生活方式。生活方式是指一个人或群体对消费、工作和娱乐的特定习惯和倾向性的方式。可以从消费者的活动内容(工作、娱乐、锻炼)、兴趣点(家庭、食物、消遣等)、意见(包括对社会经济、教育问题等)方面辨别其生活方式。例如，有的汽车公司为“安分守己”的消费者设计经济、安全、低污染的汽车，为“玩车族”设计华丽的、灵敏度高的汽车等。又如，有的服装企业把妇女划分为“朴素型妇女”(喜欢大方、清淡、素雅的服装)、“时髦型妇女”(追求时尚、新潮、前卫)、“有男子气质型妇女”三种类型，分别为她们设计不同式样、颜色和质料的服装。

(3)个性。个性是指一个人比较稳定的心理倾向与心理特征，它会导致一个人对所处环境做出相对一致和持续不断的反应。消费者的个性千差万别，可分为坚强与懦弱、外向与内向、独立与依赖、竞争性与非竞争性、显耀与沉默等，对消费者的需求和购买动机都有不同程度的影响。性格外向、容易感情冲动的消费者往往好表现自己，他们喜欢购买能表现自己个性的产品；性格内向的消费者则喜欢大众化产品，往往购买比较平常的产品；富于创造性和爱冒险的消费者，则对新奇、刺激性强的商品特别感兴趣。例如，20世纪50年代后期，美国的福特和通用两家汽车公司就以不同的个性进行促销宣传。福特车的购买者被认为是“独立的、易冲动的、男子气概的、机灵善变和自信的”消费者，而通用汽车的雪佛兰车的拥有者则被认为是“保守的、节俭的、计较信誉的、缺少男子气概的和避免狂热的”消费者。在西方国家，对诸如化妆品、香烟、啤酒、保险之类的产品，有些企业以个性特征为依据进行市场细分取得了成功。

(4)购买动机。动机是个体发动和维持其行为的一种心理机制，购买动机是驱使消费者实现个人消费目标的一种内在力量。消费者对产品的购买动机主要有求实、求廉、求新、求美、求名、求安等，这些都可作为细分的变量。例如，有人购买服装是为了遮体保暖，有人是为了追求美，有人则是为了体现自身的经济实力等。

4. 按消费者行为细分市场

行为细分是指企业以消费者对产品的知识、态度、使用或反应为依据来划分消费者群。

(1)购买时机。消费者购买某种商品往往有特定的时机，比如烟花爆竹的消费主要在春节期间，月饼的消费主要在中秋节以前，旅游点在旅游旺季生意最兴隆，很多航空公司、旅行社在寒暑假期间大做宣传，实行优惠票价，以吸引消费者。宝洁公司在夏季推出含薄荷配方的绿色飘柔洗发露，突出清凉特征。此变量对于季节性产品、节假日产品或服务市场的细分具有重要意义。

(2)追求利益。追求利益是指根据购买者对产品所追求的不同利益所形成的另一种有效的细分方式。消费者往往各有不同的购买动机，追求不同的利益，所购买的产品和品牌也不相同。比如对手表的选择，有的喜欢经济实惠、价格低廉，有的喜欢耐用可靠和使用维修方便，追求动感和时尚的青少年喜欢各种新颖的玩具表；买西铁城和精工机械表的属于追求价值的传统消费者，买劳力士名表的多为追求品位和社会地位的消费者。同样是购买牙膏，有的注重保护牙齿、防止蛀齿的作用，有的追求保持牙齿的洁白光泽，有的偏爱某种味道，有的强调实惠。企业可根据自己的条件，权衡利弊，选择某种消费者群为目标市场，设计和生产出适合目标市场需要的产品。

(3)使用状况。根据顾客是否使用和使用程度细分市场，通常可分为曾经使用者、潜在使用者、首次使用者和经常使用者四类。对不同的使用者，企业要采取不同的组合策略，吸引新顾客、稳定老顾客、招揽潜在顾客。例如，联合利华在中国首次引入体香剂时，就不得不跟那些从未使用过这类产品的人解释为什么要买这些产品，通过大量的努力，那些未曾使用者成为初次使用者。一般来讲，市场占有率较高的、实力雄厚的大企业往往注重将潜在使用者变为实际使用者，而规模较小的企业则注重保持现有使用者，并设法吸引使用竞争者品牌的顾客转向本企业的品牌。

(4)品牌忠诚度。有些消费者经常变换品牌，有些消费者则在较长时期内专注于某一个或少数几个品牌。企业可根据消费者对产品的忠诚度将其分为四类：

第一类，绝对忠诚者：任何时候都只购买某一种品牌，对所钟爱的品牌忠贞不二。

第二类，不稳定的忠诚者：同时忠诚于两三种品牌，经常在几种固定的品牌中选择。

第三类，转移的忠诚者：从忠诚于某一品牌转移到忠诚于另一品牌，属见异思迁者。

第四类，无品牌忠诚者：没有任何品牌忠诚度可言，游离于各种品牌之间。

了解消费者品牌忠诚度情况和品牌忠诚者与品牌转换者的各种行为与心理特征，可为企业细分市场提供一个基础，有助于企业从商品形式、销售渠道、促销宣传等方面去满足他们的需求。

(5)对产品的态度。企业还可根据顾客对产品的热心程度将其分为热爱者、肯定者、不感兴趣者、否定者和敌对者。企业可针对不同态度的消费群体采取不同的措施。比如，对热爱者和肯定者，感谢他们的支持；对不感兴趣者可通过适当的方式进行宣传介绍，提高他们的关注度；对于否定者和敌对者，也应进行必要的宣传解释，缓减他们的情绪，改变他们的态度。

(6)待购阶段。消费者总是处于购买某种产品的不同阶段，具体可分为知晓、认识、喜欢、偏好、确信、购买六个阶段。有的消费者可能对某一产品确有需要，但并不知道该产品的存在；还有的消费者虽已知道产品的存在，但对其价值、稳定性等还存在疑虑；另外一些消费者则可能正在考虑购买。企业对处在不同待购阶段的消费者，要运用与之相应的市场营销策略。

(二)产业市场细分的标准

许多用来细分消费者市场的标准，同样可用于细分产业市场，如追求利益、使用者情况、使用程度、对品牌的信赖程度、使用者对产品的态度等，但产业市场毕竟具有不同于消费者市场的特点：一是购买者是产业用户；二是购买决策是由有关专业人员做出的，一般属于理性行为，受感情因素影响较少，可用一些新的标准来细分产业市场。

1. 最终用户

最终用户是生产资料的使用者。由于产业市场的客户购买生产资料是为了满足研发、生产制造、修理、转售等需求，对所需的产品都有不同或特殊的采购要求，这就要求卖方必须充分考虑买方的需求特点进行市场细分。

(1)用户规模。根据用户购买量的大小将客户划分为大、中、小三类客户。一般大客户数量虽少，但其购买量大，注重质量、交货时间等；小客户数量多，分散面广，购买数量有限，一般不直接供应，常通过批发商或零售商销售。

(2)用户性质。最终用户的性质不同，对产品的需求标准也有所不同。例如，电子元件市场可细分为军工市场、工业市场和商业市场等，军用标准件与民用标准件当然要求不同，航空业所用钢材与一般机器制造业所用钢材当然也不相同。企业应针对不同用户的需求，提供不同的产品，以满足用户的不同需求。

2. 用户所处的地理位置

每个国家或地区一般都根据自然资源、气候条件和历史文化等因素形成若干工业区，因而产生不同的需求。如我国江浙两省的丝绸工业区，以山西为中心的煤炭工业区，东南沿海的加工工业区等。这就决定了生产资料市场往往比消费品市场在区域上更为集中，地理位置成为细分生产资料市场的重要标准。比如，煤炭、水泥等产品价廉量大，一般宜选择附近地区或水陆交通方便的用户作为目标市场。企业按用户的地理位置细分市场，选择客户较为集中的地区作为目标市场，目的是节约流通费用。

3. 参与购买决策成员的个人特点

参与购买决策成员的个人特点指购买决策中各类成员的年龄、受教育程度、社会经历及所担负的职务等，以及由上述因素所带来的购买心理和购买行为的不同。

任务三　目标市场选择

任务导入

想一想

在 20 世纪 60 年代末，米勒啤酒公司在美国啤酒业排名第八，市场份额仅为 8%，与百威、蓝带等知名品牌相距甚远。为了改变这种现状，米勒公司决定采取积极进攻的市场战略。

他们首先进行了市场调查。通过调查发现，若按使用率对啤酒市场进行细分，啤酒饮用者可细分为轻度饮用者和重度饮用者，前者人数虽多，但饮用量却只有后者的 1/8。

他们还发现，重度饮用者有着以下特征：多是蓝领阶层，每天看电视 3 个小时以上，爱好体育运动。米勒公司决定把目标市场定在重度饮用者身上，并果断决定对米勒的“海雷夫”牌啤酒进行重新定位。

重新定位从广告开始。他们首先在电视台特约了一个“米勒天地”的栏目，广告主题变成了“你有多少时间，我们就有多少啤酒”，以吸引那些“啤酒坛子”。广告画面中出现的尽是些激动人心的场面：船员们神情专注地在迷雾中驾驶轮船，年轻人骑着摩托冲下陡坡，钻井工人奋力止住井喷等。

结果，“海雷夫”的重新定位战略取得了很大成功。到了 1978 年，这个牌子的啤酒年销售量达 2 000 万箱，仅次于 AB 公司的百威啤酒，在美国名列第二。

资料来源：美国米勒公司营销案例，http://www.chinadmd.com/file/3wprptwxoxtxcwssexauoitx_5.html，[2015-6-25]

思考：进行目标市场选择有何意义？

了解市场细分的原理对企业的营销人员来讲有着重要的意义，但市场细分并不是目的，目的是要选择理想的目标市场，也就是要确定有着巨大销售潜力的目标市场，市场营销学所说的市场就是经过细分所选定的目标市场，企业所制定的市场营销战略也都是针对目标市场而言的。所以，选择目标市场是营销学不可缺少的内容。

一、目标市场选择策略

（一）无差异性目标市场策略

无差异性目标市场策略是把整个市场作为一个大目标开展营销，它们强调消费者的共同需要，忽视其差异性。采用这一策略的企业，一般都是实力强大，采取大规模生产方式，又有广泛而可靠的分销渠道，以及统一的广告宣传方式和内容的企业。

（二）差异性目标市场策略

差异性目标市场策略通常是把整体市场划分为若干细分市场作为其目标市场。针对不同目标市场的特点，分别制订出不同的营销计划，按计划生产目标市场所需要的商品，满足不同消费者的需要。

（三）集中性目标市场策略

该策略是选择一个或几个细分化的专门市场作为营销目标，集中企业的优势力量，对某细分市场采取攻势营销战略，以取得市场上的优势地位。

一般说来，实力有限的中小企业多采用集中性目标市场策略。

二、目标市场选择的标准

（一）具有一定的规模和发展潜力

企业进入某一市场是期望能够有利可图，如果市场规模狭小或者趋于萎缩，企业进入后难以获得发展，此时，应审慎考虑，不宜轻易进入。当然，企业也不宜以市场吸引力作为唯一取舍，特别是应力求避免“多数谬误”，即与竞争企业遵循同一思维逻辑，将规模最大、吸引力最大的市场作为目标市场。大家共同争夺同一个顾客群的结果是，造成过度竞争和社会资源的无端浪费，同时使消费者一些本应得到满足的需求遭受冷落和忽视。现在国内很多企业动辄将城市尤其是大中城市作为其首选市场，而对小城镇和农村市场不屑一顾，很可能就步入误区，如果转换一下思维角度，一些目前经营尚不理想的企业说不定会出现“柳暗花明”的局面。

（二）细分市场结构具有吸引力

细分市场可能具备理想的规模和发展特征，然而从盈利的角度来看，它未必具有吸引力。波特认为有五种力量决定整个市场或其中任何一个细分市场的长期的内在吸引力。这五种力量是同行业竞争者、潜在的新参加的竞争者、替代产品、购买者和供应商。他们具有如下五种威胁性：

1. 细分市场内激烈竞争的威胁

如果某个细分市场已经有了众多的、强大的或者竞争意识强烈的竞争者，那么该细分市场就会失去吸引力。如果该细分市场处于稳定或衰退状态，生产能力不断大幅度扩大，固定成本过高，撤出市场的壁垒过高，竞争者投资过大，那么情况就会更糟。这些情况常常会导致价格战、广告争夺战、新产品上市。公司要参与竞争就必须付出高昂的代价。

2. 新竞争者的威胁

如果某个细分市场可能吸引会增加新的生产能力和大量资源并争夺市场份额的新的竞争者，那么该细分市场就没有吸引力。问题的关键是新的竞争者能否轻易地进入这个细分市场。如果新的竞争者进入这个细分市场时遇到森严的壁垒，并且遭到细分市场内原公司的强烈报复，他们便很难进入。保护细分市场的壁垒越低，原来占领细分市场公司的报复心理越弱，这个细分市场就越缺乏吸引力。某个细分市场的吸引力随其进退难易的程度而有所区别。根据行业利润的观点，最有吸引力的细分市场应该是进入壁垒高、退出壁垒低。在这样的细分市场里，新的公司很难打入，但经营不善的公司可以安然撤退。如果细分市场进入和退出的壁垒都高，那里的利润潜量就大，但也往往伴随较大的风险，因为经营不善的公司难以撤退，必须坚持到底。如果细分市场进入和退出的壁垒都较低，公司便可以进退自如，然而获得的报酬虽然稳定，但不高。最坏的情况是进入细分市场的壁垒较低，而退出的壁垒却很高。于是在经济良好时大家蜂拥而入，但在经济萧条时却很难退出。其结果是大家都生产能力过剩，收入下降。

3. 替代产品的威胁

如果某个细分市场存在着替代产品或者有潜在替代产品，那么该细分市场就失去吸引力。替代产品会限制细分市场内价格和利润的增长。公司应密切关注替代产品的价格趋向。如果在这些替代产品行业中技术有所发展，或者竞争日趋激烈，这个细分市场的价格和利润就可能会下降。

4. 购买者讨价还价能力加强的威胁

如果某个细分市场中购买者的讨价还价能力很强或正在加强，该细分市场就没有吸引力。购买者便会设法压低价格，对产品质量和服务提出更高的要求，并且使竞争者互相斗争，所有这些都会使销售商的利润受到损失。如果购买者比较集中或者有组织，或者该产品在购买者的成本中占较大比重，或者产品无法实行差别化，或者顾客的转换成本较低，或者由于购买者的利益较低而对价格敏感，或者顾客能够向后实行联合，购买者的讨价还价能力就会加强。销售商为了保护自己，可选择议价能力最弱或者转换销售商能力最弱的购买者。较好的防卫方法是向顾客提供无法拒绝的优质产品。

5. 供应商讨价还价能力加强的威胁

如果公司的供应商(原材料、设备供应商、公用事业、银行等)能够提价或者降低产品和服务的质量,或减少供应数量,那么该公司所在的细分市场就没有吸引力。如果供应商集中或有组织,或者替代产品少,或者供应的产品是重要的投入要素,或转换成本高,或者供应商可以实行联合,那么供应商的讨价还价能力就会较强。因此,与供应商建立良好关系和开拓多种供应渠道才是防御上策。

(三)符合企业目标和能力

某些细分市场虽然有较大吸引力,但不能推动企业实现发展目标,甚至分散企业的精力,使之无法完成其主要目标,这样的市场应考虑放弃。另一方面,还应考虑企业的资源条件是否适合在某一细分市场经营。只有选择那些企业有条件进入、能充分发挥其资源优势的市场作为目标市场,企业才会立于不败之地。

在现代市场经济条件下,制造商品牌和经销商品牌之间经常展开激烈的竞争,也就是所谓的品牌战。一般来说,制造商品牌和经销商品牌之间的竞争,本质上是制造商与经销商之间实力的较量。在制造商具有良好的市场声誉,拥有较大市场份额的条件下,应多使用制造商品牌,无力经营自己品牌的经销商只能接受制造商品牌。相反,当经销商品牌在某一市场领域中拥有良好的品牌信誉及庞大的、完善的销售体系时,利用经销商品牌也是有利的。因此进行品牌使用者决策时,要结合具体情况,充分考虑制造商与经销商的实力对比,以求客观地做出决策。

三、目标市场的选择模式

(一)市场集中营销

市场集中营销是指企业选择一个细分市场、生产一种产品、供应给单一的顾客群,进行集中营销。企业通过密集营销,更加了解本细分市场的需要,并建立了特别的声誉,因此便可在该细分市场建立巩固的市场地位。另外,企业通过生产、销售和促销的专业化分工,也可获得较好的经济效益。如果细分市场补缺得当,企业的投资便可获得高回报。同时,密集市场营销比一般情况风险更大。个别细分市场可能出现不景气的情况,或者某个竞争者决定进入同一个细分市场。由于这些原因,许多公司宁愿在若干个细分市场分散营销。

(二)产品专门化

产品专门化是指企业集中生产一种产品,并向各类顾客销售这种产品。例如,显微镜生产商向大学实验室、政府实验室和工商企业实验室销售。产品专门化模式的优点是企业专注于某一种或某一类的产品生产,有利于形成和发展生产和技术上的优势,在该领域树立形象。其局限性是当该领域被一种全新的技术与产品所替代时,产品销售量可能会因此而大幅度下降。

（三）市场专门化

市场专门化是指企业专门经营满足某一类顾客群体需要的各种产品。例如，企业可为大学实验室提供一系列产品，包括显微镜、化学烧瓶等。企业专门为该顾客群体服务，而获得良好的声誉，并成为该顾客群体所需各种新产品的销售代理商。但如果大学实验室突然削减经费预算，其就会减少从这个市场购买仪器的数量，这就会产生危机。

（四）选择专门化

选择专门化是指企业选择若干个具有良好的盈利潜力和结构吸引力，且符合企业目标和资源的细分市场作为目标市场，其中每个细分市场与其他细分市场之间的联系较少。其优点是可以有效分散经营风险，即使某个细分市场盈利情况不佳，但仍可以在其他细分市场取得盈利。采用选择专业化模式的企业应具备较充裕的资源和较强的营销实力。

（五）市场全面化

市场全面化是指公司想用各种产品满足各种顾客群体的需求。事实上，这是实力雄厚的大公司的目标市场选择战略，例如美国 IBM 公司在全球计算机市场、丰田汽车公司在全球汽车市场等采取了市场全面化战略。

四、影响目标市场选择策略的因素

企业在选择目标市场时所要考虑的主要因素有如下几个。

（一）企业的资源状况

企业的资源状况主要是指公司的人力、物力、财力和技术状况。如果这方面的条件不太好，无力把整个市场或几个细分市场作为自己的营销范围，最好采取集中性目标市场策略。如果企业资源丰富，供应能力很强，就可以采用差异性目标市场策略。

（二）产品的特点

凡是可选择性比较的商品或特殊品，如食品、机械设备、照相机等，宜采用差异性目标市场策略。如果属于同性质产品，如煤、盐、铁等，差异性比较小，竞争主要集中在质量和价格上，则比较适合无差异性目标市场策略。

（三）产品的市场生命周期

产品刚上市，进入导入期，一般可采用无差异性目标市场策略，以便探测市场的需求。当产品进入成熟期，由于竞争者的出现，则需要采用差异性目标市场策略，以开拓市场；或采取集中性目标市场策略，围住几个重点市场，从而延长产品的生命周期。

（四）市场的特点

如果消费者的需求比较接近，偏好大致相同，购买方式也没有大的差别，就可以采用无差异性目标市场策略。反之，市场差异程度很高，就宜采用差异性目标市场策略或集中性目标市场策略。

（五）竞争者的市场策略

目标市场的选择策略往往要视竞争对手的策略而定。竞争对手实行的是无差异性目标市场策略，企业则宜采用差异性目标市场策略；对方采取的是差异性目标市场策略，企业就应当用更为确切的市场细分，采取更为有效的差异性目标市场策略或集中性目标市场策略，发挥自己的优势。当然，在竞争者力量微不足道时，企业也可以实施集中性目标市场策略。

任务四　市场定位

任务导入

想一想

2003 年，奇瑞 QQ 面对多个品牌的激烈竞争，在不到半年的时间内就取得 3 万辆的销量成绩。正是因为奇瑞 QQ 的畅销，使得奇瑞公司名列 2003 年国内汽车销量第八。奇瑞公司的崛起与其准确的市场定位密不可分。

1. 产品定位——“年轻人的第一辆车”

汽车产品一般是以价格档次定位，比如，“经济型轿车”“中级轿车”“中、高级轿车”“豪华轿车”。奇瑞 QQ 是以细分消费群体为明确客户定位的汽车产品。

“年轻人的第一辆车”提出了年轻的上班族崭新的生活方式——拥有汽车、拥有一个属于自己的移动空间，享受驾驭乐趣。这不只是有多年工作经历的上班族的专利，年轻的上班族同样也能进入汽车时代。而在此前，年轻的上班族的出行方式基本上是公交或自行车，打出租车只是偶尔的事情。国内的汽车厂商一般都认为，年轻的上班族不会买车，或者说上班族需要多年积累才有实力买车，而且即使在有了一些经济实力之后，上班族在买房与买车之间一般是选择前者，而不是后者。而奇瑞 QQ 打破了传统的社会理念和消费观念，为年轻的上班族提出了汽车消费新理念。

奇瑞 QQ“年轻人的第一辆车”的产品定位，表明了奇瑞公司对汽车消费市场的深入分析和对目标消费群体的准确把握。

2. 产品定价——“低价入市”策略

新车上市，主要有两种定价策略：“高开低走”和“低价入市”，奇瑞 QQ 选择了后者。

奇瑞QQ上市之前，奇瑞公司曾经在新浪网上做了一个“价格竞猜”活动，在由20万人参加的奇瑞QQ新车价格竞猜调查中，大多数人都认为，这样一款设计时尚、性能不错、配置舒适的新车价格应该在6万～9万元之间。与消费者大众相比，更有发言权的不少业内人士也认为，该车应该在5万～8万元之间。然而，奇瑞公司最终宣布的价格却是4.98万元。

奇瑞QQ的“低价入市”策略有着诸多优点：①在短时间内形成购车热潮，获得了新车难得的良好口碑；②销售规模的迅速崛起，使新车在国内微型车市场上占据了领跑者的位置；③新车的热销，使得汽车厂商的大规模生产成为现实，产能的充分释放又使得新车的零部件大规模采购成为可能，从而为终端产品的低价提供了成本保障和前提条件。

奇瑞QQ“低价入市”策略与奇瑞QQ“不仅便宜，而且时尚”的产品理念是相吻合的，也与奇瑞公司“造中国消费者买得起的具有世界品质的轿车”的造车理念是一致的。

3. 营销定位——时尚

当奇瑞QQ的名字在起名会上被提出来的时候，几乎所有的人都有一种“找到了”“就是这一个”的感觉。其实，奇瑞QQ这个名称之所以从“嘟嘟”“咪咪”“爱Car(爱车)”等几十个候选名字中脱颖而出，就是因为它有着其他名字无可比拟的优势。第一，“QQ”这个名字是时尚的、前卫的，它最早诞生于国际互联网上，又有“我能找到你”“我可以联系到你”的意思；第二，这个名字与目标消费者群体的定位基本吻合，他们年轻、敏感，喜欢接受新事物，对生活乐观、自信；第三，这个名字已经有了很高的知名度，推广起来成本比较低；第四，“QQ”这个名字简洁，容易被人记住，更容易传播。

可以说，奇瑞QQ的成功之处就在于它的定位准确。

资料来源：奇瑞QQ的目标市场选择和市场细分经典案例，http://blog.renren.com/share//423720545/16035390487，(2013-6-27)[2015-6-25]

思考：如何进行市场定位？

一、市场定位的目的

市场定位并不是要对一件产品本身做些什么，而是要在潜在消费者的心目中做些什么。市场定位的实质是使本企业与其他企业严格区分开来，使消费者明显感觉和认识到这种差别，从而在消费者心目中占有特殊的位置。

二、市场定位的内容

(1)产品定位：侧重于产品实体定位的质量、成本、特征、性能、可靠性、用性、款式等。

(2)企业定位：即企业通过其产品及其品牌，基于顾客需求，将企业独特的个性、文化和良好形象、塑造于消费者心目中，并占据一定位置。

(3)竞争定位：是指突出本企业产品与竞争者同档产品的不同特点，通过评估选择，确定对本企业最有利的竞争优势并加以开发。如七喜汽水在广告中称它是“非可乐”饮料，暗示其他可乐饮料中含有咖啡因，对消费者健康有害。

(4)消费者定位:是指对产品潜在的消费群体进行定位。

三、市场定位的步骤

市场定位的关键是企业要设法在自己的产品上找出比竞争者更具有竞争优势的特性。

竞争优势一般有两种基本类型:一是价格竞争优势,就是在同样的条件下比竞争者定出更低的价格。这就要求企业采取一切努力来降低成本。二是偏好竞争优势,即能提供确定的特色来满足顾客的特定偏好。这就要求企业采取一切努力在产品特色上下功夫。因此,企业市场定位的全过程可以通过以下三大步骤来完成。

(一)分析目标市场的现状,确认潜在的竞争优势

这一步骤的中心任务是要回答以下三个问题:一是竞争对手产品定位如何?二是目标市场上顾客欲望满足程度如何以及还需要什么?三是针对竞争者的市场定位和潜在顾客真正需要的利益要求企业应该且能够做什么?要回答这三个问题,企业市场营销人员必须通过一切调研手段,系统地设计、搜索、分析并报告有关上述问题的资料和研究结果。

通过回答上述三个问题,企业就可以从中把握和确定自己的潜在竞争优势在哪里。

(二)准确选择竞争优势,对目标市场初步定位

竞争优势表明企业具有能够胜过竞争对手的能力。这种能力既可以是现有的,也可以是潜在的。选择竞争优势实际上就是一个企业与竞争者各方面实力较量的过程。比较的指标应是一个完整的体系,只有这样,才能准确地选择竞争优势。通常的方法是分析、比较企业与竞争者在经营管理、技术开发、采购、生产、市场营销、财务和产品等七个方面的强弱,借此选出最适合本企业的优势项目,以初步确定企业在目标市场上所处的位置。

(三)显示独特的竞争优势和重新定位

这一步骤的主要任务是企业要通过一系列的宣传促销活动,将其独特的竞争优势准确传播给潜在顾客,并在顾客心目中留下深刻印象。为此,企业首先应使目标顾客了解、知道、熟悉、认同、喜欢和偏爱本企业的市场定位,在顾客心目中建立与该定位相一致的形象。其次,企业通过各种努力强化企业在目标顾客心目中的形象,保持对目标顾客的了解,稳定目标顾客的态度和加深目标顾客的感情来巩固与市场相一致的形象。最后,企业应注意目标顾客对其市场定位理解出现的偏差或由于企业市场定位宣传上的失误而造成的模糊、混乱和误会,及时纠正与市场定位不一致的形象。企业的产品在市场上定位即使很恰当,但在下列情况下还应考虑重新定位。

(1)竞争者推出的新产品定位于本企业产品附近,侵占了本企业产品的部分市场,使本企业产品的市场占有率下降。

(2)消费者的需求或偏好发生了变化,使本企业产品销售量骤减。

重新定位是指企业为已在某市场销售的产品重新确定某种形象，以改变消费者原有的认识，争取有利的市场地位的活动。如，某日化厂生产婴儿洗发剂，以强调该洗发剂不刺激眼睛来吸引有婴儿的家庭。但随着出生率的下降，销售量减少。为了增加销售，该企业将产品重新定位，强调使用该洗发剂能使头发松软有光泽，以吸引更多、更广泛的购买者。重新定位对于企业适应市场环境、调整市场营销战略来说是必不可少的，可以视为企业的战略转移。重新定位可能导致产品的名称、价格、包装和品牌的更改，也可能导致产品用途和功能上的变动，企业必须考虑定位转移的成本和新定位的收益问题。

四、市场定位的策略

（一）避强定位

避强定位策略是指企业力图避免与实力最强的或较强的其他企业直接发生竞争，而将自己的产品定位于另一市场区域内，使自己的产品在某些特征或属性方面与最强或较强的对手有比较显著的区别。

优点：避强定位策略能使企业较快地在市场上站稳脚跟，并能在消费者或用户中树立形象，风险小。

缺点：避强往往意味着企业必须放弃某个最佳的市场位置，很可能使企业处于最差的市场位置。

（二）迎头定位

迎头定位策略是指企业根据自身的实力，为占据较佳的市场位置，不惜与市场上占支配地位的、实力最强或较强的竞争对手发生正面竞争，而使自己的产品进入与对手相同的市场位置。

优点：竞争的过程往往相当惹人注目，甚至产生所谓轰动效应，企业及其产品可以较快地为消费者或用户所了解，易于达到树立市场形象的目的。

缺点：风险较大。

（三）创新定位

创新定位是指寻找新的尚未被占领但有潜在市场需求的位置，填补市场上的空缺，生产市场上没有的、具备某种特色的产品。如，日本索尼公司的索尼随身听等一批新产品正是填补了市场上迷你电子产品的空缺，使得索尼公司即使在“二战”时期也能迅速发展，一跃成为世界级的跨国公司。采用这种定位方式时，公司应明确创新定位所需的产品在技术上、经济上是否可行，有无足够的市场容量，能否为公司带来合理而持续的赢利。

（四）重新定位

公司在选定了市场定位目标后，如定位不准确或虽然开始定位得当，但市场情况发生变化时，如遇到竞争者定位与本公司接近，侵占了本公司部分市场，或由于某种原因消费者或用户的偏好发生变化，转移到竞争者方面时，就应考虑重新定位。重新定位是以退为进的策略，目的是实施更有效的定位。

市场定位是设计公司产品和形象的行为，以使公司明确在目标市场中相对于竞争对手自己的位置。公司在进行市场定位时应慎之又慎，要通过反复比较和调查研究，找出最合理的突破口。避免出现定位混乱、定位过度、定位过宽或定位过窄的情况。而一旦确立了理想的定位，公司必须通过一致的表现与沟通来维持此定位，并应经常加以监测以随时适应目标顾客和竞争者策略的改变。

五、市场定位的原则

各个企业经营的产品不同，面对的顾客也不同，所处的竞争环境也不同，因而市场定位所依据的原则也不同。总的来讲，市场定位所依据的原则有以下四点。

（一）根据具体的产品特点定位

构成产品内在特色的许多因素都可以作为市场定位所依据的原则。比如所含成分、材料、质量、价格等。“七喜”汽水的定位是“非可乐”，强调它是不含咖啡因的饮料，与可乐类饮料不同。“泰宁诺”止痛药的定位是“非阿司匹林的止痛药”，显示药物成分与以往的止痛药有本质的差异。一件仿皮皮衣与一件真正的水貂皮衣的市场定位自然不会一样。同样，不锈钢餐具若与纯银餐具定位相同，也是难以令人置信的。

（二）根据特定的使用场合及用途定位

为老产品找到一种新用途，是为该产品创造新的市场定位的好方法。小苏打一度被广泛地用作家庭的刷牙剂、除臭剂和烘焙配料，现在已有不少的新产品代替了小苏打的上述功能。但小苏打可以重新定位为冰箱除臭剂，调味汁和肉卤的配料，甚至可以把它作为冬季流行性感冒患者的饮料。中国曾有一家生产“曲奇饼干”的厂家最初将其产品定位为家庭休闲食品，后来又发现不少顾客购买是为了馈赠，又将之定位为礼品。

（三）根据顾客得到的利益定位

产品提供给顾客的利益是顾客最能切实体验到的，因而也可以用作定位的依据。例如，1975 年，美国米勒啤酒公司推出了一种低热量的“Lite”牌啤酒，将其定位为喝了不会发胖的啤酒，迎合了那些经常饮用啤酒而又担心发胖的人的需要。

（四）根据使用者类型定位

企业常常试图将其产品指向某一类特定的使用者，以便根据这些顾客的看法塑造恰当的形象。例如，美国米勒啤酒公司曾将其原来唯一的品牌“高生”啤酒定位于“啤酒中的香槟”，吸引了许多不常饮用啤酒的高收入妇女。后来发现，30%的狂饮者大约消费了啤酒销量的 80%，于是，该公司在广告中展示石油工人钻井成功后狂欢的镜头，还有年轻人在沙滩上冲刺后开怀畅饮的镜头，塑造了一个“精力充沛的形象”。在广告中提出“有空就喝米勒”，从而成功占领啤酒狂饮者市场达 10 年之久。

事实上，许多企业进行市场定位依据的原则往往不止一个，而是多个原则同时使用。因为要体现企业及其产品的形象，市场定位必须是多维度、多侧面的。

任务五 市场竞争者分析、识别与基本战略

任务导入

想一想

2012 年 11 月，由竞争战略之父迈克尔·波特创立的咨询公司 Monitor Group，因资不抵债申请破产保护，理论界和企业界一时热议纷纷。波特的《竞争战略》再版 50 多次，有 17 种译本，波特提出的“五力竞争模型”是很多咨询公司淘金的必备利器。和竞争战略紧密相关的 Monitor 公司突然申请破产，是否意味着波特的竞争战略行不通了呢？

Monitor 曾经很辉煌，从 1983 年创立至今，全球有 28 家分公司和千余名顶级咨询顾问。虽说近几年凤凰落魄，收入不抵开销，负债累计近 2 亿美元，但是也有德勤这样的豪门，紧赶慢赶栽下梧桐，引凤来栖。

《福布斯》和《证券时报》有长文分析 Monitor 为何衰落，坊间传言就更加数不胜数。有阴阳怪气嘲讽的，也有语重心长鼓励的。撇开众多或深刻或肤浅的分析，咨询人不得不面对的现实是，单纯的咨询，特别是战略咨询的市场一直在萎缩，经济危机只不过是破屋遭逢的连夜雨而已。简单说，企业不再需要现在这样的咨询。

战略咨询作为咨询的一个分支，业务范围进一步缩小。波特的竞争战略关注的是竞争对手，对于一个基本饱和、相对静止的市场，竞争对手就是那个分你蛋糕、动你奶酪的敌人。敌人多吃一口，自己就少吃一口。在这个“零和”市场上，竞争必须上升到生还是死的战略高度。对于一个开放市场，特别是一个看似没有边界，每天都有新山头诞生的新时代，企业还把焦点集中在对手身上，就是非常危险的事情。

时代在改变，咨询业的市场环境也随之改变。老顾客依然是老顾客，只是人还在，钱没了。地主家没多少余粮，哪里还顾得上外来的师爷。咨询行业要发展，必须拓展新用户。有潜在用户吗？当然有，比以前还多了不知道多少。忽生忽灭的现代新企业，构成了一个实实在在的咨询蓝海市场。咨询公司临海渴死，不能怪没有水，只能怪自己没有净化海水的工具和能力。

Monitor 创立之初的成功，并不是因为波特创立了永远正确的竞争理论，而是因为竞争

战略解决了当时企业面临的竞争问题。如果咨询公司解决了新企业的大问题,新企业为什么会拒绝呢?

资料来源:关注用户,而不是竞争对手,http://blog.ceconlinebbs.com//BLOG_ARTICLE_196243.HTM,(2015-12-6)[2015-6-26]

思考:如何正确运用市场竞争战略?

企业在目标市场进行营销活动的过程中,不可避免地会遇到来自竞争对手的挑战。企业要在激烈的竞争环境中取胜,必须有效地分析竞争者,做到"知己知彼",方能"百战不殆"。根据波特竞争理论,每个行业都有优秀的竞争者和低劣的竞争者,明智的企业应善于支持、团结前者,进攻、制约后者;即与优秀的竞争者结成相互配合、密切合作的战略联盟,共同对低劣竞争者展开攻击。企业只有了解竞争者的发展动向,才能赢得市场、维系消费者,才能在激烈的市场竞争中立于不败之地。

一、识别竞争的方法

(一)从行业竞争角度识别竞争者

行业定义为一组提供一种或一类相互密切替代产品的公司群。如果一种产品的价格上升能使对另一种产品的需求明显增加,那么这两种产品就是密切替代产品。产业经济学认为,一个行业的竞争强度主要是由行业结构决定的。决定行业结构的主要因素有以下几种。

1. 销售商数量及产品差异化程度

描述一个行业的出发点就是要确定销售商的数量以及产品是同质的还是高度差异的。根据这一出发点,可将行业划分为四种结构类型,见表 5-1。

表 5-1　行业竞争结构类型

销售商数量 \ 产品差别	一个销售商	少数销售商	许多销售商
无差别产品	完全垄断	完全寡头垄断	完全竞争
有差别产品		不完全寡头垄断	垄断竞争

(1)完全垄断。一个行业中只有一家公司在一个国家或一个地区提供一定的产品或服务,如地方电力或供水公司。

(2)寡头垄断。一个行业的结构是少数几个(通常)大企业生产从高度差别化到标准化的系统产品。分为完全寡头垄断和不完全寡头垄断。

(3)垄断竞争。垄断竞争的行业由许多能区别出它们所提供的产品或服务并使其产品具有特色的企业(餐厅、美容院)所组成。其中许多竞争者趋向于针对某些它们能够更好地满足顾客需要的细分市场来索取溢价。

(4)完全竞争。完全竞争行业是由许多提供相同产品或服务的企业所构成(股票市场、农产品市场)。因为产品没有差别,所以竞争者的价格将是相同的。

2. 进入与流动障碍

企业进入各个行业的难易差别很大,进入行业的主要障碍包括:企业缺乏足够的资本,不能实现规模经济,无专利和许可证条件,企业缺乏场地、原料或分销商、信誉等条件。某些行业进入障碍是行业本身所固有的,某些障碍是已进入行业的公司单独或联合设置的。即使某一企业已进入了某行业,在向更有吸引力的目标市场流动时,也会遇到流动障碍。

3. 退出与收缩障碍

当某个行业利润水平很低甚至亏损时,已进入该行业的企业可能会主动将人力、物力和财力退出并转向更有吸引力的行业。但退出一个行业也存在种种障碍:企业仍存在对消费者、债权人或职工法律上和道义上的义务,由过分专业化或设备技术陈旧引起的资本利用价值低,缺少可选择的市场机会,企业实现高度纵向一体化,感情障碍,等等。即使不能退出该行业的企业,仅缩小经营规模,也会遇到收缩的障碍。收缩的主要障碍是合同的约定以及某些管理的限制等。因此,仍然留在行业内的企业应设法减少其退出障碍。

4. 成本结构

各个行业从事经营活动所需成本的大小及成本结构不同。企业应将注意力放在最大成本上,即在不影响经营业务发展的前提下减少这些成本。

5. 纵向一体化

在某些行业,企业通过实行前向一体化或后向一体化来取得竞争优势。如石油勘探、石油钻井、石油提炼、石油加工及石油产品的销售实行纵向一体化。纵向一体化可以降低成本并能更好地控制增值流,还能在它们所经营业务的各个细分市场中控制其价格和成本。

6. 全球经营

某些行业市场的地方性很强,如影视、歌厅等服务业;某些行业则适合全球性经营,如航空业、石油业等。全球性经营必须以全球竞争为基础。

企业可以依据以上因素对自己所处行业的结构特点进行分析,并由此识别出企业的竞争对手。

(二)从市场竞争角度识别竞争者

除了从行业角度识别竞争者外,还可以从市场角度,即把其他竞争者看作力求满足相同消费需求或服务于同一消费者群的企业。从市场角度来看,对竞争者的识别开阔了企业的视野,扩大了实际和潜在竞争者的范围,使企业能制定出更具竞争性的营销战略。这样我们可以区分四种类型的竞争者:品牌竞争者、形式竞争者、类别竞争者、愿望竞争者。其关系如图 5-4 所示。

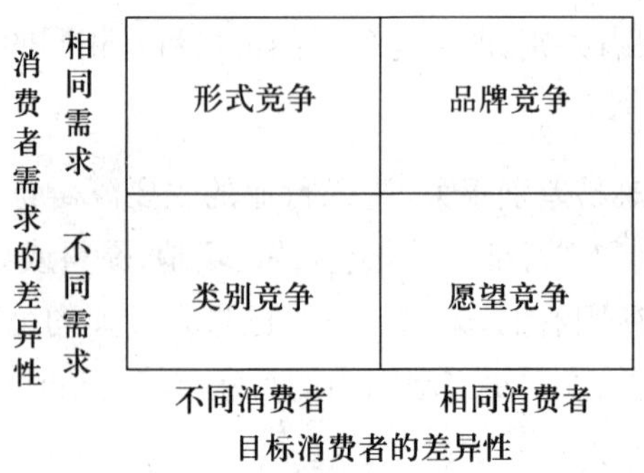

图 5-4 竞争类别分析

以上四种类型的竞争者如果从消费者的角度看，是企业间的产品在满足消费者需求的替代性方面的竞争。品牌竞争的替代性最高，竞争也最直接、最激烈；而愿望竞争是在消费者有限购买能力的条件下，吸引消费者购买满足不同欲望的产品，因此从表面看，并没有表现为直接的竞争。也正因为如此，这种类型的竞争容易被企业所忽略。

由此可见，竞争者的范围十分广泛，不能仅仅理解为提供同类产品和服务，在同一市场以相似价格供给的竞争对手。必须分析四种类型竞争者的各种竞争关系，才能真正把握与本企业争夺消费者的竞争者究竟有哪些。

二、判定竞争者的战略和目标

（一）判定竞争者的战略

竞争对手会采取什么样的竞争战略，可以通过迈克尔·波特的三种基本竞争战略来判断。

1. 成本领先战略

成本领先战略是指通过有效的途径，实现成本降低，以实现竞争优势的战略。这种战略要求企业努力取得规模经济，严格控制生产成本和间接费用，促使企业总成本下降。处于较低成本地位的企业通过让利消费者或在相同价格下获得更多的盈利而处于市场优势地位。

2. 差异化战略

差异化战略是企业设法使自己的产品或服务有别于其他企业，在行业中起别具一格的经营特色，从而在竞争中获取有利地位。实施这一战略成功的关键是在消费者感兴趣的方面和环节树立自己的特色。比如，航空公司的乘客最关心的是安全，然后才是便利。顾客关心的产品环节可能不止一个，企业在执行差别化战略时也就有多种选择。

3. 集中战略

集中战略是指企业将经营范围集中于行业内某一有限的细分市场，使企业有限的资源得以充分发挥效力，在某一局部超过其他竞争对手，赢得竞争优势。集中战略主要有以下主要形式：

(1)产品线重点集中战略。对于产品开发和工艺装备成本偏高的行业,如汽车工业和飞机制造业,通常以产品线的某一部分作为经营重点。

(2)用户重点集中战略。将经营重心放在不同需求的顾客群上,是用户重点集中战略的主要特点。如,有的厂家以市场中高收入顾客为重点,产品集中供应那些注重最佳质量而不计较价格高低的顾客。

(3)地区重点集中战略。如果一种产品能够按照特定地区的需要实行重点集中,也能获得竞争优势。此外,在经营地区有限情况下,建立地区重点集中战略,也易于取得成本优势。如砖瓦、水泥、板材等建材企业,由于运输成本很高,将经营范围集中在一定地区之内是十分有利的。

(4)低占有率的集中战略。市场占有率低的事业部,通常被视为"瘦狗"类业务部门。对这些部门,往往采用放弃战略或彻底整顿的战略,以便提高其市场占有率。然而,此类事业部,如善于运用重点集中战略,将企业的经营重点集中在较窄的领域,充分发挥自己的优势,注重利润而不是成长,也能建立不败的竞争优势。

企业通常采取上述竞争战略中的某一个类型。实力雄厚的企业可能既采用低成本战略,也可能采取差异化战略,不过企业最关心的是那些处在同一行业采用同一战略群体的企业。他们是最直接的竞争者。

从以上的分析中可知,公司必须不断地观察竞争者的战略,并修改自己的战略。

营销小资料

战略群体指在某一特定行业内推行相同战略的一组公司。战略的差别表现在产品线、目标市场、产品档次、性能、技术水平、价格、服务、销售范围等方面。公司最直接的竞争者是那些处于同一战略群体的公司。区分战略群体有助于认识以下三个问题:

(1)不同战略群体的进入与流动障碍不同。如某公司在产品质量、声誉和纵向一体化方面缺乏优势,则进入低价格、中等成本的战略群体较为容易,而进入高价格、高质量、低成本的战略群体较为困难。

(2)同一战略群体内的竞争最为激烈。处于同一战略群体的公司在目标市场、产品类型、质量、功能、价格、分销渠道和促销战略等方面几乎无差别,任一公司的竞争战略都会受到其他公司的高度关注并在必要时作出强烈反应。

(3)不同战略群体之间存在现实或潜在的竞争,主要包括:

①不同战略群体的顾客会有交叉,如实行不同经营战略的复读机制造商都会向学习英语的中学生和大学生销售产品。

②每个战略群体都试图扩大自己的市场,涉足其他战略群体的领地,在企业实力相当和流动障碍小的情况下尤其如此。

(二)判定竞争者的目标

竞争者的最终目标当然是追逐利润,或追逐利润最大化。企业具体的战略目标多种多样，如获利能力、市场占有率、现金流量、成本降低、技术领先、服务领先等，了解竞争者的战略目标及其组合可以判断其对不同竞争行为的反应。总之，竞争者的目标由多种因素确定，包括企业的规模、历史、经营管理状况、经济状况等。

三、评估竞争者的优势和劣势

竞争对手能否推行其战略并实现目标，取决于它们的资源和能力。在市场竞争中，企业需要分析竞争者的优势与劣势，做到知己知彼，才能有针对性地制定正确的市场竞争战略，以避其锋芒、攻其弱点、出其不意，利用竞争者的劣势来争取市场竞争的优势，从而实现企业的营销目标。

竞争者优劣势分析的主要内容一般包括以下几个方面：

(1)产品。竞争企业产品在市场上的地位，产品的适销性，以及产品系列的宽度与深度。

(2)销售渠道。竞争企业销售渠道的广度与深度，销售渠道的效率与实力，销售渠道的服务能力。

(3)市场营销。竞争企业市场营销组合的水平，市场调研与新产品开发的能力，销售队伍的培训与技能。

(4)生产与经营。竞争企业的生产规模与生产成本水平，设施与设备的技术先进性与灵活性，专利与专有技术，生产能力的扩展，质量控制与成本控制，区位优势，员工状况，原材料的来源与成本，纵向整合程度。

(5)研发能力。竞争企业内部在产品、工艺、基础研究、仿制等方面所具有的研究与开发能力，研究与开发人员的创造性、可靠性等方面的素质与技能。

(6)资金实力。竞争企业的资金结构、筹资能力、现金流量、资信度、财务比率、财务管理能力。

(7)组织。竞争企业成员价值观的一致性与目标的明确性，组织结构与企业策略的一致性，组织结构与信息传递的有效性，组织对环境变化的适应性与反应程度，组织成员的素质。

(8)管理能力。竞争企业管理者的领导素质与激励能力，协调能力，管理者的专业知识，管理决策的灵活性、适应性、前瞻性。

四、判断竞争者的反应模式

企业的市场营销活动必将引起竞争对手的某种反应，这种反应反过来又会影响企业的市场营销活动的效果，这就是市场竞争的博弈过程。企业只有事先比较准确地估计到竞争对手的反应，方可保证自身战略目标的顺利实现。

不同竞争对手的反应模式存在差异。竞争者的反应模式首先受到竞争者的经营哲学、企业文化、经营理念的影响；其次受到行业竞争结构的影响，有的行业竞争平衡很容易被打破，有的行业竞争者能在很长时间里保持和平共处的状态；最后，竞争者的反应模式还受到竞争者自身战略、目标和实力的影响。竞争中常见的反应模式有四种，分别如下。

1. 从容不迫型竞争者

从容不迫型竞争者也称为迟钝型竞争者，指对某些特定的攻击行为没有迅速做出反应或强烈反应的竞争者。采取这种反应模式的竞争者可能是实力很强，认为其他竞争者的行动对自身没有较大威胁；也可能是实力很弱，没有能力做出迅速反应；还可能是营销情报系统反应迟钝，没有把市场变化及时传递到决策部门。

2. 选择型竞争者

指只对某些类型的攻击做出反应，而对其他类型的攻击无动于衷的竞争者。这种竞争者对影响自身核心竞争优势的市场行为做出积极的反应，而对其他方面采取放任的态度。如果竞争对手的反应模式属于选择型，这就需要具体了解竞争者会在哪方面做出反应，企业可以针对竞争对手的反应模式制定最佳的进攻方案。

3. 凶狠型竞争者

指对所有的攻击行为都做出迅速而强烈反应的竞争者。这类公司一般拥有很强的实力，采取凶狠型的反应模式是为了警告其他企业最好停止任何攻击。

4. 随机型竞争者

随机型竞争者也称为不规则型竞争者，是指对竞争攻击的反应具有随机性，有无反应和反应强弱无法根据其以往的情况加以预测的竞争者。一般来说，小公司更可能是此类竞争者，公司的经营管理不成熟或处于变革的竞争者的反应也可能是随机型的。

五、竞争对象的选择

企业可以在下列分类的竞争者中挑选一个，进行集中攻击。

(一)强竞争者与弱竞争者

很多企业把进攻目标瞄准较弱的竞争者，这样可使它们为获得每百分点的市场份额付出更少的资源和时间。但在这个过程中，企业可能在提高能力方面进展很慢。因此，企业也应当同强有力的竞争者进行竞争，赶超目前的技术水平。再者，即使同强有力的竞争者进行竞争，也应知道强竞争者也有劣势，而企业也可证明自己是一个有价值的竞争者。

(二)近竞争者与远竞争者

大多数企业会与那些极度类似的竞争者竞争。企业应当避免“摧毁”相邻的竞争者。迈克尔·波特列举了如下毫无效率的胜利例子：美国博士伦公司在 20 世纪 70 年代后期大举进攻其他隐形眼镜生产商并获得巨大成功，然而，这却使每个弱小的竞争者都卖给了强生这样的大公司，结果，博士伦公司目前面临着来自更大的竞争者的威胁。

（三）“好”竞争者与“坏”竞争者

每个行业都有“好的”与“坏的”竞争者，一个企业应当明智地去支持好的竞争者并攻击坏的竞争者。好的竞争者有以下一系列特征：遵守行业规则，对行业的增长潜力所提出的设想切合实际，制定的价格与成本相符，喜欢一个健全的行业，将自己限定在行业的某一部分或细分市场中，推动其他企业降低成本或提高差异化，接受正常水平的市场份额和利润。坏的竞争者违反以下规则：企图花钱购买而不是赢得市场份额，敢于冒风险，在生产能力过剩时仍然继续投资，通常它们打破了行业均衡。

企业从好的竞争者那里获取利益。竞争者传递着几种战略利益：它们降低了垄断的风险，增加了总需求，它们导致了更多的差异，它们共享市场发展的成本优势并使新技术合法化，它们增强了与劳工或管理当局讨价还价的能力，它们可以为吸引力不大的细分市场服务。

六、市场竞争的基本战略

（一）市场领先者战略

所谓市场领先者，是指在相关产品的市场上市场占有率最高的企业。一般来说，大多数行业都有一家企业被公认为市场领先者，它在价格调整、新产品开发、分销渠道建设和促销等方面对本行业和其他企业起着主导作用。它是市场竞争的导向者，也是竞争者挑战、效仿或回避的对象。国内电冰箱行业的海尔、电脑行业的联想集团、微波炉行业的格兰仕集团等都是处于市场领先地位的竞争者。

一般来说，市场领先者为了维护自己的优势，保持自己的领先地位，通常可采取以下三种战略：

1. 大市场需求总量

一般来说，当一种产品的市场需求总量扩大时，受益最大的是处于市场领先地位的企业。因此，市场领先者应努力从以下三个方面扩大市场需求量：

(1)开发新用户。每一种产品都有吸引消费者的潜力，因为有些消费者或者不知道这种产品，或者因为其价格不合适或缺乏某些特点等而不想购买这种产品，这样企业可以从三个方面发掘新的使用者。一是转变未使用者。即说服那些尚未使用本行业产品的人使用，把潜在消费者转变为现实的消费者。二是进入新的细分市场。这是针对现有细分市场中还未使用产品的消费者或偶尔使用的消费者，说服他们使用产品，比如说服不用香水的妇女使用香水。三是地理扩展。即寻找尚未使用本产品的地方，如摩托车在大城市销量有限，可以向中小城市和广大农村市场转移。

(2)开辟产品新用途。企业也可通过发现并推广产品的新用途来扩大市场。同样，消费者也是发现产品新用途的重要来源，公司必须注意消费者对本公司产品的使用情况。

(3)增加使用量。促使使用者增加使用量，也是扩大需求的一种重要手段，主要方法包括提高使用频率、增加每次使用量、增加使用场所等。例如，牙膏生产厂家劝说人们每天不仅要早晚刷牙，最好每次饭后也要刷牙，这样就可增加牙膏的使用量。

2. 保持市场占有率

领先者企业在努力扩展市场规模的同时，还必须防备竞争对手的进攻和挑战，保护企业现有的市场阵地。市场领先者必然是众多竞争对手攻击的主要目标，尤其是面临市场挑战者的威胁。如可口可乐要时时提防百事可乐，通用汽车要时时提防福特，而柯达要时时提防富士。这些挑战者企业实力相当，领先者企业如果不采取积极主动的营销战略，很可能被它们取而代之。

一个处于市场领导地位的企业，可以选择采用六种营销防御战略：

(1)阵地防御。即在企业现有市场周围建立防线。这是一种静态的防御，是基本的防御形式，但不能作为唯一的形式。对营销者来说，单纯采用消极的静态防御只保卫自己目前的市场和产品会患“营销近视症”，可能导致失败而失去领导地位。例如，美国福特公司的T型车在历史上曾有过辉煌的一页，但亨利·福特过于迷恋他的产品，以至于对市场需求的变化毫无察觉，T型车的近视症造成了福特公司从拥有10亿美元的业绩顶峰跌到了濒临财务崩溃的边缘。

(2)侧翼防御。侧翼防御是指市场领先者除保卫自己的阵地外，还应当建立辅助阵地以保卫自己较弱的侧翼，防止对手乘虚而入，并在必要时作为反攻的基地。例如，20世纪70年代美国的汽车公司就是因为没有注意侧翼防御，遭到日本小型汽车的进攻，从而失去了大片阵地。

(3)先发防御。先发防御是一种“先发制人”式的防御，即在竞争者尚无足够能力进攻之前先主动攻击它。具体做法是当竞争者的市场占有率达到某一危险高度时就对它发动攻击，必要时还需采取连续不断的正面攻击，以挫败它向本企业进攻的锐气，迫使其放弃进攻的意图或推延发起进攻的时间。如克莱斯勒汽车公司在美国汽车市场上排行第三，当该公司的市场占有率从12%上升到18%时，通用汽车公司就认为，如果克莱斯勒公司的市场份额达到20%，就会踩着通用汽车的“尸体”前进，在这种形势下，必须采取主动出击战略，以巩固自己的市场领先者地位。

(4)反击防御。当市场领先者受到竞争对手的降价或促销攻击时采取主动反攻，通过正面反击、侧翼反攻或者发动钳形攻势切断进攻者的后路。当市场领先者在自己的“疆土”上遭到攻击时，可以采用“围魏救赵”的策略，即反击攻击者的主要领地，迫使其撤回力量守卫其大本营，这是反击攻击者的最佳方法。例如，当美国西北航空公司最有利的航线之一——明尼阿波利斯至亚特兰大航线受到另一家航空公司降价和促销进攻时，西北航空公司采取的报复手段是将明尼阿波利斯至芝加哥航线的票价降低，由于这条航线是对方的主要收入来源，结果迫使进攻者不得不停止进攻。

(5)运动防御。这种防御要求市场领先者不仅固守现有的产品和业务，而且向一些有潜力的新市场扩展，以作为未来防御和进攻的基地。市场扩展可通过两种方式实现：

①市场扩大化。即企业将注意力从目前的产品拓展到满足该产品类似的需求上来，即以现有产品为中心，对满足该类产品的市场需求进行深度开发。例如，把“石油公司”变成“能源公司”就意味着该企业的市场范围扩大了，不限于一种能源产品——石油的供应，而是提供多种能源产品覆盖整个能源市场。

②市场多角化。即企业向与原来产品和服务不相关的市场扩展业务，实行多角化经营。例如，美国烟草公司看到社会各方面对吸烟限制日益增长，便开始寻找香烟的替代物；同时，把一部分资金转投到其他行业，先后在啤酒、果酒、饮料和速冻食品等领域的经营中取得成功。

(6)收缩防御。收缩防御是指企业主动从实力较弱的业务领域撤出，将资源集中于优势领域。当市场领先者在所有市场阵地上全面防御得不偿失，并且由于力量过于分散而降低资源利用效益时可采用此战略。这是一种“集中优势兵力”“以退为进”的战略。如，日本松下公司在 1985 年将其产品由 5 000 个大类削减到 1 200 个，日本五十铃公司则放弃了轿车市场，转而集中生产其占优势地位的卡车。有计划的收缩是一种战略转移，能使企业的力量更集中，巩固公司在市场上的竞争实力。

3. 扩大市场占有率

扩大市场占有率是市场领先者增加收益的一个重要途径。市场领先者实施这一战略是设法通过提高企业的市场占有率来增加收益、保持自身成长和市场主导地位。

市场占有率是与投资收益率相关的重要变量之一，市场占有率越高，投资收益率也越高。有关研究报告显示，市场占有率高于 40%的企业，其平均投资收益率将达到 30%，相当于市场占有率低于 10%的企业的 3 倍。因此，许多企业以提高市场占有率、拥有第一或第二位市场份额作为其战略目标，达不到第一、二位的目标，宁可撤出此市场。例如，美国通用电气公司就因为其在计算机和空调机的市场上，产品的市场占有率达不到市场领先者的程度，便决定放弃这两项业务，以集中主要力量在其他市场达到理想的份额。

企业在决定是否以提高市场占有率为主要努力方向时应考虑以下三方面因素：

(1)引发反垄断行为的可能性。如果市场领先者毫无限制地追求高市场占有率，进而垄断市场，将会遭到反垄断法的制裁。其他竞争者也会采取联合行动，这无疑会削弱通过提高市场占有率而获取的收益。

(2)经营成本是否提高。市场领先者进一步提高市场占有率会受到经营成本的制约。当企业市场占有率已达到较高水平后，要再进一步扩大市场份额，就需要付出较高费用，使经营成本大幅度提高，而经营收益递减。这一情况说明市场占有率的提高并不是在任何情况下都与利润率的提高成正比的，盲目提高市场占有率的结果可能得不偿失。美国的一项研究表明，在有些行业中企业的最佳市场占有率是 50%。因此，企业有时为了保持市场领导地位，甚至要降低市场占有率，以维持企业领先者的地位和达到经济成本目标。

(3)在获取较高市场占有率时所采取的营销组合策略是否准确。某些市场营销组合变量的调整对提高市场占有率是很有效的，但不一定能给企业增加利润。只有当具备以下两个条件时利润才会增加：①产品的单位成本能够随市场占有率的提高而下降。市场领先者常常拥有较高的生产和经营能力，能够通过提高市场占有率来获得规模经济效益，达到行业中的最低成本，并以较低的价格销售产品。②产品价格的提高超过为提高产品质量所投入的成本。通常具有较高质量的产品才能得到市场的认可，并有可能获取较高的市场占有率，但高质量并不意味着过高地投入成本。

总之，处于主导地位的市场领先者必须全面掌握各项战略，既善于从扩大市场需求总量入手，保卫自己的市场阵地，防御挑战者的进攻，又善于在保证收益增加的前提下，通过提高市场占有率使企业长期地占据市场领导地位。

（二）市场挑战者战略

市场挑战者是指在行业中占据第二位及以后位次，有能力对市场领先者和其他竞争者采取攻击行动，希望夺取市场领先者地位的企业。在市场上居于次要地位的企业，如果要向市场领先者或其他竞争者挑战，首先必须确定自己的战略目标和竞争对象，然后选择适当的进攻策略。

1. 明确战略目标和挑战对象

战略目标与进攻对象密切相关，针对不同的对象存在不同的目标。一般来说，挑战者的进攻对象可以有三种选择：

(1)攻击市场领先者。这一战略风险很大，但是潜在的收益可能很高。为取得进攻的成功，挑战者要认真调查研究顾客的需要及其不满之处，这些就是市场领先者的弱点和失误。此外，通过产品创新，以更好的产品来夺取市场也是可供选择的策略。例如，施乐公司通过开发出更好的复印技术(用干式复印代替湿式复印)，成功地从 3M 公司手中夺去了复印机市场。

(2)攻击与己规模相当者。挑战者对一些与自己势均力敌的企业，可选择其中经营不善而发生危机者作为攻击对象，以夺取它们的市场。

(3)攻击区域性小型企业。对一些地方性小企业中经营不善而发生财务困难者，可作为攻击对象。

在选择进攻对手和目标的决策中，企业应在充分掌握竞争对手信息的基础上，做出全面、系统的竞争分析，并对以下问题做出选择：

(1)我们的竞争者是谁?

(2)竞争者的销售额、市场占有率和财务状况如何?

(3)竞争者实施什么样的战略?

(4)竞争者的优势和弱点是什么?

(5)竞争者对环境、外部竞争变化可能的反应怎样?

2. 选择进攻策略

在确定了战略目标和进攻对象之后，挑战者要考虑进攻的策略问题，其原则是集中优势兵力于关键的时刻和地方。总的来说，挑战者可选择以下五种战略：

（1）正面进攻。正面进攻就是集中兵力向对手的主要市场发动攻击，打击的目标是敌人的强项而不是弱点。这样，胜负便取决于谁的实力更强，谁的耐力更持久，进攻者必须在产品、广告、价格等主要方面大大领先对手，方有可能成功。进攻者如果不采取完全正面的进攻策略，也可采取变通形式，最常用的方法是针对竞争对手实行削价。通过在研发方面大量投资，降低生产成本，以低价格向竞争对手发动进攻，这是持续实施正面进攻策略最可靠的基础之一。

（2）侧翼进攻。侧翼进攻就是集中优势力量攻击对手的弱点，有时也可正面佯攻，牵制其防守兵力，再向其侧翼或背面发动猛攻，采取声东击西的策略。侧翼进攻可以分为两种：一种是地理性的侧翼进攻，即在全国或全世界寻找对手相对薄弱的地区发动攻击；另一种是细分性侧翼进攻，即寻找市场领导企业尚未很好满足的细分市场。

（3）围堵进攻。围堵进攻是一种全方位、大规模的进攻策略，它在几个战线发动全面攻击，迫使对手在正面、侧翼和后方同时全面防御。进攻者可向市场提供竞争者能提供的一切，甚至比竞争者还多，使自己提供的产品无法被拒绝。当挑战者拥有优于对手的资源，并确信围堵计划的完成足以打垮对手时，这种策略才能奏效。

（4）迂回进攻。迂回进攻是一种间接的进攻策略，它避开了对手的现有阵地而迂回进攻。具体办法有三种：一是发展无关的产品，实行产品多元化经营；二是以现有产品进入新市场，实现市场多元化；三是通过技术创新和产品开发，替换现有产品。

（5）游击进攻。游击进攻主要适用于规模较小、力量较弱的企业，目的是通过向对方不同地区发动小规模的、间断性的攻击来骚扰对方，使之疲于奔命，最终巩固永久性据点。游击进攻可采取多种方法，包括有选择地降价，强烈的突袭式的促销行动等。应予以指出的是，尽管游击进攻可能比正面进攻或侧翼进攻节省开支，但如果想打倒对手，光靠游击战不可能达到目的，还需要发动更强大的攻势。

从以上内容可以看出，市场挑战者的进攻策略是多样的。一个挑战者不可能同时运用所有这些策略，但也很难单靠某一种策略取得成功，通常是设计出一套策略组合，通过整体策略来改善自己的市场地位。

（三）市场追随者战略

市场追随者与市场挑战者不同的是，它不向主导者发动进攻并企图取而代之，而是紧随其后自觉地维持共存局面。因此，每个市场追随者必须懂得如何保持现有消费者，并争取一定数量的新消费者；必须设法给自己的目标市场带来某些特有的利益，如地点、服务、融资等；还必须尽力降低成本并保持较高的产品质量和服务质量。市场追随者也不是被动地单纯追随主导者，它必须找到一条不致引起竞争性报复的成长途径。以下是三种可供选择的追随策略。

1. 紧密追随

这种策略是在各个子市场和营销组合方面尽可能地仿效主导者。这种追随者有时好像是挑战者，但只要它不从根本上侵犯到主导者的地位，就不会发生直接冲突，有些甚至被看成是靠拾取主导者的残余谋生的寄生者。

2. 有距离地追随

这种追随者是在主要方面，如目标市场、产品创新、价格水平和分销渠道等方面都追随主导者，但在包装、广告和价格方面又与主导者保持若干差异。这种追随者可通过兼并小企业而使自己发展壮大。如果追随者不对领导者发起挑战，领导者则不会介意。

3. 有选择地追随

这种追随者在某些方面紧跟主导者，而在另一些方面又自行其是。也就是说，它不是盲目追随，而是择优追随，在追随的同时还要发挥自己的独创性，但不进行直接的竞争。这类追随者之中有些可能发展成为挑战者。此外，还有一种“追随者”在国际市场上十分猖獗，即名牌货的伪造者或仿制者，他们的存在对许多国际驰名的大公司是一个巨大的威胁。例如，据法新社报道，在巴黎一件真正的鳄鱼牌高级衬衣标价 350 法郎，而在一些店铺里用几十法郎就可买到同样商标的冒牌货。假冒伪劣商品泛滥，已成为新的国际公害。现在，这种假冒活动的危害在我国也日益严重。对此，必须引起全社会的重视，设法清除和击退，特别是要加强执法的力度。

（四）市场补缺者战略

市场补缺者，又称市场利基者，是指专门为规模较小的或大公司不感兴趣的细分市场提供产品和服务的公司。这种有利的市场位置就称为“利基”（niche）。市场利基者就是指占据这种位置的企业。有利的市场位置（利基）不仅对小企业有意义，而且对某些大企业中的较小业务部门也有意义，它们也常设法寻找一个或多个既安全又有利的利基市场。

市场利基者的战略方针是见缝插针，采用专业化营销获得生存发展空间。可供市场利基者选择的专业化方向如：

（1）按最终用户专业化，即专门致力于为某类最终用户服务。例如，书店可以专门为爱好或研究文学、经济、法律等的读者服务。

（2）按垂直层次专业化，即专门致力于为生产—分销循环周期的某些垂直的层次经营业务。如制铝厂可专门生产铝锭、铝制品或铝质零部件。

（3）按顾客规模专业化，即专门为某种规模（大、中、小）的客户服务。许多利基者专门为大公司忽略的小规模顾客服务。

（4）按特定顾客专业化，即只为一个或几个主要客户服务。如美国一些企业专门为西尔斯百货公司或通用汽车公司供货。

(5)按地理区域专业化,即专为国内外某一地区或地点服务。

(6)按产品或产品线专业化,即只生产一大类产品,如日本的 YKK 公司只生产拉链这一类产品。

(7)按客户订单专业化,即专门按客户订单生产预订的产品。

(8)按质量与价格专业化,即选择在市场的底部(低质低价)或顶部(高质高价)开展业务。

(9)按服务项目专业化,即专门提供一种或几种其他企业没有的服务项目。如美国一家银行专门承办电话贷款业务,并为客户送款上门。

(10)按分销渠道专业化,即专门服务于某一类分销渠道,如生产适合超级市场销售的产品。

市场利基者要承担较大风险,因为利基本身可能会枯竭或受到攻击。因此,在选择市场利基时,营销者通常选择两个或两个以上的利基,以确保企业的生存和发展。不管怎样,只要营销者善于经营,小企业也有机会为顾客服务并赚得利润。

问题:

(1)什么是企业战略?

(2)市场细分有何作用?

(3)如何进行市场定位?

技能训练

技能训练:案例分析

1 号店——用鼠标逛超市

一、跃入视野的"1 号店"

1 号店是中国领先的 B2C 电子商务网站,于 2008 年 7 月 11 日正式上线,开创了中国电子商务行业"网上超市"的先河。1 号店通过多方调研决定从风险最大的综合性 B2C 模式入手,以形成差异化的特色,它并没有将目光锁定在某个狭小的特定行业,而是以"家"为经营主题,销售与家息息相关的各类商品。

2011 年,1 号店以三年 192 倍的成长率荣登德勤亚太地区高科技、高成长企业 500 强榜首。目前,1 号店在线销售商品超过数十万种,拥有 2400 万注册用户,为北京、上海和广州的客户提供当日配送服务,同时在中国一百多个城市提供次日配送服务。

1 号店传奇式的发展速度引起很多人的关注,人们对于幕后主导者也充满了好奇。

二、"1 号店"的幕后主导

2007 年 11 月,全球 500 强企业戴尔原全球采购副总裁于刚和原中国区总裁刘峻岭突然宣布离职,此后便从公众视野之中消失。刘峻岭曾被评选为 2005 年中国 IT 十大财经人物和 2006 年计算机世界十大新闻人物。在加入戴尔之前,于刚曾任亚马逊全球供应链副总裁，他对亚马逊的供应链进行改造并取得了巨大的成功；在戴尔，他负责180亿美元的采购。2008年，刘峻岭与于刚重回公众视野，由职业经理人转变为创业者，成了1号店的掌门人，他们致力于“做一个比超市还便宜的网络超市”。

与一般人创业不同，两个明星职业经理人此番是有备而来，创业可谓“高举高打”，他们聘请了国际猎头公司到处寻人，有丰厚电商经验的林文钦被聘来做市场副总；51job的前CTO被他们聘来开发系统……

短短几年时间，当许多同行还在苦苦思索商业模式时，1号店已跑出最快的速度，在江浙沪的白领阶层刮起了一股“足不出户，随心所欲购物就去1号店”的旋风。1号店给自己的定位是国内第一家综合网上超市的电子商务B2C企业。

三、与众不同的互联网超市

在电子商务企业产品严重同质化的今天，人们看到当当和卓越，从曾经的专业网上书城发展到日用百货领域，曾经专注于电子产品及家用电器的京东也向综合领域发展，更有国美、苏宁等实体电器城也向电子商务领域进军。1号店此时并没有参与到原本就很激烈的此类产品竞争中去，而是选择了很少有人敢尝试的小额、高使用频率的日用品作为突破口，打造“网络超市”。

实际上，在网上销售日用品的网络超市早就存在。在美国，网络超市是紧跟亚马逊出现的第一批电子商务企业，然而不幸的是，在这个领域，至今鲜见成功者。2001年7月，投资额达到12亿美金的Webvan关门大吉，这家美国的网上超市试图代替沃尔玛，但最终Webvan无法在运营成本和顾客体验上找到平衡，成为迄今为止最大也是最著名的电子商务行业破产案。

1号店作为中国网上超市的先行者，其商业模式必须有创新才能突出重围，不能再继续模仿当当和卓越。所以，要根据中国社会的多样性及互联网发展的特点来打造适合中国的网上超市模式。1号店从创建之初就认识到市场的特殊性，确定了差异化的经营策略。

1号店超市所提供的产品包括13个大类，产品市场范围很广，潜在顾客很多。从大的方面来说，所有的网民都是潜在顾客，从CNNIC最新调研报告可知：中国网民数量达到5.38亿，互联网普及率达39.9%，网购用户规模达到2.1亿，手机网民规模达到3.88亿，占网民总数的72%(见下图)。

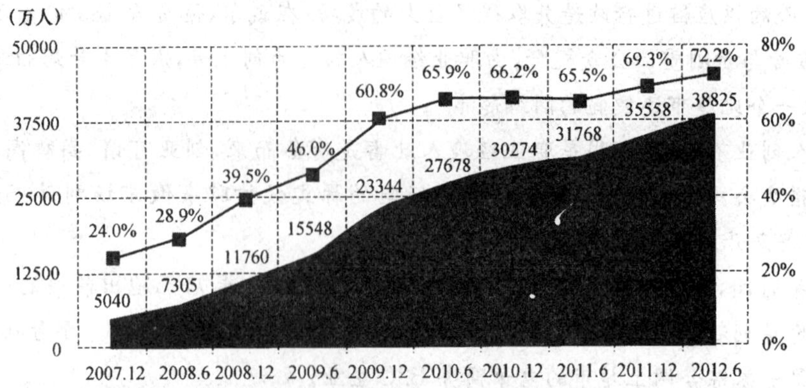

中国手机网民规模及其占网民比例

按照网名年龄划分如下图所示，年龄在10～49岁的占了绝大多数。

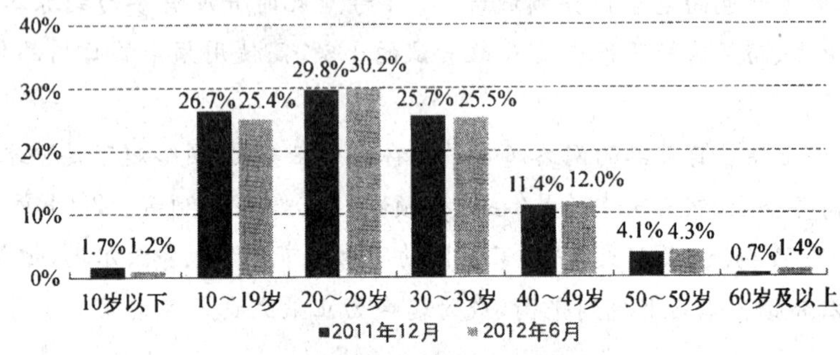

网民年龄结构统计图

认真分析市场竞争形势和消费者需求，确定独特、明确的市场定位是至关重要的。按照城乡结构划分(见下图)，城镇居民约占73%。

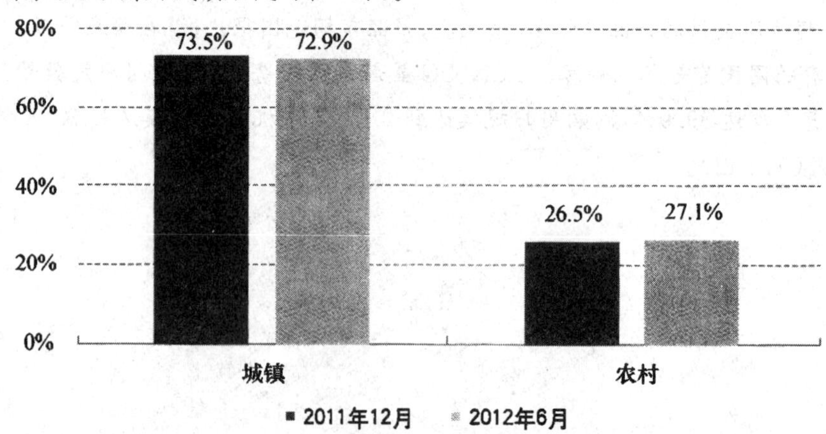

网民城乡结构图

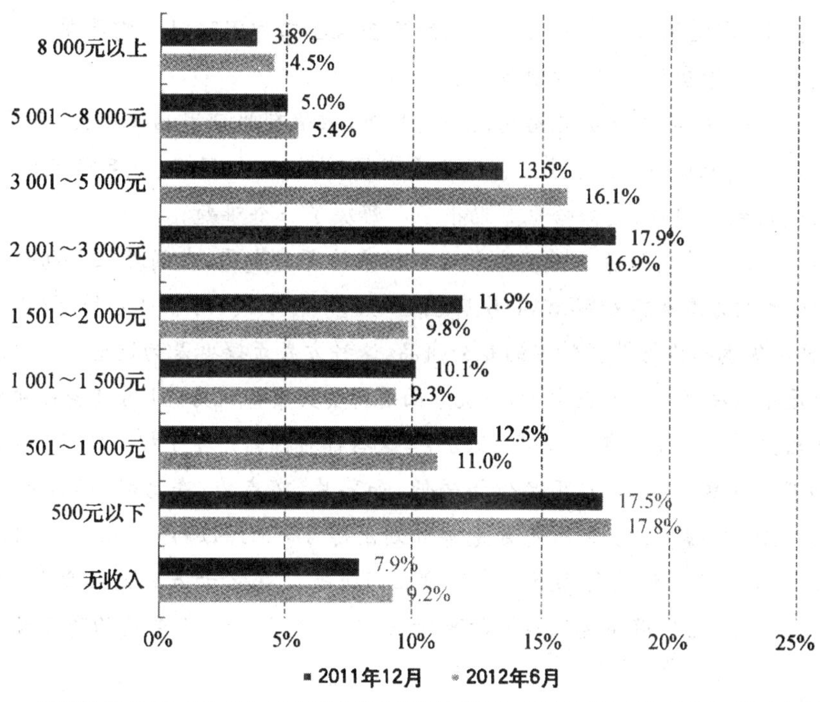

网民收入结构图

按照收入划分(见下图)，收入在 5 000 元以下的网民占绝大多数。

从上边陈述的分类中不难看出，网民年龄在 10～49 岁、收入在 5 000 元以下、生活在城镇的人占比最大，且有一些共同的特点，比较容易接受新事物，敢想敢做，比较集中。1 号店的现有及整合沃尔玛后的物流体系能够比较容易地把货送给这些人，易于节省成本，这些网民是 1 号店网上超市较为理想的目标顾客。

1 号店的口号是"只为更好生活"，为那些忙碌的人或者乐于享受网购乐趣的人提供便利，依托沃尔玛的全球采购，为上述分析中理想的目标顾客提供更为丰富的商品和服务。这类顾客不仅需要各种商品，更需要这种便捷服务。他们通常居住在人口密集区域，如住宅小区或者写字楼，打开这些市场不仅可以获得一定规模的订单，而且可以提供更快的配送和服务，提高顾客的满意度，更能节省物流成本，获得收益。所以 1 号店的市场定位应该是这些年龄在 10～49 岁、收入在 5 000 元以下且生活在城镇的顾客。

再按照这些目标顾客的个人特征(如性别、年龄、职业等)和上网习惯(如经常打开何种网页、经常搜索何种类型产品)分类提供差异化营销。

四、有针对性的营销策略

对于生活在快节奏的都市的白领来说，去超市购物已不再是一种休闲活动，排队结账、物品太重、公交拥挤等使白领们花费较多时间和精力。1 号店目标群体锁定在大都市的高学历的年轻白领阶层，给他们提供更加方便快捷的新型购物方式。1 号店经营的商品也考虑到年轻白领们的需求,时下流行的小零食、减肥食品、休闲食品、保健食品、冲调饮品、进口食品等一应俱全,这些收入不高却喜欢网购的年轻人在工作闲暇时只需简单几个步骤,就可以在办公室收到1号店的包裹,方便且快捷。

对家庭主妇来说,尽管有更充裕的时间逛超市,但是有些日用品体积大、重量也不轻,买好以后带回家还是很费力。1号店经营的日常家居用品、洗护用品、纸品等可以在主妇们轻点鼠标之后就送到家门口,这恰恰也帮助很多人解决了一个难题。

年轻的白领们很多时候收入并不会如人们想象的那么丰厚,在国外很多电子商务网站也会通过购物返利的方式来吸引顾客,1号店也通过积分的方式,向客户返利,积分可以兑换商品,可以以更加优惠的价格购买特定的积分商品,这种方式无疑也是为这些年轻顾客们量身定制的。无论是年轻白领还是家庭主妇,在优惠面前都会失去抵抗力。1号店会择机推出不同的优惠促销活动,包括满额减、直降、赠品、积分等,这些都对顾客产生了极大的吸引力。

不可回避的问题是,很多日用品价格较低,如薯片、巧克力、洗洁精,顾客和商家都会考虑到邮费的问题。为此,1号店的满百免邮计划消除了人们的顾虑。在上海、北京、长三角等诸多大城市,1号店已经实行满百免费送货上门服务。在数十万种商品面前,为了能够减免邮费,凑够100元的日用品是很轻松的事情,借助这样的方式,1号店的商品顺利地走进了千家万户。

1号店优质的售前售后服务,提高了顾客体验。在网站设计上,按照顾客在实体超市购买习惯进行布局,将在实体超市销量最大的食品饮料类放在商品分类的第1位,方便顾客选购,而当当网上食品饮料类位于第11位,卓越网上位于第5位。1号店售前会根据顾客的搜索信息和以往购买习惯进行关联推荐,售后提供良好的退换货服务。1号店最初选择第三方物流,顾客投诉率很高。为了获得更高的顾客体验,1号店决定自建物流系统,效果甚好,投诉率大幅度降低。例如,一箱物品,第三方物流会要求用户自己到楼下取,但1号店规定要送到顾客门口。现在,1号店正在推行当天送服务,早上下单,晚上送到,并且顾客可以根据个人情况选择下午送到公司,或者晚上送到家里。所有创新和细节,良好的服务赢得了顾客的口碑。

五、精准定位,收获颇丰

1号店不仅为自己找到了大量的忠实顾客,在业绩节节攀升之后,更为自己找到了一个好"婆家"。2012年,全球零售业巨头沃尔玛宣布,他们已经获得中国电子商务网站1号店51%的控股权,成为第一大股东。

问题:

(1)请根据案例正文提供的资料,总结1号店根据哪些变量进行了市场细分?在此基础上,选择了哪些目标市场并如何做出了相应的市场定位?

(2)在不同目标市场,1号店是如何根据其不同的市场定位,推出其竞争策略的?

(3)结合你个人的实际感受,以1号店及类似其他电商在不同目标市场的市场定位为例,谈谈网络购物在竞争中如何进一步取长补短。

项目小结

(1)战略是确定企业长远发展目标,并指出实现长远目标的策略和途径;战略是企业面对激烈变化、严峻挑战的环境,为求得长期生存和不断发展而进行的总体性谋划;战略是指根据市场现状及远景预测,结合自身资源基础,规划的企业发展轨迹和确立的企业奋斗目标。

(2)市场细分的前提条件是需求的差异,它的实质是辨别具有不同欲望和需求的消费者群。一个企业不可能满足广大消费者的所有需要,它必须要明确自己能够满足哪一部分人的需要,然后利用自己有限的资源生产出具有针对性的产品。市场细分就是要从有着不同需要的消费者群体中,为企业找到确切的销售对象。

(3)市场定位是指企业根据竞争者现有产品在市场上所处的位置,针对顾客对该类产品某些特征或属性的重视程度,为本企业产品塑造与众不同的给人印象鲜明的形象,并将这种形象生动地传递给顾客,从而使该产品在市场上确定适当的位置。

(4)竞争者。竞争者一般是指那些与本企业提供的产品或服务相似,并且所服务的目标顾客也相似的其他企业。

(5)市场领先者。市场领导者指占有最大的市场份额,在价格变化、新产品开发、分销渠道建设和促销战略等方面对本行业其他公司起着领导作用的公司。

(6)市场挑战者。市场挑战者指在行业中占据第二位及以后位次,有能力对市场领导者和其他竞争者采取攻击行动,希望夺取市场领导者地位的公司。

(7)市场追随者。市场追随者指那些在产品、技术、价格、渠道和促销等大多数营销战略上模仿或跟随市场领导者的公司。

(8)市场补缺者。市场补缺者(市场利基者)指专门为规模较小的或大公司不感兴趣的细分市场提供产品和服务的公司。

项目六　产品策略

知识点拨

学习要点

理论要点：理解产品整体概念，掌握产品组合策略；
掌握产品生命周期各阶段特征及每一阶段所采用的营销策略；
掌握品牌策略；
掌握产品包装策略；
了解新产品开发的程序和方式。

技能要点：初步具备产品组合策划的能力；
初步具备分析产品生命周期的特征并运用营销策略的能力；
初步具备品牌管理和包装策划的能力；
初步具备新产品开发和推广的能力。

任务一　产品与产品组合

任务导入

想一想

美国著名管理学家李维特曾说："现代竞争并不在于各家公司在其工厂中生产什么，而在于它们能为其产品增加些什么内容。"

思考：究竟应该为产品增加什么内容，才能使企业在竞争中获胜？

一、产品的概念

人们通常认为，产品是指具有某种特定物质形状和用途的物品，是看得见、摸得着的东西。这是对产品狭义的理解。事实上，产品概念具有极其宽广的外延和深刻的内涵，它是指能够提供给市场,用来满足人们某种需要和欲望的任何事物。产品在市场上可体现为实体商品、服务、体验、事件、人物、地点、财产、组织、信息和观念等。

市场营销学的产品概念具有两个方面的特点:首先,产品不仅是物质实体,而且包括能满足人们某种需要的服务。其次,对企业而言,其产品不仅是具有物质实体的实务本身,而且也包括随同实物出售时所提供的系列服务。所以,产品是一个整体概念。

市场营销理论认为,人们对产品的需求是多层次的。美国著名市场营销专家菲利普·科特勒把整体产品概念扩展为五个层次,即核心产品、有形产品、期望产品、附加产品和潜在产品,如图 6-1 所示。

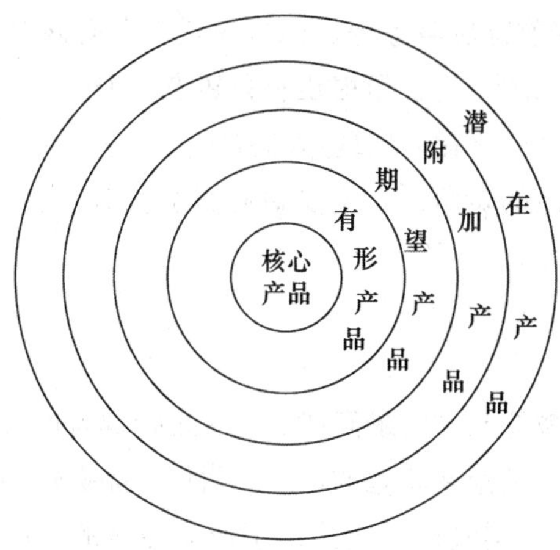

图 6-1　产品整体概念层次图

(一)核心产品

核心产品也称实质产品,是指消费者购买某种产品时所追求的利益。例如,买空调是为了在炎热的夏季带来凉爽,买自行车是为了代步,买化妆品是希望自己更美丽。因此,作为企业的营销人员要明确消费者所追求的核心利益,要确定产品能够提供的实质利益,以使产品更加具有吸引力。

(二)有形产品

有形产品是核心产品借以实现的形式,是产品在市场上出现的具体物质外形。它可以是产品品质、产品特征、产品式样、产品品牌、产品包装等。例如,自行车的有形产品不仅仅指自行车的骑行功能,还包括它的质量、车型、颜色等。因此,企业不仅要为目标顾客提供具有某种使用价值和效用的产品或服务,而且还要努力提高和完善产品或服务的内在质量和外在形式,以满足顾客的需求。

(三)期望产品

期望产品是指顾客购买产品时希望得到的东西。顾客在购买产品时,经常会对想要购买的产品产生一种期望，例如人们购买洗衣机时，一般是需要洗衣机能省时省力地清洁衣服，同时不损坏衣服，方便操作；而另外一些消费者可能还会有其他的期望，诸如洗衣机的消毒、烘干功能等。期望产品要求企业在生产、设计、销售过程中充分考虑到消费者的利益，在回报高额利润的同时，企业应尽可能地去让顾客满意，从而使消费者从认知到认可企业的产品。

（四）附加产品

附加产品又称延伸产品，是指顾客购买有形产品时所获得的全部附加服务和利益。例如：安装调试、免费送货、售前售后服务等。德国大众汽车有限公司的信条就是：“一家成功的公司除了生产优质的产品外，还必须提供良好的售后服务。这一理念是企业成功的根本。”随着技术的进步和产品同质化的出现，人们对附加产品的要求越来越高，企业之间的竞争也更多地表现为附加产品的竞争。企业要赢得竞争优势，应着眼于提供比竞争对手更多和更适合消费者的附加利益。

（五）潜在产品

潜在产品是产品整体概念当中的最高层次。它是指现有产品包括所有附加产品在内的可能发展成为未来最终产品的潜在状态的产品。附加产品提供给消费者的需求满足只表明产品现在内容的横向扩展，而潜在产品则指出了产品可能的纵向发展。顾客没有潜在产品仍然可以很好地满足其现实需求，但得到潜在产品，消费者的潜在需求会得到超值的满足，消费者对产品的偏好程度与忠诚程度会得到大大强化。因此企业应不断推陈出新，走在行业的前端，以长远的眼光与超强的预测能力实现企业的可持续发展。

二、产品分类

每一个产品类型都有与之相适应的市场营销组合策略。所以，要制定科学的市场营销策略就必须对产品进行科学的分类。

（一）按产品的耐用性和有形性划分，可分为耐用品、非耐用品、服务三类

1. 耐用品

耐用品一般是指使用年限较长、能够多次使用，价值较高的有形产品，如房屋、汽车、家用电器等。耐用品一般价格较高，消费者一方面会注重产品性能，另一方面会更加注重与产品相关的服务。所以企业需要提供较多的销售保证条件，来确保企业获得较高的利润。

2. 非耐用品

非耐用品是指使用周期短、容易被消耗的有形产品，如化妆品、食品、烟酒等。由于非耐用品是易消耗品，消费者的购买频率高。企业应力求使消费者购买方便，在多处设置销售网

点;还可以利用各种宣传手段对产品开展宣传,吸引消费者试用,培养和争取长期购买的消费者,从长远的经营中获得利润。

3. 服务

服务是指为顾客提供的活动、利益或满意等,如理发、咨询、娱乐等。它具有无形、不可分离、可变、易消失等特点。这就要求提供服务者加强质量控制、提高服务水平、增强可信性,从而吸引更多的消费者。

(二)按产品的用途划分,可分为消费品和工业品两类

1. 消费品

消费品是直接用于满足终端消费者需求的产品。按消费者购买习惯可分为便利品、选购品、特殊品、非渴求品。

(1)便利品。便利品是指消费者经常购买、或需要随时购买的产品。消费者购买此类产品基本不做购买计划,也几乎不愿花费太多时间和精力去购买。便利品进一步划分为日用品、冲动品、应急品。日用品是指消费者日常经常购买的产品,如洗衣粉、饮料、报纸等。冲动品是指顾客未经计划或寻找而顺便购买的产品,如超市收银台旁放置的各种口香糖等。应急品是消费者在需求十分紧迫时购买的产品,如停电时要购买蜡烛等。便利品的营销,要选择合适的时间、地点、恰当的销售方式,为消费者提供最大的购买便利。

(2)选购品。选购品是指消费者在购买时,需要对产品的样式、质量、价格等因素做出比较后才能购买的产品,如服装、家具等。购买选购品的消费者一般不急于购买,需要货比三家。选购品的营销,需要在宣传中提供尽可能多的关于产品自身的信息、性价比等,来帮助消费者完成购买决策,使消费者感到购买此商品物超所值。

(3)特殊品。特殊品是指具有独特的品质特征或品牌标记,使消费者能够识别的产品。有的消费者愿意特别花费时间和精力去寻找此类产品并完成购买行为,比如汽车、名牌服饰、古董字画等。特殊品的营销过程中不涉及消费者对商品的比较问题,消费者最关心的是能否买到正宗的产品,不在乎和竞争产品的比较。经销商也许可以不考虑销售地点的方便与否,但是应该要让有可能购买产品的消费者知道购买地点在哪里。

(4)非渴求品。非渴求品是指消费者一般没听说过或者虽然听说过但是也不感兴趣、不想购买的产品,如人寿保险等。这类产品的特点决定了企业要在广告、人员推销等方面加大力度,激发潜在消费者的购买兴趣,扩大产品销售。

2. 工业品

工业品是指企业购买后用于生产其他产品或为满足其他业务需要的产品,可分为材料和部件、资本项目、易耗品和服务。

(1)材料和部件。材料和部件是指完全要转化为制造商所生产的成品的产品,包括原材料、半成品和部件。材料和部件的销售一般利用直接渠道,在产品符合质量标准和要求的前

提下，价格和销售服务是营销成功与否的重要因素。

(2)资本项目。资本项目是指在生产过程中能长期发挥作用，其价值通过折旧逐次计入产品成本中去的产品，如厂房、机器设备等。销售此类产品一般都需要经过长期的谈判，制造商要有优秀的销售团队，提供优质的售后服务。

(3)易耗品和服务。易耗品和服务是指维持企业生产经营活动所需要的，但又不形成最终产品的辅助物品和服务，如打印纸、电脑的维修、法律咨询等。这类产品一般都是通过中间商销售，消费者对这类产品一般没有过多的品牌偏好，考虑更多的是产品的价格和服务。

总之，不同种类的产品之间差异是非常明显的。企业可以深入挖掘各类产品的不同特点，使自己的产品与竞争对手的产品区别开来。

三、产品组合策略

(一)产品组合及其相关概念

1. 产品组合

产品组合是指企业提供给市场的全部产品线和产品项目的组合或搭配，即企业的业务经营范围，又称产品结构。

2. 产品线

产品线是指一组密切相关的产品，又称产品系列或产品品类。所谓密切相关，是指这些产品或者能够满足同种需求；或者必须配套使用，销售给同类顾客；或者经由相同的渠道销售；或者在同一价格范围内出售。例如，某电器集团公司生产的产品系列有电视机、电冰箱、收录机、洗衣机，那么该公司就有四条产品线。

3. 产品项目

产品项目是指在同一产品线或产品系列下不同型号、规格、款式、质地、颜色或品牌的产品。例如，百货公司经营金银首饰、化妆品、服装鞋帽、家用电器、食品、文教用品等，其中各大类就是产品线，每一大类里包括的具体品牌、品种为产品项目。

(二)产品组合的宽度、长度、深度与关联性

1. 产品组合的宽度

产品组合的宽度，是指企业所拥有的产品线的数量，即一个企业有多少个产品大类。产品线越多，说明企业的产品组合就越宽；否则就越窄。

2. 产品组合的长度

产品组合的长度是指企业所有产品线中所包含的所有产品项目的总数。以产品项目总数除以产品线数目即得出产品线的平均长度。

3. 产品组合的深度

产品组合的深度是指每一条产品线中每一品牌所包含的具体的花色、品种、规格、款式的产品的数量。

4. 产品组合的相关性

产品组合的相关性，也称关联性，是指各条产品线之间在最终用途、生产条件、分销渠道以及其他方面相互关联的程度。其相关程度密切，说明企业的产品线之间具有一致性；反之，则缺乏一致性。例如，某家企业生产电冰箱与洗衣机，产品组合的相关性就较强，因为这些产品都是家用电器，最终使用、生产条件和分销渠道有密切联系。

产品组合的广度、深度与相关性在市场营销战略中具有重要意义。首先，拓展产品组合的广度，可以充分发挥企业特长，充分利用企业资源，开拓新市场，拓展服务面，分散投资风险，提高经济效益；其次，增加产品组合的深度，可使各产品线有更多的花色品种，适应不同顾客的需要，扩大总销售量；最后，增加产品组合的相关性，可以充分发挥企业现有的生产、技术、分销渠道和其他方面的能力，提高企业的竞争力，增强市场地位，提高经营的安全性。

P&G 公司的产品组合

产品组合的宽度：5 条产品线。

产品组合的长度：总长度为 25 个品种，平均每条产品线上有 5 个品种。

产品组合的深度：佳洁士品牌有 3 个规格，每个规格有 2 种口味，则佳洁士品牌的深度是 6，见表 6-1。

表 6-1　宝洁公司的产品组合

	产品组合的宽度				
产品线的长度	清洁剂	牙膏	条状肥皂	纸尿布	纸巾
	象牙雪 1930	格利 1952	象牙 1879	帮宝适 1961	媚人 1928
	德来夫特	佳洁士	柯克斯 1885	露肤 1976	粉扑 1960
	汰渍 1946		洗污 1893		旗帜 1982
	快乐 1950		佳美 1926		绝顶
	奥克雪多		香味		
	德希 1954		保洁净 1963		
	波尔德 1965		海岸 1974		
	圭尼 1966		玉兰油 1993		
	伊拉 1972				

（三）产品组合的优化和调整

市场需求和竞争形势的不断变化会引起产品组合的变化，企业要对产品组合寻求一种动态的平衡。产品组合策略是指企业根据市场的需要、企业的经营目标和实力，对产品组合的宽度、长度、深度和关联度进行优化组合，以达到最佳产品组合的策略。企业在优化产品组合时，一般可供选择的产品组合策略有如下几种。

1. 扩大产品组合策略

扩大产品组合策略包括扩大产品组合的宽度和加强产品组合的深度。前者是在原产品组合的基础上增加产品线，扩大企业的经营范围；后者是在原有产品线内增加新的产品项目，加强有发展前景的产品线，如潘婷洗发水有乳液修复、乳液修复去屑、丝质顺滑、丝质顺滑去屑、乌黑莹亮、莹彩修护等不同品种，可以满足不同消费者的需要。

扩大产品组合策略有利于满足不同消费者的需要，提高产品的市场占有率，分散企业的经营风险。当国际市场繁荣时，扩大产品组合可以给企业带来较多盈利机会。

2. 缩减产品组合策略

缩减产品组合策略是指削减产品组合的宽度和产品组合深度。当市场不景气，或者原料、能源供应紧张时，采用缩减产品组合策略。从产品组合中剔除那些获利很小甚至无利或者亏损的产品项目，企业可以集中精力发展利润较大的产品项目，从而使企业利润增加。

缩减产品组合策略使企业集中了有限的资源，有利于企业生产的专业化，提高了企业中单个产品的生产效率和质量。

3. 产品线延伸策略

每一个企业的产品都有其特定的市场定位。产品延伸策略是指全部或部分地改变企业原有产品的市场定位。具体方式有向上延伸、向下延伸、双向延伸三种。

(1)向上延伸，指企业原来生产低档产品，在原有产品线内增加高档产品的生产，使产品由低档次向高档次发展。随着人们生活水平的提升，当市场对高档产品的需求增加，高档产品的销路广，利润高；同时企业在经过低档产品的生产过程中已经积累了一定的经验，能在生产技术、产品质量等方面做出较大的改进，企业希望通过生产档次更高的产品占领更多的市场时，企业就可以采用向上延伸策略。

产品线向上延伸策略有利于提高企业的整体形象，提高企业的技术和管理水平，使企业获得较高的利润。

(2)向下延伸，指企业原来生产高档产品，以后要增加低档产品的生产。一般情况下，当企业的高档品牌已经树立了良好的形象；或是企业要以中低档产品填补产品线的空白，吸引购买实力水平较低的顾客慕名购买这一品牌中的低档廉价产品，防止竞争者涉足；或是企业为扩大销售时，可以采用此种策略。宝洁公司在这一策略方面运用得较为娴熟，在经过多年的中国市场培育和品牌形象打造之后，飘柔、潘婷、海飞丝等品牌，分别以区隔精准的功能定位和“高档”的品牌形象赢得良好的知名度和美誉度，但是随着中国洗涤日化行业竞争的不断加剧，当越来越多的国产品牌以更具优势的价位和铺天盖地的广告宣传纷纷抢占市场时，宝洁不得不改变策略，推出一系列“低价位”的产品，给竞争对手以有力的打击。

产品线向下延伸策略使企业可以借助原有的品牌形象增加销售额、扩大市场占有率，完善企业的产品系列。

(3)双向延伸，指原来生产经营中档产品的企业，决定同时向高档产品、低档产品两个方向延伸，一方面增加高档产品，另一方面增加低档产品，以此来扩大市场范围。双向延伸灵活性大，是企业寻求市场领导地位的重要途径，但企业会受到来自各方的挑战，对企业的各方面能力都是极大的考验。

任务二　产品生命周期各阶段的营销策略

任务导入

想一想

随着科学技术的飞速发展和消费需要的多样化、差异化，每年市场上都有许多新产品出现，但每种新产品能否获得成功及其成功的程度却是各不相同。有的新产品一上市，就以惊人的魔力迅速占领市场；有的新产品上市初期销路尚好，但随着时间的推移销售下滑；有的新产品上市初期，并没有很多消费者乐于接受，但慢慢地其销路不断扩大；有的新产品根本打不开销路，很快在市场上销声匿迹。

思考：面对这种情况，企业该怎么办？

一、产品生命周期的含义

产品生命周期是指一种新产品从开始进入市场到最终退出市场的整个过程。典型的产品生命周期一般可分为四个阶段，即导入期、成长期、成熟期和衰退期。产品的生命周期指的是产品的市场寿命，而不是产品的使用寿命。产品的使用寿命是产品从投入使用到损坏或消失所经历的时间。

二、产品生命周期各阶段的特征

（一）导入期

导入期也称投入期，是指产品从设计投产到投入市场进行销售的阶段。在这个时期，产品刚进入市场，顾客对产品还不了解，尚未被很多顾客接受，只有少数追求新奇的顾客购买，销售量增长缓慢，销售额很低；由于是刚开始投产，生产技术还需要完善，所以产品生产的批量小，生产成本高；为了使顾客增加对产品的了解，企业还要多做宣传、广告等促销工作，致使产品销售价格偏高。所以企业在这一阶段通常得不到利润，反而会亏损；企业承担的风险较大，没有或只有少数竞争对手。

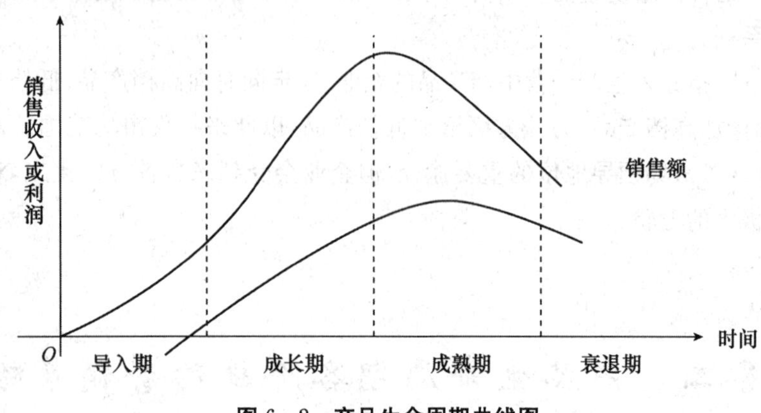

图 6-2　产品生命周期曲线图

（二）成长期

成长期是指产品试销成功后，转入成批生产和扩大市场销售阶段。在这个时期，顾客已经逐渐接受该产品，有的已经产生了偏爱，产品销量和销售额迅速上升；产品已经进入大批量生产阶段，产品的生产成本降低；企业扭亏为盈，利润迅速上升；同行业竞争者看到有利可图，开始纷纷介入，市场竞争加剧。

（三）成熟期

成熟期是指产品已稳定地占领市场进入畅销阶段的时期。在这个时期，潜在的顾客也已加入购买的行列，产品已被很多顾客接受并多次购买，随着购买产品人数的增多，市场需求量逐渐趋于饱和；产品的生产技术成熟，产品成本低而生产量大；企业利润达到最高；很多同类产品进入市场，具有实力的企业市场占有率日益提高，竞争日益加剧，一些企业被挤出市场。

（四）衰退期

衰退期是指产品销售额下降趋势明显，利润不断下滑的时期。在这个时期，产品缺点逐渐暴露，已不能满足顾客的需求；市场上出现了新产品或新替代品，顾客的需求发生了转移，产品销量明显下降，利润急剧下滑；由于无利可图，竞争者纷纷退出市场。

营销小资料

在 2001 年以前，国内 MP3 市场基本处于导入期。一方面，日韩 MP3 由于价格不菲而显得曲高和寡。另一方面，消费者对 MP3 的认识程度和整个应用环境不太成熟，市场整体上显得不愠不火。

2001 年,形势发生了一些微妙的变化。随着 MP3 作为新一代随身听地位的确立,各种品牌纷纷加入战团。这其中不乏爱国者、联想、方正等国产品牌,还有许多名不见经传的国内外小品牌。此时虽说仍是三星占据半壁江山,但其他品牌发展迅猛,已经成为不容小觑的力量。

2002 年,局势发生标志性的变化,爱国者、联想、方正等有实力的 IT 企业凭借在 IT 业内多年的产品操作经验、渠道积累以及对本地市场特点的准确把握,将原来还高高在上的 MP3 产品带入了寻常百姓家,使其成为一个大众消费品,并取代实力强劲的三星等韩系产品,开始主导中国 MP3 市场的发展。

2003 年,中国 MP3 市场继续保持迅猛增长势头,但市场竞争逐渐进入品质制胜、市场细分阶段。这是因为中国 MP3 市场环境发生了显著的变化:一方面,消费者日益成熟和理性,他们对 MP3 的需求将变得更加“苛刻”,外观、音质、功能、价格一个都不能少,这就对 MP3 的“综合素质”提出了更高的要求。另一方面,随着竞争的加剧和产品同质化趋势的日益显著,具有综合优势和品牌积累的厂商将进一步占据市场主导地位。

2007 年,苹果推出 iPhone 智能手机。人们对于这款触控的智能机还略感陌生,在当时,没有人会想到它将成为众多国产 MP3 的终结者。而此时在高爆发增长时期拒绝走低价路线的 OPPO 和魅族已经成功实现转型,OPPO 于 2008 年春天推出旗下第一款手机,尽管只是一款功能机,但已为 OPPO 未来发力智能手机打下坚实的基础,而魅族在同年做出将 MP3 全部停产、专心攻坚手机的决定,第一款型号为 M8 的手机在 2009 年一经推出便登上“国产第一智能手机”的王座。时至今日,随着国产智能手机品牌的迅猛发展,智能手机风潮让 MP3 黯然失色,智能手机的强悍功能完全可以包容掉 MP3。人们似乎不再需要一个专门的听音设备,一台智能手机就可以满足大多数人对于便携式听音乐的需求,而卖场中最为黄金的位置也逐渐被手机和笔记本占领,MP3 只能窝在角落里出售。

三、产品生命周期各阶段营销策略

(一)导入期的营销策略

在导入期,企业销售量少而且销售费用高,企业往往无利可图,所以企业的营销目标是迅速打开新产品市场,促使产品尽快进入成长期。这一时期,企业主要从产品价格、促销角度考虑,主要可以采取以下策略。

(1)快速掠取策略。此策略是指以高价格、高促销方式推出新产品。企业采用高价格是为了在产品销售中尽可能多地获得毛利,尽快回收投资;采用高促销的方式,希望通过大规模的促销活动让顾客尽快了解产品,迅速扩大销售量,取得较高市场占有率。当产品有较大的需求潜力;目标顾客求新心理强,急于购买新产品;企业面临潜在竞争者的威胁,需要及早树立品牌形象时,可以采用这一策略。

营销小资料

康师傅进入方便面行业，在产品导入市场时采用了正确有效的营销模式，其模式的核心是产品创新、广告突破。当时内地的方便面市场呈现两极化：一极是国内厂家生产的廉价面，几毛钱一袋，但质量很差；另一极是进口面，质量很好，但价格贵，五六元钱一碗，普通大陆人根本消费不起。看到这种市场情况，魏应行想：如果有一种方便面物美价廉，一定很有市场。康师傅经过上万次的口味测试和调查发现：内地人口味偏重，而且比较偏爱牛肉，于是决定把“红烧牛肉面”作为主打产品。考虑到内地消费者的消费能力，最后把售价定在1.98元人民币。与此同时，康师傅的广告宣传也全面铺开。1992 年，当国内企业还没有很强的广告意识时，康师傅的年广告支出就达到了3 000万元。当时大陆的电视广告费用相当便宜，在中央电视台黄金时段插播广告只需 500 元人民币。为了将一句“好味道是吃出来的”的广告词铺满大江南北，康师傅在 20 世纪 90 年代中后期，每年的广告投入从不低于 1 亿元。包装漂亮、广告凶猛的康师傅一经推出便立即打响，并掀起一阵抢购狂潮。康师傅通过产品创新和广告突破的模式，持续资源的投入把“红烧牛肉面”打造成了企业的声誉产品，获得了大量的利润。当出现产品的销量快速升高，消费者对该产品的认知度增加时，说明导入期的任务已经基本结束，产品要进入快速成长期，此时为适合打造声誉产品发展的需要，以宣传和推广为主的营销模式就要改变。当产品进入成长期时，企业就需要成长期的营销模式。

(2)缓慢掠取策略。此策略是以高价格、低促销方式推出新产品。高价格可以使企业迅速收回成本，获取高额利润，采用低促销是为了降低营销费用。当产品本身市场规模有限；产品本身具有一定的知名度，顾客愿意花高价购买；市场竞争不大时可以采用这一策略。

(3)快速渗透策略。此策略是以低价格、高促销方式推出新产品。低价格可以加快顾客接受产品的速度，高促销可以使顾客尽快认识新产品，最终使产品获得较高的市场占有率。当产品的市场潜力比较大，顾客对产品不是十分了解；顾客对该产品的价格比较敏感；有较多的现实和潜在的竞争对手；企业的单位产品成本会随着销售规模的扩大而大幅降低等情况下，企业可以采用这一策略。

(4)缓慢渗透策略。此策略是以低价格、低促销方式推出新产品。低价格可扩大销售，低促销可降低营销成本，增加利润。当产品市场规模大，顾客对产品比较熟悉，顾客对产品价格反应很敏感，企业面临竞争者的威胁时可以采用这一策略。

(二)成长期的营销策略

产品在成长期的主要标志是销量迅速增加。在这一阶段越来越多的顾客开始喜欢这种产品，新的竞争者开始进入，企业要在这一阶段抢占市场份额，加快产品推广的速度，使企业获得较大利润。企业的主要策略有如下几种。

(1)努力完善产品。企业要对产品的质量、性能、样式、包装等方面进行改善，提高产品的竞争力，吸引更多的顾客。

(2)寻找新的细分市场。在产品成长期，顾客的需求开始出现差异，通过市场细分，找到新的尚未满足的细分市场，根据其需要组织生产，迅速进入这一新的市场。

(3)开拓新的分销渠道。随着市场的扩大，企业应不断开发新的销售渠道，扩大产品的销售范围。

(4)改变广告宣传的重点。随着产品市场的开拓，同类产品的各种品牌也开始走俏。因此，企业应该把广告宣传的重点从介绍产品转到建立产品形象上来，维系老顾客，吸引新顾客，树立产品品牌。

(5)适时调整产品价格。在适当的时机可以采取降价策略，以激发那些对价格比较敏感的消费者采取购买行动。

(三)成熟期的营销策略

进入成熟期的产品，被大多数消费者接受，这阶段的产品产量大、销售量大，但销售增长率在缓慢下降，市场竞争日益激烈。此时，企业应采取积极的策略，使产品的成熟期延长，或使产品的生命周期出现再循环。在这一时期可采用的主要策略如下。

(1)市场改进策略。这种策略是指企业在不改变产品的情况下开拓新的市场，挖掘产品的新用途、寻求新的用户或改变推销方式等，以使产品销售量得以扩大。

(2)产品改进策略。这种策略是企业通过改进产品来适当提高产品性能，扩大产品用途，增加产品的款式、规格，改进服务等使顾客对产品产生更浓厚的兴趣，从而带动产品的销量。

(3)营销组合改进策略。这种策略是企业通过改变营销组合中的一个或几个要素，来延长产品的成熟期。如，改进产品的包装，采用更加灵活的价格策略，优化销售渠道，不断更新促销方式等。

(四)衰退期的营销策略

产品进入衰退期，销售量急剧下降，企业利润持续下降甚至亏损，竞争者纷纷退出市场，市场竞争减弱。在这一时期可采用的主要策略如下。

(1)继续策略。如果产品在衰退期依然有适度的利润，企业可以采用原来的营销策略，按照原来的细分市场，使用相同的销售渠道、定价及促销方式，直到该产品完全退出市场为止。有时候企业由于行业的退出障碍或是经营者情感的原因也采用这一策略。

(2)集中策略。由于产品在一些目标市场的营销效率下降，企业要放弃那些没有盈利机会的市场，在一定时期内集中力量经营少数效益较好的目标市场，赢得尽可能多的利润。

(3)收缩策略。企业大幅度降低促销力度，尽可能减少成本，把企业的资源集中使用在最有利的细分市场、最有效的销售渠道和最易销售的品种上，争取在局部市场获得尽可能多的利润。

(4)放弃策略。对于企业现有的无潜在市场机会、衰退速度较快的产品,应该当机立断放弃经营。可以采用完全放弃的方式,立即停止生产;也可以采用逐步放弃的方式,使资源逐步转向其他产品。

通过对产品生命周期理论的分析,可以了解到任何产品都要经历一个从诞生、成长、成熟到衰亡的过程,企业应根据产品生命周期不同阶段的特点采取相应的营销策略,企业需要不断创新,开发新产品,不断吸引顾客购买产品,努力延长产品的生命周期,使企业持续健康发展。

任务三　产品品牌策略

任务导入

想一想

在发达国家,对于每个企业来说品牌的重要性超过了任何时候。如今,在中国的商品市场这种情况也屡见不鲜。每天大量的商品和销售信息充斥着人们的生活,此时如果没有品牌作为人们选择商品的原则,那么,购物将无从下手。

思考:企业怎样做才能成功地塑造一个品牌呢?

一、品牌的含义

品牌是企业整体产品的一个重要组成部分,它是制造商或经销商给自己产品规定的商业名称。美国营销协会对品牌是这样定义的:"品牌是一种名称、术语、标记、符号或设计,或是它们的组合运用,其目的是借以辨认某个销售者或某群销售者的产品或服务,并使之同竞争对手的产品和服务区别开来。"品牌是一个集合概念,它由品牌名称、品牌标志两部分组成。品牌名称是指品牌中可以用言语称呼的部分。例如海尔、三星、索尼等。品牌标志是指品牌中可以被识别,但不能用言语称呼的部分,它是一种独特的标记、符号、图案和颜色,如耐克的"对钩"标志。

通过品牌,人们可以获得很多关于产品和公司的信息,但是品牌往往有着更为复杂的内涵,它主要反映了六个方面的内容。

(1)属性。它是指该品牌产品区别于其他品牌产品的最本质特征。如沃尔沃汽车代表安全。

(2)利益。它是指该品牌产品的属性能转换为顾客需要的功能和利益。如属性"耐用"表明"可以使用很长时间"。

(3)价值。产品为顾客提供的价值。如沃尔沃汽车体现了公司对人的生命的尊重与呵护。

(4)文化。品牌所具有的文化内涵。

(5)个性。品牌所具有的人格特性。

(6)使用者。品牌还体现了该品牌的目标消费者,也就是购买和使用这类产品的是哪种类型的消费者。

和品牌总是联系在一起,如影随形的另一个重要概念是商标。商标是经过合法注册的名字、标志、符号,是为了区别商品或服务来源、具有显著特征的标志。商标是法律概念,而品牌是市场概念。品牌侧重于名称,而商标侧重于标志;品牌侧重于名称宣传,以提高企业知名度,而商标侧重于商标注册,取得商标使用权,防止他人侵权。

二、品牌的分类

(1)根据品牌知名度所覆盖的区域划分,可以将品牌分为国际品牌、国内品牌、地区品牌。例如麦当劳、可口可乐就属于国际品牌,海尔、联想是国内品牌,而一些地区的知名特色产品则是地区品牌。

(2)根据品牌产品生产经营的不同环节划分,可以将品牌分为制造商品牌和经销商品牌。制造商品牌是指产品的制造商为自己生产的产品设计的品牌,如索尼、奔驰、TCL 等。经销商品牌是经销商根据自身的需求,对市场的了解,结合企业发展需要创立的品牌,如苏宁电器、西单商场等。

(3)根据品牌来源划分,可以将品牌分为自有品牌、外来品牌、嫁接品牌。自有品牌是企业依据自身需要创立的。外来品牌是指企业通过特许经营、兼并、收购等形式而取得的品牌。嫁接品牌是指通过合资、合作方式形成的带有双方品牌的新产品。

(4)根据品牌产品所属的不同行业划分,可将品牌划分为家电业品牌,食用饮料业品牌、日用化工业品牌、汽车机械业品牌、服务业品牌、服装品牌、网络信息业品牌等几大类。

三、品牌的作用

(一)品牌有助于顾客识别和购买商品

随着社会的发展,商品的种类越来越多,很多顾客都会受到缺乏商品知识的困扰。通过品牌人们可以认知产品,并依据品牌选择购买,每种品牌代表了不同的产品特性、不同的文化背景、不同的设计理念、不同的心理目标,顾客可根据自身的需要进行选择。

(二)品牌有助于维护顾客利益

品牌实质上代表着销售者对交付给顾客的商品的特征和利益的承诺。企业设计品牌,创立品牌,培养品牌的目的是希望此品牌能变为名牌,于是在产品质量上下功夫,在售后服务上做努力,从客观上维护了顾客的利益。

(三)品牌是企业竞争的法宝

企业在市场竞争激烈的情况下,逐渐认识到树品牌、创名牌是企业在竞争中取胜的法宝。品牌,特别是名牌,使顾客形成了一定程度的忠诚度、信任度、追随度,从而使企业在与对手竞争中拥有自己的优势。同时,品牌还可以利用其市场扩展的能力,带动企业进入新市场,带动新产品打入市场。

(四)品牌为企业带来更多的利润

品牌以质量取胜,品牌常附有文化、情感内涵,所以品牌给产品增加了附加值。同时,品牌有一定的信任度、追随度,企业可以为品牌制定相对较高的价格,获得高额的利润。

四、品牌的命名

美国营销大师艾尔·里斯曾说:“从长远的观点来看,对于一个品牌来说,最重要的就是名称。”一个好名字能时时唤起人们美好的联想,使其拥有者得到鞭策和鼓励。一个好的名字,是一个企业、一种产品拥有的一笔永久性的精神财富。品牌命名时要遵循以下原则。

易读易记。品牌名称只有易读易记才能高效地发挥它的识别功能和传播功能。越单纯、明快的名称,顾客越容易记住。如“旺旺”仅凭名字就每年赚个盆满钵满;又如 IBM 的全称是“国际商用机器公司”(International Business Machines),这样的名称不但难记忆,而且不易读写,在传播上首先就自己给自己制造了障碍,于是,国际商用机器公司设计出了简单的 IBM 的字体造型,对外传播,终于造就了其高科技领域的领导者形象。

(1)有亲和力。品牌命名是否有亲和力是至关重要的,品牌的名称最好能让顾客从名字中就能体验到亲切的感觉。如舒肤佳这一品牌名称通过强调“舒”和“佳”两大焦点,给人以使用后会全身舒爽的联想,因此其亲和力很强。

(2)无歧义。品牌的名称可以让顾客产生很多美好的联想,但不能让顾客产生负面联想。如金利来这一品牌,起初取名为“金狮”,如果用粤语发音的话,就是“尽输”,香港人非常讲究吉利,面对如此忌讳的名字自然无人光顾。后来,公司将 Goldlion 分成两部分,前部分 Gold 译为金,后部分 lion 音译为利来,取名“金利来”之后,情形大为改观,吉祥如意的名字立即为金利来带来了好运。

(3)可以隐含产品属性。在进行品牌命名时,可以从产品的特点、功能、形态等方面来命名,使顾客从品牌名称中得到信息。如“劲量”牌电池,这一品牌名称恰当地表达了产品拥有持久能量的特点;又如飘柔洗发水,表达了使用者可以拥有飘逸柔顺的秀发。

(4)具有延伸性。品牌命名时要考虑品牌的延伸性。如果品牌名称和某类产品联系太紧,就不利于品牌今后扩展到其他产品类型。一般而言,一个无具体意义而又不带任何负面效应的品牌名称,比较适合于今后的品牌延伸。

(5)合法。合法是指能够在法律上得到保护。品牌经营者应注意,名称一定要能注册,能注册才能受到法律的保护。在2000年的保暖内衣大战中,“南极人”品牌就是由于缺乏保护,而被数十个厂家共用,一个厂家所投放的广告费为大家作了贡献。

五、品牌策略

品牌策略的确立应该围绕企业的竞争实力来进行,它是企业依据产品状况、市场状况,合理有效地运用品牌,以达到预期的营销目标。企业的品牌策略一般有以下几种。

(一)品牌化策略

品牌化策略是指企业决定是否要给产品确定品牌的策略。曾经有许多产品都是不用品牌的,如以前经销商经常是将产品直接从箱子等容器中取出来销售。但是在品牌化迅猛发展的今天,品牌的商业价值越来越被企业所看重,使用品牌可以使企业保护自己产品的独特特征不被竞争者模仿,品牌为吸引忠诚的顾客提供了更多的机会,品牌树立了产品和企业的形象。市场上的很多产品都开始使用品牌,并且给企业带来了可观的收益。可口可乐公司曾说:“即使我们的工厂在一夜间被烧光,只要我们的品牌还在,我们就能马上恢复生产。”因为可口可乐品牌这一无形资产的价值已经超过了其有形资产的价值。现在像水果、蔬菜、大米和肉制品等过去从不使用品牌的商品,也被放在有特色的包装袋内,冠以品牌出售,企业当然也从这些品牌中获益不少。

然而,虽然品牌化已成为产品在市场上发展的大趋势,但对企业而言,是否要使用品牌还必须考虑产品的实际情况,因为在获得品牌所带来的好处的同时,建立、维持、保护品牌是要增加企业经营成本的,比如设计费、制作费、广告费、包装费等。另外,如果品牌不受欢迎时,企业还要承担相应的风险。如果产品使用品牌对促进销售的积极作用很小,该产品就可以不使用品牌。一般情况下,以下几种情况就可以不使用品牌。

(1)有一些产品同质性很高,在加工过程中无法形成一定特色的产品,顾客在购买时不会过多地注意品牌,如电力、自来水等。

(2)有些产品顾客在购买的过程中,只看重产品的样式和价格而忽视产品的品牌,此时产品品牌化的意义很小,如食用糖、卫生纸等一些包装简单、价格低廉的基本生活用品。生产这些产品的企业可以降低在包装和广告上的开支,以取得价格优势。

(3)有些产品属于小范围生产、销售、没有明确技术标准的产品,由于生产的有限性,顾客一般购买时不会过多地注意品牌,如特产、手工艺品等。

(4)未加工的半成品以及那些不会因生产商不同而形成不同特色的商品也可以不使用品牌。

(二)品牌使用策略

品牌使用策略是指企业决定使用谁的品牌的策略。究竟是使用制造商的品牌,还是使用经销商的品牌,还是部分使用制造商品牌、部分使用经销商品牌。

(1)使用制造商品牌就是企业使用属于自己的品牌。

(2)使用经销商品牌就是企业把产品销售给经销商,由经销商使用他自己的品牌将产品转卖出去,如乐购、沃尔玛经销的很多商品都是使用经销商的品牌。

(3)部分使用制造商品牌、部分使用经销商品牌,就是企业对部分产品使用自己的品牌,而对另一部分产品使用经销商的品牌。

通常情况下,由于产品的设计、产品的质量基本都是由生产者确定的,因此过去品牌几乎都是制造商所有的。然而,随着市场经济的快速发展,经销商的品牌日益增多,有很多享有盛誉的超市、服装店都使用自己的品牌,以此来增强对价格、供货时间等方面的控制能力。

随着企业生产产品品种的日益增多,顾客在购买过程中由于缺乏相似产品的选购知识,所以在选购产品时除了考虑制造商生产的产品品牌,还要考虑经销商的品牌,顾客总是愿意在有着良好商誉的经销商那里购买所需的产品。所以品牌使用者进行决策时,如果制造商信誉良好、实力较强、产品市场占有率较高,应多使用制造商品牌,无力经营自己品牌的经销商只能接受制造商品牌。如果经销商有良好的品牌信誉和完善的销售体系,产品则可以利用经销商的品牌进入市场。在有些情况下,制造商的产品部分采用自己的品牌,部分采用经销商的品牌。企业应灵活衡量制造商品牌和经销商品牌的声誉、费用开支以及企业进入市场的方式等因素,权衡利弊得失,进行正确的决策。

(三)品牌名称策略

品牌名称策略是指企业对自己的产品,是统一使用一个品牌还是分别使用几个不同的品牌做出决策。一般有以下几种策略。

1. 统一品牌策略

统一品牌策略是指企业生产的一切产品均使用一个品牌。采用此策略的企业常常具有较强的竞争实力。如中国海尔集团的系列产品空调、彩电、冰箱等全部采用“海尔”这一品牌。

统一品牌策略的优势是很明显的。使用统一品牌可以使企业集中力量打造一个品牌,使每一个产品都能够共享品牌的优势;可以节省发展多产品品牌的各种费用,如广告费、品牌管理费等;有利于企业内的新产品进入市场;如果企业的整体形象好,或企业中有一种产品畅销,则企业的全部产品都可以充分利用这一名牌效应,使企业的各种产品都受到顾客的青睐。

但是,使用这一策略也存在着一定的风险。当统一品牌中的一种产品出现问题,很容易株连到该品牌下的其他产品,甚至整个产品体系都会受到重大影响。

2. 个别品牌策略

个别品牌策略是一个企业为其生产的不同产品分别使用不同的品牌。如宝洁公司生产的洗发水有“飘柔”“海飞丝”“潘婷”等品牌。

这一策略的优点是:顾客可以依据不同的品牌形象,区分不同档次的产品;减少了因个别产品出现问题而影响企业内其他产品的销售概率，增强抗风险能力，分散企业的风险；各个品牌之间有的看似是竞争关系，但实际却增加了市场的总体占有率。

这一策略的缺点是：并非品牌越多越好，多品牌决定了需要大量的广告、促销费用；多品牌造成信息多，不便记忆，不利于企业树立统一的形象；如果各品牌的市场占有率很低，企业还要废除较弱的品牌，将精力集中在少数较强的品牌上。

3. 分类品牌策略

分类品牌策略是企业依据一定的标准将其所有产品分类，各类产品使用不同的品牌。如第一汽车制造厂生产的各种载重车是“解放”牌，而面包车是“金杯”牌，小汽车则是“红旗”牌。这一策略实际上是对统一品牌策略和个别品牌策略的折中，一般是为了区分不同大类的产品，一个产品大类下的产品在使用同一品牌，以便在不同大类产品领域中树立各自的品牌形象。

4. 主副品牌策略

主副品牌策略是指以企业名称作为主品牌，同时给各产品起一个突出产品个性的副品牌。如美国通用汽车公司的汽车都有代表通用汽车公司的“GM”品牌，但是每一种款型的汽车又分别有自己的副品牌，如凯迪拉克、别克、雪佛兰。企业多把此种策略用于新产品的开发。在新产品的品牌名称上加上企业名称，可以使新产品享受企业的声誉，而采用不同的品牌名称，又可使各种新产品显示出不同的特色。

（四）品牌延伸策略

品牌延伸策略是指企业将现有成功的品牌用于新产品或修正过的产品上的一种策略。当企业推出新产品时使用新品牌还是延伸旧品牌是企业必须面对的选择。品牌延伸并非只借用表面上的品牌名称，而是对整个品牌资产的策略性使用。如耐克从运动鞋做起，后来逐步扩大到运动服等其他运动产品。

这一策略的优点在于可以使企业利用成功品牌的市场信誉，使新产品搭乘原品牌的声誉便车，在新产品一问世就已经取得了品牌化，节省广告费用、市场导入费用等，使新产品能够顺利进入市场，得到消费者认可；在新产品上实现了品牌资产的转移，增加了品牌这一无形资产的价值；以新产品的形象延续了品牌的寿命，提高了整体品牌组合的投资效益。

这一策略的缺点在于如果新产品得不到顾客的认可，可能会株连原强势品牌，甚至会影响整个品牌的市场信誉；如果顾客对原品牌的商品已经形成了固有的心理定位，企业把强势品牌延伸到和原市场不相容或者毫不相干的产品上时，消费者难以接受，进而影响原有强势品牌在消费者心目中的特定心理定位；如果延伸品牌的产品在市场竞争中处于绝对优势时，消费者就会把原强势品牌的心理定位转移到延伸品牌上，无形中削弱了原强势品牌的优势，造成了此消彼长的态势。

(五)重新定位策略

重新定位策略是指由于某些市场情况发生变化,企业对产品品牌进行重新定位。尽管品牌没有生命周期,但是并不意味着品牌能够持续到永远。即使企业的品牌在市场上最初定位很好,但是随着市场的变化,企业品牌的独特性逐渐消失,竞争者的品牌逼近,致使顾客偏好发生变化,向其他品牌转移。因此,企业要考虑品牌的重新定位问题。

企业在考虑品牌的重新定位问题时,要考虑两个方面的因素:一方面是要考虑将品牌转移到另一个细分市场所需要的成本,如广告费、包装费、品牌管理费等;另一方面要考虑定位为新的品牌后的收益情况。

任务四　产品的包装策略

任务导入

想一想

适合的包装等于对商品做了 5 秒钟的广告,能够促进商品的销售。所以企业要重视产品的包装,设计合理的包装策略,确保预期目标的实现。

思考:什么包装才是适合的包装呢?

一、包装的含义

包装是指保护产品的容器、材料及辅助物等,包装赋予产品一种外在的保护,能使产品在运输、储存和销售过程中减少或避免遭受毁损的可能性。

产品包装一般包括三个层次。

(1)内包装,是指产品的直接包装,是产品不可分割的组成部分,如饮料瓶等。内包装不仅保护产品,同时它还美化和宣传了产品。它随同产品一起进入零售环节,与消费者直接接触。

(2)中层包装,是指用来保护内包装的包装物,用来保护内包装并促进销售,如牙膏的纸盒。

(3)外包装,又称运输包装,外包装为产品的储存、运输提供便利,保护产品品质安全和数量的完整。外包装又分为单件运输包装和集合运输包装。单件运输包装是指商品在运输过程中以箱、桶、袋、包、坛、罐、篓、笼、筐等单件容器对商品进行的包装。集合运输包装是指将一定数量的单件包装组合在一件大包装容器内而合成的大包装,如集装箱等。这种包装可以实现货物整批包装,有利于降低成本,提高工作效率,适应运输、装卸现代化的要求。

二、包装的作用

(1)保护商品，便于储运。这是包装最基本的作用。包装可以使商品在流通过程中免受日晒、风吹、雨淋、灰尘沾染等自然因素的侵袭，防止挥发、渗漏、溶化、沾污、碰撞、挤压、散失以及盗窃等损失，保护产品的使用价值。

(2)促进销售。商品包装已经成为市场营销的重要手段之一，好的包装是“无形的推销员”，建立起顾客对产品的第一印象，能够引起顾客的兴趣，诱发顾客的购买动机。

(3)提升产品价值。精心设计的包装可以美化产品，提高产品的档次，使顾客愿意以较高的价格购买产品，从而避免出现“一等商品、二等包装、三等价格”的现象。

三、包装策略

为了充分发挥包装在市场营销中的作用，企业需要运用适当的包装策略，使包装成为强有力的营销手段。

(一)类似包装策略

类似包装策略是指企业生产经营的各种产品都采用相同或相似的图案、色彩、造型甚至是相同的包装材料经销包装。采用这种策略可以节省包装设计和印刷成本；又可以使顾客容易辨认同一品牌的产品，顾客对企业产品产生深刻的印象，加强企业形象；同时当企业想要推出新产品时，采用这种策略可以为新产品打开销路创造条件。但是，这一策略一般适用于同样质量或者同样等级的产品。如果企业产品之间差异较大，使用此策略可能还会产生负面作用。

(二)等级包装策略

等级包装策略是指对于同一种产品，按照其价值、品质等分成若干等级，等级不同采用的包装不同，包装与产品的等级相对应。采用这种策略将产品的内在质量体现在包装上，有利于顾客辨别产品的档次和品质，满足不同购买水平的顾客的需求。但是，这一策略增加了包装的设计成本。

(三)配套包装策略

配套包装策略是企业依据人们的消费习惯，将有关联的几种产品配套包装在一起成套出售的包装策略。如，一个品牌的化妆品组合在一起作为一套出售，如旺旺大礼包等。采用这种策略充分利用包装容器的空间，满足顾客的不同需求，扩大了产品销路。但是采用这一策略时，应根据产品本身关联度的大小及顾客购买能力进行产品组合，不能不考虑顾客的需求而任意搭配。

(四)附赠品包装策略

附赠品包装策略是指在包装内附赠奖券或实物,以吸引顾客购买。采用这种策略可以增加购买者的兴趣,发挥较强的促销作用。但是采用这一策略时,附赠的赠品要能吸引顾客,否则不但起不到促销作用,还会影响企业形象。

(五)再使用包装策略

再使用包装策略,也称双重用途包装策略,是指在原包装的产品使用完之后,其包装物还可以用做其他用途。如糖果包装的铁盒子,装咖啡的瓶子用做杯子等。采用这种策略增加了包装物的用途,从而使顾客得到了额外的使用价值;利用了顾客一物多用的心理,间接刺激了顾客的购买欲望,有利于扩大产品销售;包装物在被再次利用的过程中发挥了广告宣传作用。

(六)改变包装策略

改变包装策略是指企业采用新的包装技术、包装材料、包装设计等方法,对原来的产品包装加以改进,改变原有产品的市场形象。采用这种策略可以弥补原有包装的不足;给原有顾客带来视觉上的新鲜感;有助于开拓新的市场,吸引新顾客;当原产品形象受损时,更新包装可以改变产品在顾客心中的形象。但是使用这一策略时,产品的内在质量要达到顾客的要求,否则,即使在产品包装上做了显著改进,也不能改变产品的销售状况。

(七)错觉包装策略

错觉包装策略是指利用人们对物体观察的错觉,对产品进行包装。如,两个相同容量的产品包装,使用扇形就比圆形要看起来大些、多些。

(八)习惯使用量包装策略

根据顾客使用习惯设计不同分量的包装,如为了适应出差需要,采用小包装等。

任务五　新产品开发

任务导入

想一想

随着科学技术和社会经济的迅速发展,产品更新换代越来越快,企业要想长久地占领市场，只靠现有的产品是绝对不行的。为了适应不断变化的市场需求，开发新产品越来越成为企业生存与发展的重要途径。

思考：如何进行新产品的开发呢？

一、新产品的含义

关于什么是新产品，从不同的角度去理解，可以得出不同的概念。对于企业而言，第一次生产销售的产品就叫新产品；对于市场而言，第一次出现的产品叫新产品。市场营销理论从“产品整体概念”角度出发认为，新产品就是产品整体概念中的一部分或全部的变革、创新，能给消费者带来某种新的感受、满足和利益的产品。

营销意义上的新产品应具备以下条件：在产品的结构、功能、形态、材料等某方面或几个方面有改进、提高或发明新产品；具有先进性、实用性，具有推广价值，能为企业带来收益。

二、新产品的分类

按照新产品的变革程度、新颖度，可以将新产品分为以下几类。

（一）全新产品

全新产品又称新发明产品，是指应用新原理、新技术、新材料，具有新结构、新功能的前所未有的产品。如飞机、电话、电视机等在最初上市时都是从前没有的新产品。这类产品对于企业或市场都是新的，它往往代表科学技术发展史上的一个新突破，甚至将改变人们的生活习惯和生活方式。一个全新的产品的出现从理论到应用，从实验室到批量生产，不仅要经历很长的时间，而且要耗费很多人力、物力、财力，全新产品的开发难度大，所以全新产品成为企业竞争的有力武器。

（二）换代型新产品

换代型新产品是指在原有产品的基础上，采用或部分采用新技术、新材料、新工艺研制出来的新产品。如电视机经历了黑白电视机到彩色电视机再到等离子电视机等发展历程。换代型新产品与原有产品比，在结构、性能、功能等方面都有显著的改善，产品质量也有了相应的提高。

（三）改进型新产品

改进型新产品是指对原有老产品的规格、样式、功能、品质、花色、包装等进行改进，改进后成为新产品，如电视机从卧式改为立式等。一般而言，改进后的新产品结构更加合理，功能更加齐全，品质更加优质。它是企业依靠自身力量最容易开发的新产品，在企业中新产品的开发多数属于此种类型。

(四)仿制型新产品

仿制型新产品是指对国际或国内市场上已经出现的产品进行引进或模仿研制生产出来的产品。如,一款新式时装上市后,如果销路好,很多生产厂商就会立刻利用自己的品牌进行仿制。仿制型新产品的开发不需要太多的资金;能在一定程度上满足顾客尚未满足的需求;有利于企业技术水平的提高,特别是对发达国家已经推出的但中国还没有的产品进行模仿研制,对于加速工业化发展有着深远的意义。中国有很多新产品属于仿制型新产品之列。

三、新产品开发的必要性

新产品开发体现了一个企业的创新能力,也是企业满足消费者不断变化需求的具体体现。

(一)产品的生命周期理论促使企业不断开发新产品

产品是具有生命周期的,如果企业不开发新产品,当产品进入衰退期后,企业也就走到了生命周期的尽头。企业如果能够不断开发新产品,就可以在原有产品退出市场时利用新产品占领市场。

(二)消费者需求的变化促进企业不断开发新产品

随着经济的发展和生活水平的提高,顾客需求变化的节奏加快,产品生命周期日益缩短,企业只有不断地开发新产品,才能更好地开拓并占领市场。

(三)科学技术的发展推动企业不断开发新产品

近年来,科学技术发展迅速,许多新兴产业和高科技新产品不断涌现,科技的发展加快了企业淘汰老产品的速度,转而生产性能更优的新产品。

(四)市场竞争的加剧迫使企业不断开发新产品

市场的竞争说到底就是产品的竞争。企业只有不断开发适合消费者需要的新产品,才能在市场上占据领先地位。

四、新产品开发的原则

新产品的开发具有较大的风险,为了提高新产品开发的成功率,尽量减少可能的风险。新产品开发要遵循以下原则。

(一)以市场需求为导向

企业开发新产品的目的是满足顾客尚未得到满足的需求,所以新产品是否能满足顾客需求成为新产品开发成功与否的标准。为此，企业要进行深入的市场调查、市场预测，及时把握顾客需求的变化情况，开发出满足顾客需求的新产品。

（二）考虑企业自身能力

有的产品虽然很有市场，但如果企业缺乏相应的开发能力，新产品的开发也不能取得成功。所以，企业要根据自身能力来确定开发新产品的方向，只有那些符合企业生产、技术、资金、销售等能力的项目，才是新产品开发的方向。

（三）合理的经济效益

为了保证新产品能够给企业创造利润，企业在开发新产品前进行可行性研究是很有必要的。如果新产品的收益能够弥补开发新产品时产生的费用并获得预期利润，开发新产品是必要的。如果开发出的新产品不能为企业创造利润，开发新产品是没有意义的。

五、新产品开发的方式

企业要开发新产品，并不意味着企业要独立承担新产品的开发到生产的全过程。企业可以选择不同的新产品开发方式。

（一）独立开发方式

独立开发是指企业根据市场需求状况，依靠自身的科研、技术力量，从根本上探讨新产品的原理、技术、结构，并进行自行设计、自行研制新产品的活动。这种开发方式往往需要投入大量的人力、物力、财力，风险比较大，但是如果企业开发成功，也会为企业带来巨大的发展前景。

（二）合作开发方式

合作开发是指企业之间、企业与科研机构、高等院校之间合作，进行新产品开发。这种方式充分利用了外界科研的力量，使科研成果转换为商品，弥补了企业科研力量不足的缺陷。

（三）技术引进开发方式

技术引进开发是指企业通过技术合作、技术转移、购买技术专利等引进国内外先进成熟的应用技术和制造技术，并以此来实现新产品开发的技术开发方式。这种方式有利于企业缩短新产品开发的时间，节省科研费用，风险也比较小。在企业科研、技术能力有限的情况下，技术引进开发是一种有效的开发方式。但是在引进技术前，一定要对引进的技术进行详细考察，以免造成不必要的损失。

六、新产品开发的过程

新产品开发是一项投资风险很大的工作，要将新产品的风险降至最低水平，必须建立科学、合理、有序的新产品开发的过程。

（一）新产品构思

新产品构思是对新产品基本轮廓结构的设想。一个新产品的诞生，首先开始于构思。新产品构思的来源有很多，主要来源于顾客、竞争者、中间商、研发人员、销售人员等。为了打破思维定势，进一步开发创意，企业还可借助一些创意方法。

1. 产品属性列举法

产品属性列举法是指将现有产品的属性一一列出，通过寻求改良某种属性以达到改良该产品的目的，在此基础上形成新的产品构思或创意。

2. 强行关系法

强行关系法是指列出若干个不同的产品，然后考虑每种产品与其他产品的关系，从中引出更多的新产品创意。

3. 调查法

调查法是指调查顾客使用产品时出现的问题或值得改进的地方，然后整理意见，转化为新的产品创意。

4. 头脑风暴法

企业挑选若干性格、专长各不相同的人在一起座谈，自由讨论，开发新的产品构思。

（二）构思筛选

构思筛选是对从各个渠道和应用各种方法收集来的构思进行筛选，研究可行性，选出真正具有保留价值的创意。

一般而言，在筛选的过程中要力求避免两种偏差：一是漏选好的产品构思，对其潜在的价值估计不足，从而失去发展机会；另一方面是采纳错误的产品构思，最终导致失败。所以，在筛选时要考虑两个重要因素：

(1)构思的新产品是否符合企业的目标，如利润目标、销售稳定目标、销售增长目标和企业总体营销目标等。

(2)企业是否具备足够的实力来开发所构思的新产品，这种实力包括经济和技术两个方面。

（三）产品概念的形成与测试

经过筛选后的产品构思要进一步发展成为产品概念。产品构思仅仅是一种想法，顾客要购买的是实实在在的产品，所以要把产品构思转化为产品概念。所谓产品概念，是指将已经成型的产品构思用文字图案、模型对产品构思做出具体详尽的描述，进一步明确该产品给顾客带来的利益、产品的用途、产品的具体性能、产品的定位等。

形成的产品概念要通过顾客的产品概念测试，如果不能通过，则应放弃或者继续修改。

（四）制定营销规划

企业新产品开发部门对已经形成的产品概念制定营销规划是新产品开发过程中的重要步骤。规划主要包括三个方面内容。

(1)目标市场的规模、结构和行为、新产品的定位、市场占有率和利润目标等；

(2)新产品的价格策略、分销策略、促销方式、营销预算等；

(3)长期销售额和目标利润，产品生命周期不同阶段的营销组合策略等。

（五）商业分析

商业分析的主要内容是对新产品的销售情况、成本和利润做出进一步的评估，判断其是否符合企业的目标。

（六）产品开发

产品开发是指将产品的概念转化为新产品的过程。产品开发主要解决产品构思能否转化为在技术上和商业上可行的产品这一问题，它是通过对新产品实体的设计、试制、测试和鉴定来完成的。

（七）市场试销

市场试销是将新产品投放到通过挑选并具有代表性的市场范围中，以了解顾客对新产品的意见，检验产品是否受欢迎。通过市场试销淘汰掉不理想的产品，改进有缺陷的产品和营销方案，为新产品的正式商业化生产做准备，这个过程有时要反复多次。

（八）正式上市

新产品经过试销获得成功后，就可以正式进入批量生产，全面推向市场。为了使产品上市获得成功，企业要从新产品投放市场的时机、新产品投放的地点、选择新产品的目标消费者和新产品投放市场的策略四个方面做好决策。

思考题

(1)什么是产品？产品组合策略有哪些？

(2)产品生命周期各阶段有哪些特征？每一阶段可采用什么营销策略？

(3)什么是品牌？企业的品牌策略有哪些？

(4)产品包装包括哪三个层次？包装策略有哪些？

(5)什么是新产品开发？新产品开发的方式有哪些？

技能训练

技能训练一：产品策略实训

(1)选择自己熟悉的产品,分析产品整体概念,并就该产品的生产企业是如何对产品线与产品项目进行优化组合的,这种组合是否合理谈谈自己的看法。

(2)选择一种自己熟悉的产品,以此产品为例,分析其产品的生命周期及各阶段应采取的营销策略。

(3)选择自己熟悉的品牌产品,分析品牌命名、品牌策略选择。

(4)请到商场、超市找出采用各种包装策略的商品,并分析这些商品采用的包装策略是否有效。

(5)寻找新产品,并总结此产品的开发过程。

技能训练二：案例分析

苹果公司是美国的一家高科技公司,2007 年由美国苹果电脑公司改名而来,核心业务为电子科技产品,总部位于加利福尼亚州的库比蒂诺(Cupertino)。苹果公司由史蒂夫·乔布斯、斯蒂夫·盖瑞·沃兹尼亚克和罗纳德·杰拉尔德·韦恩于 1976 年 4 月 1 日创立,在高科技企业中以创新闻名,知名产品有 AppleⅡ、Macbook 笔记本电脑、iPod 音乐播放器、iTunes 商店、iMac 一体机、iPhone 手机和 iPad 平板电脑等。

(一)苹果公司依靠产品及技术创新成功化解三次危机

2015 年世界 500 强发布,苹果公司排名第 15 位。然而,苹果公司的成长与发展并不是一帆风顺的,而是充满了崎岖和挑战。

1. 苹果公司第一次危机(1996—1998)的化解神器:iMac 的横空出世

(1)危机根源

由于企业高层乔布斯和斯卡利在技术研发和企业管理上的分歧越来越大,矛盾逐渐不可调和,乔布斯辞去苹果公司职务。随着乔布斯的负气出走,苹果公司也失去了灵感与创新之源,为以后的大幅度亏损埋下了伏笔。苹果公司的黄金时期定格在 1995 年,营业额 110.62 亿美元,利润 4.24 亿美元。但在 1996 年,苹果公司不是利润下滑,而是干脆出现了 8.4 亿美元的亏损。1997 年营业额和利润均创新低,特别是亏损达到创纪录的 10.45 亿美元,产品销量也跌到历史新低。

(2)iMac 的横空出世

在乔布斯的带领下,苹果公司于 1998 年 8 月 15 日推出了真正的划时代产品——iMac。该机型适合家庭,集成了多种强大功能,能满足家用电脑的各种需求,而且价格为消费者所接受。其操作系统 OS8 也同样出色和稳定，其上的软件保持向后兼容性。其新颖的外观也是一次个人计算机的革命。

(3)iMac 振兴市场原因的分析

①设计理念创新——iMac 是一件精美的艺术品。它一体化的整机好似半透明的玻璃鱼，透过绿白色调的机身，可隐约看到内部的电路结构，奇特的半透明圆形鼠标令人爱不释手。色彩用了亮丽的海蓝色，大面积使用弧面造型，有一种无拘无束的令人震撼的美感，给电脑业和设计界带来巨大的影响。

②人性化创新——iMac 满足深层次的精神文化需求。iMac 是设计的人性化创新。iMac 的设计，把一个新的复杂机器设计得像人类久违的伙伴那样平易亲切，又符合生产的要求。iMac 的成功得益于它对人性的特别关注和对"产品语意学"的成功运用。iMac 界面设计开创了软件操作人性化的先河，减缓了人们内心对高科技技术的恐慌感。

2. 苹果公司第二次危机(2000—2002)的化解神器：iPod 的横空出世

(1)危机根源：互联网泡沫

从 1995 年开始，IT 技术突飞猛进。除了传统的摩尔定律支配的电子产品升级，以互联网为代表的在通信方面的创新不断，使我们的生活发生了天翻地覆的变化。以此为契机带动了一轮新的增长。然而 2000 年 3 月左右，互联网泡沫破裂，纳指下跌了 66.11%，大量中小企业蒸发，整个 IT 业都遇到了困难，尤其是与互联网相关的公司，苹果公司也受到重创。

(2)iPod 横空出世

iPod 从第一代起就有许多不错的特性：5GB 容量可储存 1 000 首高品质音乐；10 小时音频播放，1 小时充电 80%；依靠 firewire 可以在 10 分钟内上传 1000 首歌曲；强大好用的 iTunes 可管理、制作刻录自己的音乐库。苹果公司将 iPod 硬件与软件和在线服务成功地整合在一起，进行"iTunes＋iPod"模式捆绑销售，是一种独特的经营模式。苹果的 iTunes 音乐商店在 2003 年 4 月正式开业，作为与 iPod 密不可分的有机体，iTunes 音乐商店打通了音乐营销的上游，使"音乐无处不在"，更加接近理想状态。iTunes 简化了歌曲导入和压缩的整个过程，更重要的是 iTunes 是一个强有力的数据平台，能够批量分类数万首歌曲，并能够在短时间内找到合适的音轨。通过 iTunes 数字音乐管理软件，顾客可以在 iPod 播放器中对收听的音乐进行搜索、浏览、下载和分类管理；而通过 iTunes 在线音乐商店，顾客拥有了唱片公司授权的 5 亿多首正版音乐的下载源。

同时，这种捆绑销售的模式也有助于苹果公司实现付费方式的创新。在苹果公司 iTunes 音乐店成立之前，在线音乐只能通过 P2P 音乐交换模式进行传输，这曾被唱片公司指责为盗版行为而予以制止。而对于消费者来说，付几十美元买一张 CD 只为听其中的一两首歌曲实在太不划算。2003 年 4 月，iTunes 音乐店率先采取单首歌曲付费下载模式，该模式与 P2P 最大的区别在于下载的歌曲得到了唱片公司的授权，即苹果公司向唱片公司支付版费(占单曲价格的 60%～70%)，然后再向消费者收取每首 99 美分的下载费用。这种模式实现了唱片公司、音乐商店和消费者之间互赢的格局。如今 iTunes 已经变成数字音乐、数字视频的综合网络销售平台，助力苹果公司向消费电子公司转型。iPod 在美国 MP3 市场也已经占到 65%以上的份额，iTunes 更是占据了全球 75%的网上付费数字音乐市场。

此外，苹果公司还明智地选择了跨界产品合作——“iTunes＋iPod”模式的引申。苹果公司与耐克公司积极使用联合营销战略，实现了资源整合和优势互补。

2006 年 5 月，耐克公司和苹果公司合作推出一系列“Nike＋iPod”的产品，横跨体育、消费电子和娱乐等多个市场。作为现代人急需放松、调节身心的生活方式，运动和音乐之间存在天然的联系，两个公司合作推出的产品同时满足了这两种功能，不仅迎合了消费者潜在的需求，还围绕消费者的生活方式建立了固有的品牌联系，只要一想到运动就会联想到耐克，想到苹果 iPod。“Nike＋iPod”用全新的体验方式，吸引了更多的市场关注度，刺激了消费者的购买欲望。同时在构建全新生活方式的基础上，培育消费者对品牌的长期友好关系和忠诚度。

2006 年 8 月初，苹果公司又与福特汽车公司、通用汽车公司和日本马自达汽车公司达成合作协议。

iPod 运用联合营销模式，将这些世界顶尖品牌公司凝聚在一起，无限放大边际效用，并跨越行业界线，与其他国际品牌成为新的组合体，实现了品牌 1＋1＞2 的效果。

(3)达到的效果

从 2001—2007 年苹果公司收入结构变化情况来看，在 2003 年 iPod 上市以前，苹果公司的主要收入来源集中在 desktops 和 portables，自 iPod 上市后，“iPod＋iTunes”系列服务的收入占比达到了总收入的 50%。通过分析发现，2003 年 iPod 上市在很大程度上促进了苹果公司整体收入的快速增长。

3. 苹果公司第三次危机(2005—2007)的化解神器：iPhone 的横空出世

(1)危机根源

2006 年 iPod 增长率从 2004 年的 499.73%下降到 31.47%，从而导致苹果公司在当年收入增长率的迅速下降。

iPod 收入增长乏力的主要原因有：一是 iPod 上市初期的爆发期已经过去，开始进入平稳增长期；二是音乐手机在全球市场的盛行，一定程度上挤占了一部分 iPod 的潜在市场，在“iPod＋iTunes”收入已经占据苹果公司总收入超过 50%的情况下，iPod 受到的威胁使得苹果公司感受到极大的危机。

(2)iPhone 的横空出世

在这一危机的影响下，苹果公司推出了相应的新产品——iPhone 手机。iPhone 是一款具备强大音乐、网络应用等多媒体功能的手机终端，它具备“iPod＋iPhone”的融合性定位，既能帮助苹果公司占据原有的音乐播放器和在线音乐服务市场，又能帮助苹果公司开拓新市场，扩大用户覆盖范围。

iPhone 于 2007 年 6 月 29 日正式上市。仅第三季度销量增长率就高达 314.44%。

(二)苹果公司2007—2015年的产品研发

(1)2008年,史蒂夫·乔布斯在MacWorld上发布(从信封中取出)MacBook Air,这是当时最薄的笔记本电脑。

(2)2008年7月11日,苹果公司推出iPhone3G。8GB版售价为199.99美元(不含税),16GB版售价为299.99美元(不含税)。iOS2x版正式提供全球语言。

(3) 2009年6月25日,推出新款iPhone,命名为iPhone 3GS,S代表speed,iPhone 3GS是当时iPhone中性能最好的一款,其运行速度是前两代iPhone的两倍多,并且设置了指南针、摄像等功能。

(4) 2010年4月3日,苹果公司推出iPad系列产品(wifi,wifi+3G)。

(5) 2010年6月7—11日(美国当地时间),苹果2010全球开发者大会在旧金山Moscone West会展中心举行,史蒂夫·乔布斯发布了第四代iPhone手机,型号为iPhone4。

(6) 2011年3月2日,推出iPad 2系列产品(wifi,wifi+3G)。

(7) 2011年10月5日,推出Phone 4S,iOS 5,iCloud。同时发布iPhone 48G版。

(8) 2012年9月5日,苹果公司宣布将于美国时间9月12日在旧金山召开发布会。此前业内预期本次发布会将发布新一代iPhone5。

(9) 2013年9月11日凌晨,苹果公司正式发布了新一代的iPhone手机,这一代iPhone分为Ss和5c两个版本,在中国定价分别为5288元和4488元起。

2013年,美国某权威调查公司公布的数据显示,2013年8月至10月,全球上市公司市值排行榜出现显著变化,苹果公司重回全球公司市值榜首。

(10)2014年9月9日,苹果公司推出iPhone Watch,iOS 5。同时发布iPhone 6和iPhone 6 Plus。

(11)2015年9月9日,苹果公司推出了iPhone 6s和iPhone 6s plus。

问题:

(1)请结合苹果公司的产品定位,系统分析苹果公司硬件产品的组合策略。

(2)苹果公司向电脑以外的市场延伸以后,其营销状况如何?请结合相关资料,从产品组合策略角度分析苹果iPad在平板电脑市场中,针对三星、微软、索尼等强劲对手时所采用的方法和手段,并阐述其成功的原因。

(3)目前苹果公司在产品创新和组合上有什么新举措?试分析其市场前景。

技能训练三:案例分析

微信——只为用户所想

(一)全新的沟通方式——微信

微信是腾讯公司推出的一款即时语音通信软件,用户可以通过手机、平板和网页快速发送语音、视频、图片和文字。微信提供公众平台、朋友圈和消息推送等功能,用户可以通过摇一摇、搜索号码、附近的人、扫二维码方式添加好友和关注微信公众平台,同时微信帮用户将内容分享给好友以及将用户看到的精彩内容分享到微信朋友圈。截至2013年11月，微信注册用户量已经突破6亿，成为亚洲地区最大用户群体的移动即时通信软件，它曾在27个国家和地区的App Store排行榜上排名第一。

微信由深圳腾讯控股有限公司于2010年10月筹划启动，由腾讯广州研发中心产品团队打造。该团队经理张小龙所带领的团队曾成功开发过Foxmail、QQ邮箱等互联网项目。腾讯公司总裁在产品策划的邮件中确定了这款产品的名称叫作“微信”。

(二)人气爆棚的微信

在移动互联网领域，Kik Messenger 15天获得100万用户，让人们看到又一个机会的出现。虽然在Kik之后出现了大量类似应用，但是在这次机会上把握得最好的当属腾讯公司出品的微信。据微信团队公布的最新数据，微信用户已超过5 000万，在用户量上把米聊、Talkbox、Kik、WhatsApp等应用都远远地甩在了后面。

即便是和2010年成长最快的移动互联网应用微博比，手机应用微信的增长速度仍然相当惊人。新浪微博花了15个月的时间吸纳了500万注册用户，而微信获得同样的注册用户数仅用了10个月。微信的火爆绝非因为腾讯公司拥有海量的用户：假设产品本身不够优秀，即使有再多的用户也会很快流失殆尽。聚焦于微信个案，从想法到产品成型，从发挥出潜力获得资源倾斜，到最后成为腾讯的战略级产品，其自身也有诸多被外界忽略的独特因素。

(三)与众不同的微信

微信是一种更快速的即时通信工具，具有零资费、跨平台沟通、显示实时输入状态等功能，与传统的短信沟通方式相比，更灵活智能，且节省资费。

通过不断的版本升级，现在的微信版本支持发送语音短信、视频、图片和文字，支持多人群聊，支持查看所在位置附近使用微信的人，支持腾讯微博、QQ邮箱、漂流瓶、语音记事本等功能。具有直接性、互动性等特点。

除此之外，微信与众不同的地方还有很多，具体如下。

第一，微信是服务，而不是骚扰。传统广告之所以不讨喜，是因为在没有得到受众允许的情况下，给受众展示其不需要的内容。没允许、不需要，是扰民的根本原因。微信在这方面做得非常好，用户可以凭自己的意愿来接收自己想要的信息。

第二，微信让UV、手机号、E—mail等“数据人”变成了实实在在的人。做过精准营销的人都知道，从数据库中一堆手机号、E—mail地址里，是根本看不出一点儿个性来的，那又谈何精准呢？不过是借用一个概念罢了。而微信账号则让ID有了人性，通过ID知道用户是男是女，是哪里的人。更重要的是，未来它会成为一个像手机号一样的通用ID，这就具备了建立用户数据库的可行性。

第三，微信给了营销者一个直接与用户对话的渠道。几乎所有的营销者，多年来，都在强调要和用户互动，要了解用户的真实需求，但是如何做到？靠把十几个样本拉到公司来开会，还是靠电话拜访或者问卷调查？先不说真实性如何，其效率本身就非常之低。而微信，可以让营销者和一个具体的顾客对话。

第四，微信真正实现了绑定移动设备。总有人说，微信和移动QQ不是一个道理吗？因为从形态上看，二者太像了，功能基本都差不多，那怎么能说只有微信绑定了手机呢？要回答这个问题现在其实很简单，当发微信给微信好友时，他一定收得到，这点是肯定的；但是当发QQ消息给QQ好友时，他未必会收到，因为他不一定时刻都在线。所以，只有微信才是绑定手机的通信工具，移动QQ不是。绑定了手机以后，移动互联网的各种功能，才能变成现实应用。

第五，微信营销提供了更多的技术可能性。微信未来会成为一个开放平台，营销者可以开发有独特功能的插件，这在营销技术上是个革命。随着伟大的HTML5技术普及，营销者完全可以开发出独具特色的营销工具，然后用微信发送给用户。比方说，某歌星要开演唱会了，那主办方开发一个歌曲投票器，粉丝们在上面直接点选投票决定最后唱哪些歌。

正是这些与众不同的新功能、新特点，使得微信被用户接受，并且呼朋唤友，邀请更多人加入。

（四）微信的延伸产品

微信不仅成功地将自己营销给了大众，也意识到如果希望一直保持优势，必须有更大的吸引力才能留住用户。除了产品自身功能不断完善和强化，针对企业用户微信设置了公共平台，帮助用户营销。微信营销已经成为很多商家的营销手段之一，并且以其自身与众不同的模式赢得商家和消费者的一致赞同。

当品牌得到成功关注后，便可以进行到达率几乎为100%的对话，它的维系用户的能力便远远超过了微博。此外，通过LBS、语音功能、实时对话等一系列多媒体功能，品牌可以为用户提供更加丰富的服务，制定更明确的营销策略。基于这种功能，微信已远远超越了其最初设计的语音通信属性，其平台化的商业价值更让人期待。

模式一：活动式微信——漂流瓶

营销方式：微信官方可以对漂流瓶的参数进行更改，使得合作商家推广的活动在某一时间段内抛出的“漂流瓶”数量大增，普通用户“捞”到的频率也会增加。加上“漂流瓶”模式本身可以发送不同的文字内容甚至语音小游戏等，如果营销得当，也能产生不错的营销效果。

例如，招商银行的“爱心漂流瓶”活动。活动期间，微信用户用“漂流瓶”功能捡到招商银行漂流瓶，回复之后招商银行便会通过“小积分，微慈善”平台为自闭症儿童筹集救助金。据观察，在招行开展活动期间，每捡10次漂流瓶便基本上有一次会捡到招行的爱心漂流瓶。不过，漂流瓶内容重复，如果提供更加多样化的灵活信息，用户的参与度会更高。

模式二：互动式推送微信

营销方式：通过一对一的推送，品牌可以与“粉丝”开展个性化的互动活动，提供更加直接的互动体验。

例如，星巴克《自然醒》专辑音乐活动。当用户添加“星巴克”为好友后，用微信表情表达心情，星巴克就会根据用户发送的心情，用《自然醒》专辑中的音乐回应用户。

模式三:陪聊式对话微信

营销方式:现在微信开放平台已经提供了基本的会话功能,让品牌与用户之间做交互沟通,但由于陪聊式的对话更有针对性,所以品牌需要大量的人力成本投入。

以杜蕾斯为例,杜蕾斯微信团队专门成立了8人陪聊组,与用户进行真实对话,延续了杜蕾斯在微博上的风格,杜蕾斯在微信中依然以一种有趣的方式与用户"谈性说爱"。据杜蕾斯代理公司时趣互动透露,目前除了陪聊团队,还做了200多条信息回复,并开始进行用户的语义分析的研究。

模式四:020 模式——二维码

营销方式:在微信中,用户只需用手机扫描商家的专属二维码,就能获得一张存储于微信中的电子会员卡,可享受商家提供的会员折扣和服务。企业可以设定自己品牌的二维码,用折扣和优惠来吸引用户关注,开拓O2O营销模式。

例如,深圳海岸城"开启微信会员卡"。深圳大型商场海岸城推出"开启微信会员卡"活动,微信用户只需用微信扫描海岸城专属二维码,即可免费获得海岸城手机会员卡,凭此可享受海岸城内多家商户优惠特权。

模式五:社交分享——第三方应用

营销方式:微信开放平台是微信4.0版本推出的新功能,应用开发者可通过微信开放接口接入第三方应用。还可以将应用的LOGO放入微信附件栏中,让微信用户方便地在会话中调用第三方应用进行内容选择与分享。

例如,美丽说公众号。用户可以将美丽说中的内容分享到微信中,由于微信用户彼此间具有某种更加亲密的关系,所以当美丽说中的商品被某个用户分享给其他好友后,相当于完成了一个有效到达的口碑营销。

模式六:地理位置推送——LBS

在微信丰富的功能中最能体现网络营销价值的便是融入LBS(基于位置的社交)元素的服务功能。LBS精准定位的作用对于某些行业在投放促销信息时可谓事半功倍。

营销方式:品牌点击"查看附近的人"后,可以根据自己的地理位置查找到周围的微信用户。然后根据地理位置将相应的促销信息推送给附近用户,进行精准投放。

例如,K5便利店新店推广。K5便利店新店开张时,利用微信"查看附近的人"和"向附近的人打招呼"两个功能,成功地进行基于LBS的推送。

资料来源:豆丁网,http://www.docin.com/p—12730898.html,(2009-3-31)[2015-6-31]

问题:

1.如何定义新产品?

2.新产品的开发设计可以从哪些方面体现其"新"的特性?

3.微信成功的经验给予中国企业什么样的启示?

4.你认为微信的开发推广模式可以应用到其他行业吗?为什么?如果可以,请举例说明。

项目小结

(1)产品策略是企业营销策略中非常重要的一环。本章从产品整体概念入手,认为产品应该包括核心产品、有形产品、期望产品、附加产品和潜在产品五个层次。为了更好地满足顾客需求,企业往往要考虑进行产品组合,分析产品处于生命周期的哪个阶段,并采取不同的营销策略。

(2)随着市场化程度的加深,企业竞争日益激烈,产品同质化现象加剧。此时,品牌对企业而言,便成了一种重要的无形资产。品牌策略包括品牌化策略、品牌使用策略、品牌名称策略、品牌延伸策略以及重新定位策略。

(3)包装是产品不可分割的一部分,包装策略包括类似包装策略、等级包装策略、配套包装策略、附赠品包装策略、再使用包装策略、改变包装策略、错觉包装策略、习惯使用量包装策略等。

(4)新产品开发是企业为满足市场需求变化而采取的有力手段,企业必须不断开发新产品才能满足顾客不断变化的需求。一个完整的新产品开发过程要经历新产品构思、构思筛选、产品概念的形成与测试、制定营销规划、商业分析、产品开发、市场试销、正式上市等几个阶段。

项目七 产品策略

知识点拨

学习要点

理论要点：掌握各种影响定价的因素；

掌握各种定价策略和定价方法。

技能要点：掌握定价策略及方法。

任务一 制定价格策略

任务导入

想一想

深圳异彩珠宝店专门经营由少数民族手工制成的珠宝首饰。经营地点设在游客众多、风景秀丽的华侨城。周围有著名的旅游景点，如世界之窗、民族文化村、欢乐谷等，生意一直比较稳定。客户主要是游客和华侨城社区居民。华侨城社区在深圳属于高档社区，居民生活水平较高。

几个月前，珠宝店店主易麦克特(维吾尔族)进了一批由珍珠质宝石和银制成的手镯、耳环和项链的精选品。珍珠质宝石是粉红色略带大理石花纹的颜色。就大小和样式而言，这一系列珠宝中包括了很多种类，有的珠宝小而圆、式样简单，有的珠宝大一些、式样别致大胆。此外，该批货物还包括了各种传统样式的由珠宝点缀的丝制领带。

易麦克特认为这批珍珠质宝石制成的首饰的进价较之以前还是比较合理的。这批货物样式比较独特，可能会比较好销。他在进价的基础上，加上其他相关的费用和平均水平的利润，定了一个价格，觉得这个价格应该十分合理，肯定能让顾客觉得物超所值。

这些珠宝在店中摆了一个月之后，销售统计报表显示销售状况很不好，易麦克特十分失望，他认为问题原因不是在首饰本身，而是营销的某个环节没有做好。于是，他将在中国营销传播网上学到的销售策略用于实践。比如,令店中某种商品的位置有形化往往可使顾客产生更浓厚的兴趣。他把这些珍珠质宝石装入玻璃展示箱,并将其摆放在该店入口的右手侧。希望通过商品的位置有形化提高顾客的兴趣。可是,位置改变之后,这些珠宝的销售情况仍然没有什么起色。

他建议销售小姐花更多的精力来推销这一独特的产品系列,并安排了一个销售小姐专门促销这批首饰。他不仅给员工们详尽介绍了珍珠质宝石,还给他们发了一篇简短的介绍性文章以便他们能记住并讲给顾客。不幸的是,这个方法也失败了。

上述销售策略失败后,易麦克特正准备外出选购产品。因对珍珠质宝石首饰销售下降感到十分失望,他急于减少库存以便给更新的首饰腾出地方来存放。他决定将这一系列珠宝半价出售。临走时,他给副经理匆忙留下一张字条,告诉她:"调整一下那些珍珠质宝石首饰的价格,所有都×1/2。"

当他回来的时候,易麦克特惊喜地发现该系列所有的珠宝已销售一空。"我真不明白,这是为什么,"他对副经理说,"看来这批首饰并不合顾客的胃口。下次我在新添宝石品种的时候一定要慎之又慎。"而副经理对易麦克特说,她虽然不懂为什么要对滞销商品进行提价,但她惊诧于提价后商品出售的惊人速度。易麦克特不解地问:"什么提价?我留的字条上是说价格减半啊。""减半?"副经理吃惊地问,"我认为你的字条上写的是这一系列的所有商品的价格一律按双倍计。"原来,副经理将价格增加了一倍而不是减半。

资料来源:豆丁网,http://www.docin.com/p—12730898.html,(2009-3-31)[2015-6-31]

思考:请解释案例中为什么珠宝以双倍的价格出售会卖得这么快。本案例中易麦克特的故事对你的工作是否有所启示?

产品价值是价格形成的基础,价格是产品价值的货币表现。从理论上来讲,产品价值和货币价值会影响产品价格的变动,但从市场营销组合的角度来分析影响定价的因素时,短期内可以将产品价值和货币价值视为不变。这时,影响产品定价的因素主要包括定价目标、产品成本、市场需求、竞争者的产品和价格等因素。

一、影响定价决策的内部因素

(一)定价目标

定价目标是指企业通过制定及实施价格策略所希望达到的目的。任何企业制定价格,都必须按照企业的目标市场战略及市场定位战略的要求来进行,定价目标必须在整体营销战略目标的指导下被确定,而不能相互冲突。由于定价应考虑的因素较多,定价目标也多种多样,不同企业可能有不同的定价目标,同一企业在不同时期也可能有不同的定价目标,企业应当权衡各个目标的依据及利弊,谨慎加以选择。

定价目标大致有以下几种。

1. 追求利润最大化

最大利润目标是指企业追求在一定时期内获取最高利润的一种定价目标。追求最大利润几乎是所有企业的共同愿望，但它并不意味着给产品制定最高价格。

2. 扩大市场份额

企业为了在市场上长期生存和发展、取得市场竞争的优势，就要不断地提高商品的销售量，扩大市场的份额。只有获得了较大的市场份额，企业才能在激烈的市场竞争中处于有利的地位。因此，以扩大市场份额为制定价格的目的，企业就要制定较低的价格，以利于提高商品的销售量，较低的价格能够迅速地打开商品的销路，扩大市场份额。

3. 塑造企业形象

价格水平的高低还可以帮助企业塑造商品的形象，并由此塑造企业的形象。因此，企业往往通过价格的制定，在消费者心目中树立某种形象。如果企业要在市场上确立商品优质、高档的形象，就要向消费者传递出这样的信息，本企业提供的商品是高质量的商品，具有先进技术水平，能够为顾客提供优质的售后服务，其价格应较同类商品更高；如果企业要为市场提供价廉物美的商品，确立企业为广大的工薪阶层服务的形象，那么就要制定比同类商品更低的价格。

4. 维持企业经营

对于有些企业，尤其是面临市场竞争日益激烈的企业，制定价格时首要考虑的还是如何能够维持企业的生存，解决商品的库存积压，使企业正常地经营。此时，按照商品的价格销售所获得的收入，在补偿了成本费用后，就能够维持企业的生存，顺利地进行简单的再生产和经营。

5. 获得预期的投资收益率

这是一种企业在一定时期内能够收回投资并能获取预期投资报酬的定价目标。投资收益率即利润与投资总额之比。企业投入大量资金，期望在预期时间内收回投资并获取利润，因此定价时以投资收益率为计算依据，算出单位产品的利润额，结合估计的成本费用，确定销售价格，这样制定出来的价格往往较高。

（二）成本因素

产品的价格主要由成本、税金和利润构成。因此产品的最低价格取决于生产这种产品的成本费用。从长远看，任何产品的销售价格都必须高于成本费用，才能以销售收入来抵偿生产成本和经营费用，否则就无法经营。所以说产品成本是企业定价的底线，以成本为导向的定价方法至今仍被很多企业采用。

与定价策略直接相关的成本概念有：

(1)固定成本。固定成本是指不随产量变化而变化的成本，如固定资产折旧、月房租租金、行政人员的薪水、利息等。

(2)变动成本。变动成本是指随产量变化而变化的成本，包括原材料、燃料、辅助材料、储运费用、生产工人的工资等。

(3)总成本。总成本是指维持一定生产水平所需的固定成本和变动成本的总和。管理部门希望制定的价格至少能够补偿在既定生产水平下的生产总成本。

(4)平均固定成本。平均固定成本等于总固定成本除以产量。虽然固定成本不随产量的增减而变动,但是平均固定成本将随着产量的增加或减少而相应地下降或上升。

(5)平均变动成本。平均变动成本等于总变动成本除以产量。变动成本随产量的增减而同向增减,但平均变动成本不随产量变动而发生变动,其数额通常保持在某一特定水平上。

(6)平均成本。平均成本是总成本与总产量之比,即单位产品成本。企业定价决策的一项重要内容就是确定定价时应以何种成本为依据。就长期而言,产品价格不应低于平均成本,否则企业将难以生存;就短期而言,产品价格必须高于平均变动成本,否则亏损额将随销售量的增长而增加。

二、影响定价决策的外部因素

(一)市场需求状况

市场需求对企业产品的定价有着重要的影响,不同企业生产的不同产品在投放市场时,面临的一个共同问题是需要关注价格对消费者需求的影响。根据经济学原理,如果其他因素保持不变,消费者对某一商品需求量的变化与这一商品价格变化的方向相反。商品的价格下跌,需求量就上升,商品的价格上涨时,需求量就相应地下降。

需求的价格弹性在经济学中一般用来衡量需求的数量随商品的价格的变动而变动的情况。假设 Q 为某个商品的需求,P 为该商品的价格,则计算需求的价格弹性 E 为:

$$E=\frac{\Delta Q/Q}{\Delta P/P}=\frac{\Delta Q}{\Delta P}\cdot\frac{P}{Q}$$

因为需求量与价格的变动方向相反,因此结果为负值,常取绝对值进行分析。

当 $0<E<1$ 时缺乏弹性,即价格变动对需求量的影响不大。对这类商品不宜采取降价措施,适度提高价格有助于增加总收益。

当 $E=1$ 时单位弹性,即价格与需求量变动幅度相等。

当 $E>1$ 时富有弹性,即价格小幅上涨或下降,会引起需求量较大幅度的降低或增加。因此降价有助于薄利多销,以增加赢利。

(二)市场性质

不同的市场性质存在着不同的竞争强度。根据经济学家划分的四种市场类型,企业定价的自由程度会随不同的市场类型发生变化。

1. 完全竞争市场

完全竞争市场的特点:每个企业只占行业总量微不足道的份额,产品完全相同,企业进退自由，生产同种产品的企业很多。在完全竞争市场上，每个企业都是价格的“被动接受者”而非价格的“决定者”，市场价格完全由市场的供求关系决定，如日用小商品、小五金等市场。

2. 垄断竞争市场

垄断竞争有两个基本特征：一是由于企业众多，行业集中程度不高，市场总体处于竞争状态；二是每个制造商独特的产品或品牌垄断了部分消费者。在这类市场上，价格竞争和非价格竞争都很激烈，本企业产品价格受同类产品价格的影响很大。因此，企业可以根据其提供的产品或服务的“差异性优势”，部分地变动价格来寻求高额利润。

3. 寡头垄断

在寡头垄断的市场中，少数几家企业占整个行业的绝大部分市场份额，行业集中程度很高。因此，寡头垄断企业为了避免在竞争中两败俱伤，非常重视保持既定的市场格局，一般不会轻易地变动产品价格。

4. 完全垄断

在完全垄断的情况下，垄断企业能完全控制产品的价格。完全垄断市场中除了政府垄断外，独家垄断的行业不多，如电力、水等。企业虽然能完全控制产品价格，但企业通常会很谨慎地使用这种权利，主要是顾及舆论的影响。

（三）竞争者力量

影响企业定价必须考虑到竞争对手的产品和价格，以便在最高价和最低价之间找到最合适的价格。企业在定价时应采取适当的方式，掌握竞争者所提供的产品质量和价格。如果本企业的产品与竞争品品质大体相同，价格也应大体一致，否则就会失去市场；如果本企业的产品与竞争品相比质量不同，那么按质论价就是企业的明智选择。

在市场经济中，企业间的竞争日趋激烈，竞争方式多种多样，其中最原始、最残酷的就是价格竞争，价格竞争可能使整个行业平均利润降低。尽管如此，处于竞争优势的企业往往拥有较大的定价自由，而处于竞争劣势的企业则更多地采用追随性价格政策。所以，企业产品定价时刻受到其竞争者的影响和制约。

（四）其他外部因素

1. 产品生命周期

在产品生命周期的不同阶段，受市场需求、市场竞争、成本等因素变化的影响，以及企业的营销目标不同，市场营销组合策略也有所不同，价格的制定与价格策略应与企业整体营销组合策略一致。

2. 质量

产品质量与价格一般情况下成正比关系，质量高的产品价格就高，即优质优价、低质低价。要想制定较高的价格，就要保证产品的质量。

3. 品牌知名度

品牌的知名度与价格的关系越来越紧密，消费者在消费过程中越来越注重商品的品牌。当商品在市场享有很高的知名度时，消费者争相购买，商品的价格随着知名度的提高会不断增加。如果商品没有一定的知名度，质量高也不一定能够卖出很好的价钱。

4. 政府对价格的干预

政府对价格的干预主要通过行政手段、法律手段和经济手段实施，政府的干预会对某种产品价格的形成产生最直接的影响。在市场经济体制下，政府对价格的干预范围在缩小，政府更多的是利用经济手段和法律手段调节价格和管理价格。

任务二　定价方法与定价策略

任务导入

想一想

卡特匹勒公司为其拖拉机定价 10 万美元，其竞争对手同类的拖拉机售价只有 9 万美元，但卡特匹勒公司的销售量居然超过了其竞争者。一位潜在顾客问卡特匹勒公司的经销商，买卡特匹勒的拖拉机为什么要多付 1 万美元，经销商回答说：90 000 美元是拖拉机的价格，与竞争者的拖拉机价格相比，＋7000 美元是最佳耐用性的价格加价；＋6000 美元是最佳可用性的价格加价；＋5000 美元是最佳服务的价格加价；＋2000 美元是零件较长保用期的价格加价；11 万美元是总价值的价格；－1 万美元折扣；10 万美元为最终价格。顾客惊奇地发现尽管自己购买卡特匹勒公司的拖拉机需多付 1 万美元，但实际上他却得到了 1 万美元的折扣。结果，他选择了卡特匹勒公司的拖拉机，因为他相信卡特匹勒拖拉机的全部使用寿命操作成本较低。

资料来源：定价策略，http://www.doc88.com/p—0032495028317.html(2015-2-28)[2015-7-1]

思考：卡特匹勒公司采用的是什么定价方法？为什么顾客能够接受该公司的价格？

一、定价方法

成本导向定价法是一种主要以成本为依据的定价方法，包括成本加成定价法、目标收益定价法、盈亏平衡定价法和边际贡献定价法。

(一)成本加成定价法

所谓成本加成定价法，是指按照单位成本加上一定百分比的加成来制定产品销售价格。

加成的含义就是一定比率的利润。其计算公式为：

单位产品价格(P)＝单位产品总成本(C)×[1＋成本加成率(R)]

例如，某电视机厂商的成本和预计的销售量如下：

总固定成本　　3000 000 元

单位变动成本　　1 000 元

预计销售量　　5 000 台

若该制造商的预期利润率为 20%，则采用成本加成定价法确定价格的过程如下：

$$单位成本=单位变动成本+\frac{总固定成本}{销售量}=1\,000+\frac{3\,000\,000}{5\,000}=1\,600(元)$$

$$单位产品价格=1\,600\times(1+20\%)=1920(元)$$

采用成本加成定价法，确定合理的成本利润率是一个关键，而成本利润率的确定，必须考虑市场环境、行业特点等多种因素。某一行业的某一产品在特定市场以相同的价格销售时，成本低的企业能够获得较高的利润率，并且在进行价格竞争时，低成本企业可以拥有更大的回旋余地。

这种定价方法具有计算简单、简便易行的优点，在正常情况下按此方法定价可以使企业获得预期利润。其缺点是，忽视市场竞争和供求状况的影响，缺乏灵活性，难以适应市场竞争的变化形式。

（二）目标收益定价法

目标收益定价法，又称投资收益定价法，是根据企业的总成本或投资总额、预期销量和目标收益额来确定价格的一种定价方法。其计算公式为：

单位产品价格＝(总成本＋目标利润)/预期销量

例如，某企业预计其产品的销量为 10 万件，总成本为 740 万元，决定完成利润目标为 160 万元，则：

单位产品价格＝(740＋160)/10＝90(元)

这种定价方法的采用必须建立在对价格、销量、成本和利润四要素进行科学预测的基础上，其优点在于保证在一定销量的条件下收回全部成本，并实现既定的目标利润。但是，这种方法没有考虑顾客的需求弹性和竞争因素。

另外，成本导向定价法还有盈亏平衡定价法、边际贡献定价法等方法。从本质上说，成本导向定价法是一种卖方定价导向。因此，采用成本导向定价法还需要充分考虑市场需求和竞争状况来确定最终的市场价格水平。

（三）盈亏平衡定价法

盈亏平衡定价法，又叫收支平衡定价法、损益平衡定价法、临界点定价法等，它是指以产品销售收入和产品总成本保持平衡为原则的定价法。

在已知产品销售量的情况下，盈亏平衡定价法的计算公式为：

单位产品价格＝(固定成本÷盈亏平衡点销售量)＋单位变动成本

在已知产品售价的情况下，盈亏平衡点的销售量计算公式为：

盈亏平衡点销售量＝固定成本/(单位产品价格－单位变动成本)

例如，假定某产品固定成本为 15 万元，单位变动成本为 2 元，预计销售量为 5 万件，请计算盈亏平衡点的单位产品售价。

单位产品售价＝(150000÷50000)＋2＝3＋2＝5(元)

根据计算，当单位产品售价为 5 元时，企业可以实现盈亏平衡，即产品总成本和总销售收入都为 25 万元。盈亏平衡定价法是在生产任务不足或产品过剩条件下企业经常采用的一种定价方法。利用盈亏平衡定价法，企业可以在既定产量下确定最低产品售价，也可以在既定价格下确定最低产品销售量，它是企业比较和选择定价方案的有效方法。这种方法的优点是计算简便，可使企业明确在不盈不亏时的产品价格和产品的最低销售量。其缺点是要先预测产品销售量，销售量预测不准，成本不准，价格就定不准，而且它是根据销售量倒推价格，忽视了价格对销售量的影响。

(四)边际贡献定价法

边际贡献是指产品销售收入与产品变动成本之间的差额，用公式表示为：

边际贡献＝销售收入－变动成本

边际贡献定价法(marginal pricing)，又叫变动成本定价法、目标贡献定价法等，它是指以能够弥补变动成本和获取一定的边际贡献为原则的定价法。边际贡献定价法的具体计算公式为：

单位产品价格＝单位变动成本＋(边际贡献/产量)

若边际贡献＞0，其超过部分的收益可用以补偿固定成本。若边际贡献能全部补偿固定成本，则企业不盈不亏；若边际贡献＞固定成本，则企业盈利；反之，0＜边际贡献＜固定成本，只能补偿变动成本，不能全部补偿固定成本，企业就亏损。当然，如果边际贡献＜0，企业就应当放弃该产品的生产，因为此时企业不仅不能弥补固定成本，而且连变动成本也不能弥补了。

边际贡献定价法是企业在产品供过于求、生产任务不足、承接临时生产任务或产品处于衰退期时所采用的一种暂时定价方法，其目的是保证开工、维持生存和保住既有的市场。因此，它是一种短期和临时的定价方法。

(五)竞争导向定价法

竞争导向定价法，是以市场上相互竞争的同类商品价格为定价基本依据，以随竞争状况的变化确定和调整价格水平为特征，主要有随行就市定价法、密封投标定价法、竞争价格定价法。

1. 随行就市定价法

随行就市定价法是竞争导向定价方法中广为流行的一种。定价是使零售店商品的价格与竞争者商品的平均价格保持一致。这种定价法的目的如下：

(1)平均价格水平在人们观念中常被认为是“合理价格”,易为消费者接受。

(2)试图与竞争者和平相处,避免激烈竞争产生的风险。

(3)一般能为零售店带来合理、适度的盈利。

这种定价适用于竞争激烈的均质商品,如大米、面粉、食油以及某些日常用品的价格确定。在完全寡头垄断竞争条件下也很普遍。

2. 密封投标定价法

密封投标定价法主要用于投标交易方式。投标价格是零售店根据对竞争者的报价估计确定的,而不是按零售店自己的成本费用或市场需求来制定的。零售店参加投标的目的是希望中标,所以它的报价应低于竞争对手的报价。一般情况下,报价高、利润大,但中标机会小,如果因价高而招致败标,则利润为零;反之,报价低,虽中标机会大,但利润低,其机会成本可能大于其他投资方向。因此,报价时,既要考虑实现零售店目标利润,也要结合竞争状况考虑中标概率。最佳报价应是使预期利润达到最高水平的价格。此处,预期利润是指零售店目标利润与中标概率的乘积,显然,最佳报价即为目标利润与中标概率两者之间的最佳组合。

3. 竞争价格定价法

与随行就市定价法相反,它不是追随竞争者的价格,而是根据零售店商品的实际情况及与竞争对手的商品差异状况来确定价格。首先,一般为富于进取心的零售店所采用。这种定价法定价时将市场上竞争商品价格与零售店估算价格进行比较,分为高、一致及低三个价格层次。其次,将零售店商品的性能、质量、成本、式样、产量等与竞争零售店进行比较,分析造成价格差异的原因。再次,根据以上综合指标确定零售店商品的特色、优势及市场定位;在此基础上,按定价所要达到的目标确定商品价格。最后,跟踪竞争商品的价格变化,及时分析原因,相应调整零售店商品价格。

(六)需求导向定价法

需求导向定价法,是指企业在定价时不再以成本为基础,而是以消费者对产品价值的理解和需求强度为依据。

1. 理解价值定价法

理解价值定价法是利用产品在消费者心目中的价值,也就是消费者心中对价值的理解程度来确定产品价格水平的一种方法。它是以消费者对商品价值的感受和理解程度作为定价的基本依据。把买方的价值判断与卖方的成本费用相比较,定价时更应侧重考虑前者。因为消费者购买商品时总会在同类商品之间进行比较,选购那些既能满足其消费需要,又符合其支付标准的商品。消费者对商品价值的理解不同,会形成不同的价格限度。这个限度就是消费者宁愿付货款而不愿失去这次购买机会的价格。如果价格刚好定在这一限度内,消费者就会顺利购买。

为了加深消费者对商品价值的理解程度，从而提高其愿意支付的价格限度，零售店定价时要做好商品的市场定位，拉开本企业商品与市场上同类商品的差异，突出商品的特征，并综合运用各种营销手段，加深消费者对商品的印象，使消费者感到购买这些商品能获得更多的相对利益，从而提高他们接受价格的限度，零售店据此提出一个可销价格，进而估算在此价格水平下商品的销量、成本及盈利状况，最后确定实际价格。

2. 需求差异定价法

需求差异定价法，是以不同时间、地点、商品及不同消费者的消费需求强度差异为定价的基本依据，针对每种差异决定其在基础价格上是加价还是减价。具体主要有以下几种形式。

(1)因地点而异。如国内机场的商店、餐厅向乘客提供的商品价格普遍要高于市内的商店和餐厅。

(2)因时间而异。现在国庆、春节两个长假日就是两个购物黄金假期，商品价格较平时有所增长。

(3)因商品而异。在2004年奥运会举行期间，标有奥运会会徽或吉祥物的T恤及一些商品的价格，比其他同类商品的价格要高。

(4)因顾客而异。因职业、阶层、年龄等差异，顾客对商品的档次价位产生不同的需求。零售店在定价时给予相应的优惠或提高价格，可获得良好的促销效果。

实行差异定价要具备以下条件：市场能够根据需求强度的不同进行细分；细分后的市场在一定时期内相对独立，互不干扰；高价市场中不能有低价竞争者；价格差异适度，不会引起消费者的反感。

(七)反向定价法

所谓反向定价法，是指企业依据消费者能够接受的最终产品销售价格，计算自己从事经营的成本和利润后，逆向推算出产品的批发价和零售价格。这种定价方法不是以实际成本为主要依据，而是重点考虑市场需求状况。逆向定价法的特点是：产品价格能反映市场需求情况，保证中间商的正常利润，并且企业可根据市场供求情况及时调整价格。其计算公式是：

产品出厂价格＝市场可销零售价格×(1－批零价格)×(1－进销差率)

反向定价法的优点是能反映市场供求关系，有利于开拓销售渠道，企业可根据供求状况及时调整价格。它适用于需求弹性较大、花色品种翻新较快的商品。其缺点是，对市场可销零售价格难以准确估计。

二、定价策略与技巧

产品定价是一个极其复杂的过程，企业采取不同的定价方法只是得到产品的基本价格。

在基本价格确定的前提下，企业再根据具体的市场环境、产品条件、市场供求、企业目标等因素灵活运用适当的定价策略和技巧，制定最终的销售价格，以期扩大销售，增加企业利润。

(一)新产品定价策略

新产品与其他产品相比，可能具有竞争程度低、技术领先的优点，同时也会有不被消费者认同和产品成本高的缺点。因此在为新产品定价时，既要考虑能尽快收回投资、获得利润，又要有利于消费者接受新产品。实际生活中，新产品常见的定价策略有以下三种。

1. 撇脂定价

撇脂定价策略也称高价策略，指企业以远远高于成本的价格将新产品投入市场，以便在短期内获取高额利润，尽快收回投资，然后再逐渐降低价格的策略。索尼公司的电器产品在投入市场之初，大都采用了此种策略。

生活中的许多电子产品、高科技产品也都曾采取过此做法。一般情况下，撇脂定价策略适合于市场需求量大且需求价格弹性小，顾客愿意为获得产品价值而支付高价的细分市场；或企业是某一新产品的唯一供应者时，采用撇脂定价可使企业利润最大化。但高价会吸引竞争者纷纷加入，一旦有竞争者加入时，企业就应迅速降价。

2. 渗透定价

渗透定价与撇脂定价恰好相反，是在新产品投放市场时，将价格定得较低，以吸引大量消费者，提高市场占有率。

采取渗透定价策略不仅有利于迅速打开产品销路，抢先占领市场，提高企业和品牌的声誉；而且因价低利薄有利于阻止竞争对手的加入，使企业保持一定的市场优势。

通常渗透定价适合于产品需求价格弹性较大的市场，低价可以使销售量迅速增加。它要求企业生产经营的规模经济效益明显，成本能随着产量和销量的扩大而明显降低，通过薄利多销获取利润。

3. 试销价格

试销价格是指企业在某一限定的时间内把新产品的价格维持在较低的水平，以赢得消费者对该产品的认可和接受，降低消费者的购买风险。如，微软公司的 Access 数据库程序在最初的短期促销价为 99 美元，而建议零售价则为 495 美元。

试销价格有利于鼓励消费者试用新产品，企业希望消费者通过试用新产品而成为企业的忠实顾客，并建立起企业良好的口碑。该策略也经常被服务性企业采用，如开业之初的特惠价等。只有企业的产品或服务确实能使消费者感到获得了很大的利益时，此种策略才能收到预期的效果。

(二)产品组合定价策略

产品组合定价指企业为了实现整个产品组合(或整体)利润最大化，在充分考虑不同产品之间的关系以及个别产品定价高低对企业总利润的影响等因素基础上，系统地调整产品组合中相关产品的价格。主要的策略有下列几种。

1. 产品线定价策略

产品线定价策略是指企业为追求整体收益的最大化，为同一产品线中不同的产品确立不同的角色，制定高低不等的价格。有的产品充当招徕品，定价很低，以吸引顾客购买产品线中的其他产品。而定价高的则为企业的获利产品。

产品线定价策略的关键在于合理确定价格差距。

2. 互补品定价策略

有些产品需要互相配合在一起使用，才能发挥出某种使用价值。如相机与胶卷、隐形眼镜与消毒液、饮水机与桶装水等。企业经常为主要产品（价值量高的产品）制定较低的价格，而为附属产品（价值量较低的）制定较高的价格，这样有利于整体销量的增加，增加企业利润。

3. 成套优惠定价策略

对于成套设备、服务性产品等，为鼓励顾客成套购买，以扩大企业销售利润，加快资金周转，可以使成套购买者的价格低于单独购买其中每一产品的费用总和。

（三）心理定价策略

心理定价是根据消费者不同的消费心理而灵活定价，以引导和刺激购买的价格策略。主要有下列几种。

1. 声望定价

声望定价指对一些名牌产品，企业往往可以利用消费者仰慕名牌的心理而制定远远高于其他同类产品的价格。如国际著名的欧米茄手表，在中国市场上的销价从一万元到几十万元不等。消费者在购买这些名牌产品时，特别关注其品牌、标价所体现出的炫耀价值，目的是通过消费获得极大的心理满足。

2. 尾数定价

对于日常用品，一般来说，消费者乐于接受带有零头的价格，这种尾数价格往往能使消费者产生一种类似于便宜且定价精确的感觉。

3. 整数定价

消费者常常根据价格来辨别产品的质量。对价格较高的产品，如耐用品、礼品或服装等消费者不太容易把握质量的产品，实行整数定价反而会抬高产品的身价，从而达到扩大销售的目的。

4. 习惯性定价

有些商品如牛奶，消费者在长期的消费中已在头脑中形成了一个参考价格标准，个别企业难于改变。如果企业定价低于该标准易引起消费者对产品品质的怀疑，高于该标准则可能受到消费者的抵制。企业定价时常常需要迎合消费者的这种习惯心理。

5. 招徕定价

零售商常利用消费者贪图便宜的心理，特意将某几种产品的价格定得较低以招徕顾客，或者利用节假日和换季时机举行大甩卖、限时抢购等活动，把部分商品打折出售，目的是吸引顾客，促进全部产品的销售。

（四）折扣定价策略

企业为了鼓励顾客及早付清货款、鼓励大量购买，或为了增加淡季销售量，还常常需酌情给予顾客一定的优惠，这种价格的调整叫做价格折扣或折让。常见的折扣定价策略有下列五种。

（1）现金折扣。它是指企业对现金交易的顾客或对及早付清货款的顾客给予一定的价格折扣。许多情况下采用此定价法可以加速资金周转，减少收账费用和坏账。

（2）数量折扣。它是指企业给那些大量购买某种产品的顾客的一种折扣，以鼓励顾客购买更多的货物。大量购买能使企业降低生产、销售等环节的成本费用。

（3）功能折扣，也叫贸易折扣。它是制造商给予中间商的一种额外折扣，使中间商可以获得低于目录价格的价格。

（4）季节折扣。它是企业鼓励顾客淡季购买的一种减让，以使企业的生产和销售一年四季都能保持相对稳定。

（5）推广津贴。为扩大产品销路，生产企业向中间商提供促销津贴。如零售商为企业产品刊登广告或设立橱窗，生产企业除负担部分广告费外，还在产品价格上给予一定优惠。

（五）地区定价策略

一个企业的产品不仅在本地销售，同时还要销往其他地区，而产品从产地运到销地要花费一定的运输、仓储等费用。如何合理分摊这些费用？不同地区的价格应如何制定？这些就是地区定价策略所要解决的问题。具体有下列几种方法。

1. 产地定价

产品定价以产地价格或出厂价格为交货价格，运杂费和运输风险全部由买方承担。这种做法适用于销路好、市场紧俏的商品，但不利于吸引路途较远的顾客。

2. 统一交货价

统一交货价也称邮票定价法。企业对不同地区的顾客实行统一的价格，即按出厂价加平均运费制定统一交货价。这种方法简便易行，但实际上是由近处的顾客承担了部分远方顾客的运费。这种方法对近处的顾客不利，比较受远方顾客的欢迎。

3. 分区定价

分区定价是指企业把销售市场划分为远近不同的区域，各区域因运距差异而实行不同的价格，同区域内实行统一价格。分区定价类似于邮政包裹、长途电话的收费。对企业来讲，可以较为简便地协调不同地理位置用户的运费负担问题，但对处于分界线两侧的顾客而言，还会存在一定的矛盾。

4. 基点定价

企业在产品销售的地理范围内选择某些城市作为定价基点，然后按照出厂价加上基点城市到顾客所在地的运费来定价。这种情况下，运杂费用等是以各基点城市为界由买卖双方分担的。该策略适用于体积大、运费占成本比重较高，销售范围广、需求弹性小的产品。

5. 津贴运费定价

津贴运费定价是指由企业承担部分或全部运输费用的定价策略。市场竞争激烈或企业急于打开新的市场时常采取这种做法。

思考题

(1)影响定价的主要因素有哪些?

(2)定价的基本方法有哪些?基本策略是什么?

技能训练

技能训练一：价格策划实训

1. 实训目的

通过实训，要求学生能够分别按成本导向、需求导向、竞争导向为背景企业产品确定合理价格，并设计出具有吸引力的价格策略。

2. 实训内容和要求

(1)内容：选择一个企业，并制定企业价格方案，撰写价格策划方案。

(2)要求：掌握企业定价策略与方法，进行定价方案设计，掌握价格策划的流程方法，学会撰写策划书。

3. 实训组织

以策划团队为单位完成实训任务。

4. 实训操作步骤

(1)对实训项目中的企业产品状况进行分析。

(2)结合企业实际和竞争状况选择定价策略。

(3)根据定价策略，选择定价方法进行定价。

了解各种定价策略、为背景企业开发的新产品确定定价策略、为背景企业制定产品组合定价策略，为背景企业制定价格调整策略和价格竞争策略，选择定价目标、估计企业固定成本和变动成本、分析竞争者价格和产品、分析影响定价的要素、选择定价方法、确定背景企业产品的价格。

(4)撰写定价策划书。

技能训练二：案例分析

星巴克的"价格歧视"

不少国人在出国旅游时都会发出这样的感叹：在国外买品牌货比在国内买便宜好多啊！广受白领追捧的星巴克、被认为稍显奢侈的哈根达斯、背的名牌包包、穿的运动鞋，在国外的价格原来如此亲民。近日，央视有报道称，价格高达 30 多元的拿铁咖啡其实每杯的物料成本竟不足 5 元，此报道又引来一番关于洋品牌在国内暴利定价的热议。

据央视的报道称，央视记者采访并对比了北京、伦敦、纽约、孟买的星巴克同款拿铁咖啡的价格，北京的最贵为 27 元，孟买的最便宜只有人民币 14 元多，在纽约和伦敦，这样一杯咖啡也卖到了人民币 20 元以上，星巴克在中国的高价格带来了高利润。

根据星巴克的报表，中国及亚太大区的利润率达到 32%，美洲大区的利润率为 21.1%，而欧洲、中东及非洲大区的利润率只有 1.9%。星巴克 CEO 在接受媒体采访时公开表示，中国市场是高利润率市场，并透露将把中国市场作为在美国以外的第二大市场。

其实在我看来，成本价格的构成不仅仅是物料成本，还应包括人力、水电、税费以及房租等，在地价日益上涨的今天，在一线城市的繁华商业区，物业租金往往是非常高的。因此，仅以物料成本来计算利润率是不准确的，但是这也不能说星巴克的利润不高。

实际上，成本如何并不重要。在经济学中，商品的价格包含成本，但成本并不决定价格，决定价格的其实是稀缺性。一件商品的成本几块钱，售价十几块或几十块钱，并不必然表示它的价格就"高"，因为在竞争市场中，对单个厂商而言，成本其实是相对次要的东西，产品好，利润再大也卖得出去；产品不好，价格低于成本也无人问津。

在很多媒体的眼中，产品的定价法应该是这样的：原材料的价格加上其他摊销的费用，再加上一定的利润，OK，定价完成。一般来说，定价方法大致有三种：一种是基于成本的定价，一种是基于竞争的定价，还有一种是基于需求的定价。比如说，白菜进货价两元一斤，我加到两块五卖出，那就是成本定价；竞争对手的产品卖两块，我就卖一块八，这是基于竞争的定价；消费者觉得一杯咖啡值三十块，我就卖三十块，这就是基于需求的定价。

在星巴克的品牌运作之下，到星巴克喝咖啡已经成为一种小资身份的象征。在星巴克里，喝的不仅仅是那一杯咖啡，更多的是获得心理上的愉悦。同时，星巴克的咖啡并非刚需，政府也没有对咖啡行业有任何准入限制；也就是说，开咖啡店完全属于竞争性的市场行为，我们又有什么理由去指责一个完全竞争市场上的产品的价格呢？

资料来源：星巴克的"价格歧视"，http://www.fjsen.com/r/2013—10/22/content_12815819.htm，(2013-10-22)[2015-7-3]

问题：

(1)星巴克是否存在价格歧视？

(2)从经济学角度分析星巴克价格歧视是正当的商业行为吗?

项目小结

(1)价格策略是现代市场营销组合策略中的一项重要内容。制定价格应先明确企业的定价目标,熟悉企业定价的程序,综合考虑产品成本、市场需求、竞争对手等诸多因素对价格的影响。一般情况下,成本决定价格的下限,市场需求决定着价格的上限,而竞争因素则决定了价格在上限和下限之间浮动的幅度。

(2)企业定价应选择科学的定价方法。从影响价格形成的三大因素出发,产生了成本导向定价法、需求导向定价法以及竞争导向定价法三大导向的定价方法。制定了基本价格,还需要考虑其他因素,结合定价的策略和技巧对价格进行修正,以形成最终价格。

项目八　分销渠道策略

知识点拨

学习要点

理论要点：理解渠道设计概念、内容和步骤；

理解渠道管理概念、内容和方法。

技能要点：掌握渠道设计步骤；

掌握渠道管理方法。

任务一　分销渠道的概念和类型

任务导入

想一想

在日本，打火机一般都是在百货商店或是在附近卖香烟的杂货店中出售。可是，日本丸万公司在十几年前推出瓦斯打火机时，就把它交由钟表店销售。如今，日本钟表店都出售打火机，这在以前是根本没有的现象。钟表店一向被人认为是贵重物品商店，在买卖贵重物品的商店出售打火机，大家一定会视它为高级品。在黯淡的杂货店、香烟店里，上面掩盖着一层尘埃的打火机和摆在闪闪发光的钟表店中的打火机，两者给人的印象当然是天壤之别了。丸万公司采取在钟表店销售打火机的方式收到了惊人的效果，他们的打火机十分畅销。由于采取的是反传统的销售渠道，使他们的打火机出尽风头，令人们产生了丸万公司的打火机非常高级的印象。丸万公司的打火机目前风行到世界的每一个角落。

由此我们想到，销售渠道并不是一成不变的。

资料来源：分销渠道策略，http://www.docin.com/p—773681865.html，(2014-3-6)[2015-7-3]

思考：丸万公司的销售渠道选择有哪些高明之处？企业在选择销售渠道时，主要考虑哪些问题？

企业要使产品顺利到达消费者手中，满足消费者需求，从而实现企业营销目标，除了产品必须适销对路、价格必须合理之外，还必须选择适当的分销渠道。企业生产的产品只有通过一定的分销渠道，才能在适当的时间、地点，以适当的价格和方式供应给消费者或用户，从而克服生产者与消费者之间的距离和矛盾，实现企业市场营销目的。

一、分销渠道的含义及职能

在市场营销理论中，有两个与渠道有关的术语经常不加区分地交替使用：市场营销渠道和分销渠道。

市场营销渠道是指配合起来生产、分销和销售某一生产者的产品和服务的所有企业和个人，即参与某种产品产、供、销过程的所有企业和个人，具体包括生产者、供应商、中间商、辅助商（协作商）以及最终消费者和用户等。

分销渠道是指某种产品和服务在从生产者向消费者转移的过程中，取得这种产品和服务的所有权或帮助所有权转移的所有企业和个人。分销渠道包括商人中间商和代理中间商，还包括处于渠道起点和终点的生产者和最终消费者或用户，但不包括供应商和辅助商。在多数情况下，产品的转移活动要有中间商的参与。

分销渠道的职能包括收集、促销、接洽、配合、谈判、物流、融资、风险承担、预订产品、货物账款支付等。

（1）收集信息。主要包括收集潜在消费者、消费者、竞争者等多方面的信息。

（2）促销。即对中间商或者消费者进行说服性、教育性的沟通。

（3）接洽。即与现有消费和潜在消费者进行沟通，传播商品信息、配合促销活动等。

（4）配合。即使所供产品符合购买者需要，包括制造、装配、包装等过程。

（5）谈判。既包括产品的渠道价格谈判，也包括物流运输等相关管理工作的谈判。

（6）物流。即从事产品的运输、储存、配送，将产品从分销渠道上游流通到下游的过程。

（7）融资。即为补偿分销成本而取得并支付相关资金，通常从第三方金融机构获得。

（8）风险承担。渠道成员共同承担相应的分销风险。

分销渠道除了上述主要职能外，还具有减少交易次数、降低流通费用、提供服务、资金融通等作用。因此，企业在市场营销中，重视分销渠道的管理，科学进行渠道建设和渠道管理，对提升整体企业营销水平具有至关重要的作用。

二、分销渠道的类型

由于市场条件和市场战略的不同，企业的分销渠道结构方式也是不同的，不同的渠道结构，有利于企业在不同的细分市场开展有效的营销工作。因此，研究和制定合适的营销渠道结构具有非常重要的意义。

(一)分销渠道的层次结构

根据有无中间环节和中间环节介入多少划分,分销渠道可分为以下四种基本类型。

1. 直接渠道

直接渠道又称零级渠道,是指产品从企业流向最终消费者的过程中没有任何中间商帮助产品转移,如图 7-1 所示。

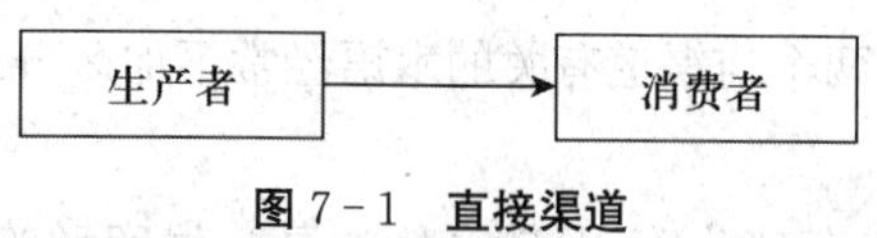

图 7-1　直接渠道

直销渠道是最简单、最直接的渠道,可以避免中间商层层加价情况的发生,同时又可以保证生产厂商在渠道管理中拥有最大的话语权,很多直销企业采用的就是这种渠道模式,如世界著名企业安利公司、雅芳公司等。除了很多直销企业外,某些消费品有时也通过直接渠道分销,例如农民在市场上直接将其生产的新鲜蔬菜、水果、禽蛋等生鲜农产品直接销售给最终消费者。近些年来,我国很多大中型城市政府所倡导的“农超对接”商业模式,也是利用直接渠道的结构优势,给广大百姓创造出最大的价格优势。另外,企业也通过采取邮购方式或电话、电视,将其产品直接销售给最终消费者。

在产业市场中,直接渠道是工业品分销采用的主要类型。这是因为,一方面,许多工业品要按照用户的特殊需要制造,有高度的技术性,企业要派遣专业人员去指导用户安装、操作、维护设备;另一方面,这些工业品的单价高,用户数量较少,某些行业生产基地往往集中在某一地区,用户购买批量大。

虽然直接渠道具有很多的渠道结构优势,但它会分散企业的精力,使企业增加渠道资金投入,企业需要承担全部的市场风险,无法利用广大中间商的能力开拓当地市场,这些都是企业使用直接渠道所要充分考虑的因素。

2. 间接渠道

间接渠道是指企业利用中间商,将商品送到最终消费者手中的一种渠道结构模式。大多数企业缺乏直接开展市场营销的财力和经验,需要利用中间商的销售网络、业务经验和专业化渠道运作能力;另外,从获利角度分析,利用中间商分销能够减少商品的交易次数,获得更多利润。间接渠道包括一级渠道、二级渠道、三级渠道等。

(1)一级渠道。这种模式是指商品从生产者流向最终消费者的过程中,经过一个中间商的渠道结构模式。在消费品市场上,这个中间环节通常是零售商,在产业市场则可能是销售代理商,如图 7-2 所示。

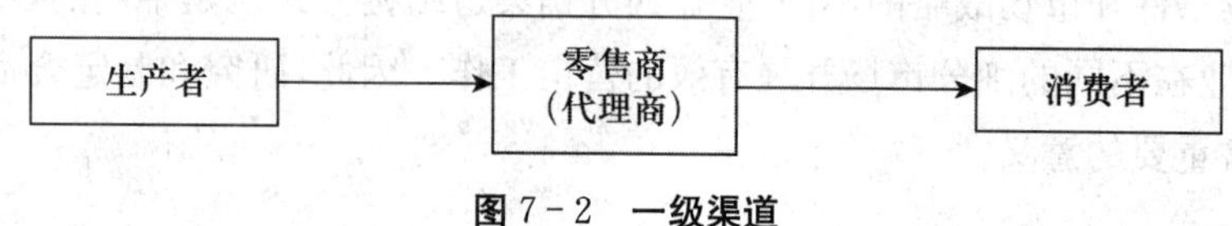

图 7-2　一级渠道

一级渠道的优点是中间环节少,产品分销渠道短,有利于企业充分利用零售商的力量来扩大产品销路。例如，世界零售业连锁巨头沃尔玛在全球采购过程中，往往直接从生产商处采购，利用一级渠道模式所带来的优势，创造出世界零售界的神话。其缺点包括：一是需要对零售商进行有效的控制；二是大规模专业化生产与零散消费之间的矛盾，即因零售的储存不可能太大而不能很好地解决存储成本。

(2)二级渠道。这是现实生活中比较常见的渠道模式。这种模式是指在企业与消费者之间经过两个层次的中间环节的分销渠道。如图 7－3 所示，在消费者市场，通常表现为批发商和零售商，如现实生活中的很多日常消费品，经过食品或饮料批发商，最后由零售商销售给最终消费者；在产业市场，则通常是批发商和销售代理商。

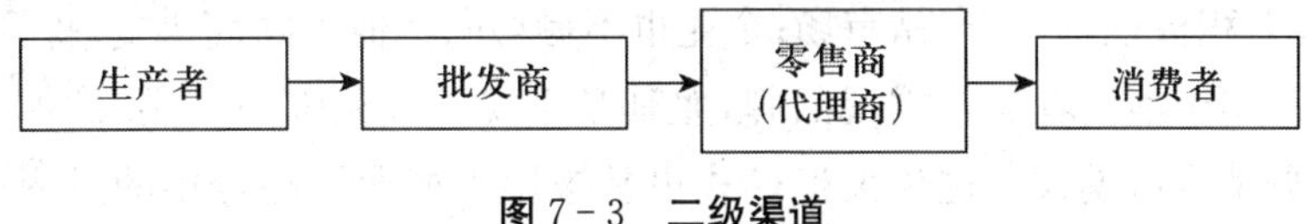

图 7－3　二级渠道

(3)三级渠道。这种模式是指在企业与消费者之间经过三个层次中间环节的分销渠道。在国际贸易中，很多企业为了开拓国际市场，多采用这种渠道结构。这种渠道结构通常经过一个专业的代理商，再由代理商负责一个细分市场，将商品分销到批发商、零售商，最终到消费者手中，如图 7－4 所示。

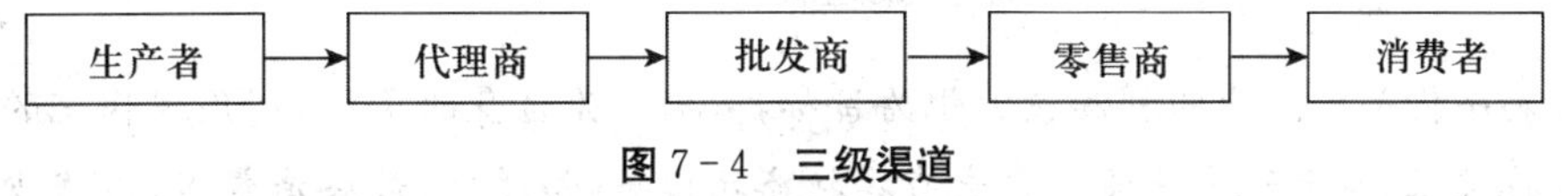

图 7－4　三级渠道

产品由企业向最终消费者转移的过程中，经过两层或两层以上中间环节的分销渠道称为长渠道，不经过任何中间环节或只经过一层中间环节的分销渠道称为短渠道。一般来说，产业市场中的商品或者生鲜类的特殊商品，往往采用短渠道；销售范围大、产品需求旺盛的日常类消费品，更多选择长渠道。

(二)分销渠道的宽度策略与企业的分销战略

1. 分销渠道的宽度

分销渠道的宽度是指渠道的每个层次使用同种类型中间商数目的多少。它与企业的分销策略密切相关，如图 7－5 所示。

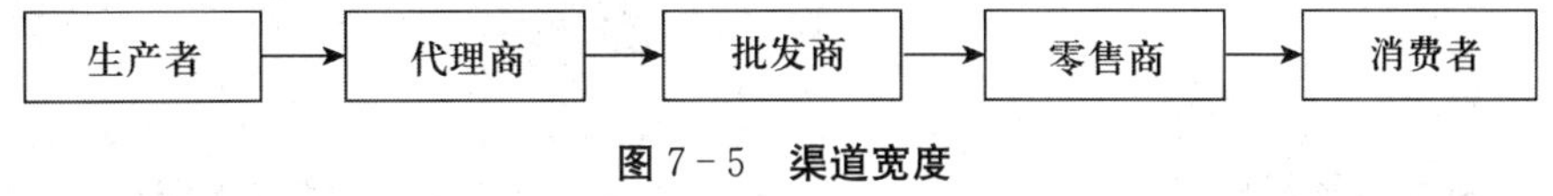

图 7－5　渠道宽度

2. 企业的渠道宽度类型

分销渠道宽度的选择与企业的分销战略密切相关。确定中间商数目时，企业的分销战略通常可分为三种，即密集分销、选择分销和独家分销。

(1)密集分销。密集分销，也称广泛分销，指企业尽可能多地利用每个等级的中间商分销商品，使广大消费者都能及时、方便地购买到所需产品。这种分销策略，比较适合消费品中的便利品(牙膏、香皂、洗面奶等),工业品中的一般原材料、小五金以及不宜长期存放的商品。

(2)选择分销。所谓选择分销,是指企业在一个细分市场仅通过少数几个精心挑选的、最合适的中间商推销其产品。在日常的分销管理过程中,消费品中的选购品和特殊品最适合采取选择分销。采用选择分销渠道的基本目的是提高产品形象、强化推广力度、提高产品购买率。

(3)独家分销。所谓独家分销,是指企业在某一地区仅选择一家中间商推销其产品。通常双方协商签订独家经销合同,规定中间商不得经营竞争者的产品,以便控制中间商的业务经营,调动其经营积极性,占领产品市场;企业也不得再向其他中间商供货,保证中间商的利益。独家分销适用于消费者非常重视品牌,尤其是重视私人品牌的产品,例如,很多奢侈品通常利用这种分销渠道模式。这种渠道模式也常被用于产业用品分销的过程中,这种渠道模式有利于企业强力控制渠道,也有利于企业形象的打造。

渠道扁平化

渠道扁平化是以企业的利润最大化为目标,依据企业自身的条件,利用现代化的管理方法与高科技技术,最大限度地使生产者直接把商品出售(传递)给最终消费者,以减少销售层级的分销渠道。

渠道扁平化的实现,往往通过减少产品和消费者接触的中间环节,实现产品和消费者的直接接触。这种渠道结构也往往有利于降低产品的最终售价,增加渠道组织的透明度和信息传递效率,减少渠道冲突产生的可能。由于生产商和经销商的不断成熟和壮大,现代许多企业纷纷缩短渠道层次。这种渠道模式的扁平化趋势在我国IT行业比较明显。

任务二　渠道设计

任务导入

想一想

小李任职于一家大型高新技术企业的市场部,现在一款手机的营销渠道出现了问题,给企业造成了不利的影响,小李和同事受命对这款手机的营销渠道进行改造。首先是营销渠道设计。

顺利完成任务后,他们又积极地对这条营销渠道进行沟通和管理,使销售取得可喜成绩。

思考:从本案例中,你能获得什么样的工作启示?

渠道设计是指为实现分销目标,对各种备选渠道结构进行评估和选择,从而开发新型的营销渠道或改进现有营销渠道的过程。广义的营销渠道的设计包括在公司创立之时设计全新的渠道以及改变或再设计已存在的渠道。改变或再设计已存在的渠道,现在也称为营销渠道再造,是市场营销人员经常要做的事。

一、分析渠道设计的影响因素

(一)商品因素

(1)价值大小。一般而言,商品单价越低,营销渠道越多,路线越长;反之,单价越高,路线越短,渠道越少。

(2)体积与重量。体积过大或过重的商品应选择直接或中间商较少的间接渠道。

(3)时尚性。对式样、款式变化快的商品,应多利用直接营销渠道,避免不必要的损失。

(4)技术性和售后服务。具有高技术性或需要经常服务与保养的商品,营销渠道要短。

(5)产品数量。产品数量大往往要通过中间商销售,以扩大销售面。

(6)产品市场寿命周期。产品在市场寿命周期的不同阶段,对营销渠道的选择是不同的,如衰退期的产品就要压缩营销渠道。

(7)新产品。为了较快地把新产品投入市场、占领市场,生产企业应组织推销力量,直接向消费者推销或利用原有营销路线展销。

(二)市场因素

(1)潜在顾客的状况。如果潜在顾客分布面广、市场范围大,就要利用长渠道,广为推销。

(2)市场的地区性。国际市场聚集的地区,营销渠道的结构可以短些,一般地区则采用传统性营销路线即要经批发商与零售商销售。

(3)消费者购买习惯。顾客对各类消费品购买习惯,如最易接受的价格、购买场所的偏好、对服务的要求等均直接影响分销路线。

(4)商品的季节性。具有季节性的商品应采取较长的分销路线,要充分发挥批发商的作用,渠道要长。

(5)竞争性商品。同类商品一般应采取同样的分销路线,较易占领市场。

(6)销售量的大小。如果一次销售量大,可以直接供货,营销渠道就短;一次销售量少就要多次批售,渠道则会长些。在研究市场因素时,还要注意商品的用途和定位,这对选择营销渠道结构都是很重要的。

(三)竞争者

一般情况下,制造商要尽量避免和竞争者使用一样的分销渠道。如果竞争者使用和控制着传统渠道,制造商就应当使用其他渠道或途径推销其产品。例如,连裤袜(pantyhoses),原为配衬"超短裙"(mini—skirt)而制,在美国很受妇女欢迎,过去所有生产连裤袜的制造商都通过百货商店、妇女服装商店推销它生产的连裤袜。为了避开竞争者,L'eggs牌连裤袜制造商在超级市场推销其产品,结果很成功。美国雅芳(Avon)公司也是如此,它避开竞争者常用的传统分销渠道,而是让漂亮的年轻女孩儿挨家挨户上门推销化妆品,结果赢利甚多,大获成功。由于受消费者购买模式的影响,有些产品的制造商不得不使用竞争者所使用的渠道。例如,消费者购买食品往往要比较厂牌、价格等,因此,食品制造商就必须将其产品摆在那些经营其竞争者的产品的零售商店里出售;也就是说,不得不使用竞争者所使用的渠道。

(四)消费者的消费习惯

消费者的消费习惯主要指的是以下两点。

(1)消费者对不同的消费品有不同的购买习惯,这也会影响分销渠道的选择。消费品中的便利品(如香烟、火柴、肥皂、牙膏、大部分杂货、糖果、报纸杂志等)的消费者很多、其市场很大,消费者对这种消费品的购买次数很频繁,希望随时随地买到这种消费品,制造商只能通过批发商、为数众多的中小零售商转卖给广大消费者。因此,便利品分销渠道是"较长而宽"的。消费品中的特殊品,如名牌男西服等,消费者习惯上愿意多花时间和精力去物色这种特殊的消费品,所以特殊品的制造商(名牌产品制造商)一般只通过少数几个精心挑选的零售商去推销其产品,甚至在一个地区只通过一家零售商经销其产品,这种特殊品的分销渠道是"较短而窄"的。

(2)一般消费者购买次数多,每次购买数量小;而产业用户一般都是购买次数少,每次购买量大。设备要若干年才买一次,制造商所需要的原材料、零件等都是根据合同一年购买一次或几年购买一次。这就决定了制造商可以把产品直接销售给产业用户,而一般不能将产品直接销售给消费者,因为制造商多次、小批量销售会增加成本,不划算。

(五)制造商

这主要指制造商(公司)本身的以下情况。

(1)制造商(公司)的产品组合(product mix)情况。所谓公司的产品组合情况,也就是指这种情况:某公司的"产品种类"(product line)有多少,如日本三菱汽车公司同时生产客车、小汽车、货车、摩托车四种产品;每种产品中有多种型号规格,如三菱汽车公司生产的客车有三种型号:MS牌大型客车(49座),MK牌中型客车(33座),ROSA牌小型客车(26座)。某公司"产品种类"的多少,表明该公司的"产品组合"的宽度;而各种产品的型号规格数目的平均数，则表明该公司的"产品组合"的深度。某公司的"产品组合"情况，就是这个公司的"产品组合"的宽度和深度情况，也就是这个公司的产品种类、型号规格多少情况。公司的"产品组合"情况之所以会影响分销渠道选择，那是因为在客观上存在着这种产销矛盾：从制造商方面说，销售批量要较大（假设产品都是单价不高的一般消费品），否则如果销售次数频繁，销售批量小，那就不划算；从零售商方面说，除少数大零售商外，一般中小零售商的进货，要多品种，多规格，小批量，勤进快销。因此，如果制造商"产品组合"的宽度和深度大（即产品的种类、型号规格多），制造商可能直接销售给各零售商，这种分销渠道是"较短而宽"的；反之，如果制造商"产品组合"的宽度和深度小（即产品的种类、型号规格少），制造商只能通过批发商、许多零售商转卖给最后消费者，这种分销渠道是"较长而宽"的。

(2)制造商能否控制分销渠道。如果制造商（公司）为了实现其战略目标，在策略上需要控制市场零售价格。需要控制分销渠道，就要加强销售力量，从事直接销售，使用较短的分销渠道。但是，制造商能否这样做，又取决于其声誉、财力、经营管理能力等。如果制造商的产品质量好，誉满全球，资金雄厚，又有经营管理销售业务的经验和能力，这种大制造商就有可能随心所欲地挑选最合适的分销渠道和中间商，甚至建立自己的销售力量，自己推销产品，而不通过任何中间商，这种分销渠道是"最短而窄"的；反之，如果制造商（公司）财力薄弱，或者缺乏经营管理销售业务的经验和能力，一般只能通过若干中间商推销其产品，这种分销渠道是"较长而宽"的。

（六）环境因素

(1)环境因素。影响渠道结构和行为的环境因素多且复杂，概括起来有社会文化环境、经济环境、竞争环境三种。

①社会文化环境包括一个国家或地区的思想意识形态、道德规范、社会风气、社会习俗、生活方式、民族特性等许多因素，与之相联系的概念可以具体到消费者的时尚爱好以及其他与市场营销有关的一切社会行为。

②经济环境是指一个国家或地区的经济制度和经济活动水平，它包括经济制度的效率和生产率，与之相联系的概念可以具体到人口分布、资源分布、经济周期、通货膨胀、科学技术发展水平等。经济环境对渠道的构成有重大影响，例如，生产太集中，人口分布面广，分销渠道就长。西方国家以自助服务出售食物为主的超级市场的出现，是以科学技术发展到一定水平，消费者能看懂包装上的说明文字为前提的。如果没有电视、报纸等大众宣传媒介，没有现代化的包装技术和冷冻技术，没有收款机和其他自动化设备，超级市场就不可能出现。一些不发达国家尽管可以从国外引进上述这些技术装备，但由于大多数消费者文化层次低，看不懂包装说明文字，超级市场就难以普及。

③竞争环境是指其他企业对某分销渠道及其成员施加的经济压力，也就是使该渠道的成员面临被夺去市场的压力。竞争会影响渠道行为。任何一个渠道成员在面临竞争时有两种基本选择：一是跟竞争对手开展一样的业务工作，但必须比竞争对手做得更好；二是可以

作出与竞争对手不同的业务行为。如，日本的手表开始打入美国市场时，一反欧美手表通过百货商店、珠宝商店销售的传统渠道，而是采用由杂货店、折扣商店等所组成的面向广大低收入阶层的销售渠道，从而取得了成功。日本的小汽车、家用电器、照相机、复印机之所以能成功打入欧美市场，是与日本企业采取“让中间商先富”的分销渠道策略分不开的。

(2)环境对渠道行为的具体影响。环境对渠道行为的影响一般表现在以下三个方面。

①环境因素中的消费需求变化和社会行为变化是直接影响渠道行为的因素，渠道成员应保持敏锐的观察力，从这些因素的变化中寻找市场机会。一般来说，凡能很好地认识和抓住这些机会的企业，其经营都会成功。例如，随着改革开放的不断深入，人们改变了过去在衣着打扮方面的行为观念。有些企业抓住机会设计生产了各种多姿多彩的服装和各种各样的化妆品，从而赢得了市场。近年来，组合式家具挤掉了传统式样的家具，是因为消费者对家具的需求偏好有了变化，家具行业的业务行为也就必须随之改变。消费需求变化和社会行为变化是一个渐进过程，渠道成员应在变化处于量变过程时抓住时机，作出适应这些变化的经营决策。

②环境形成的社会价值观念是时时刻刻影响渠道行为的重要因素。社会价值观念所反映的思想观念、道德行为准则、社会习俗和风气，实质上代表了社会的意志和广大消费者的意志，任何渠道成员必须在符合社会价值观念下营运。作为社会价值观念的重要内涵的道德行为准则并不否认利润动机，但它却是确定获取利润的正确途径和错误途径的标准。任何渠道成员，不论是生产商、零售商还是街头小贩，如果他们在经营中违反社会价值观念，最终就会失败。近几年来，一些企业和个体户做虚假广告，出现短斤缺两、漫天要价或其他欺诈行为，他们即使得益于一时，但这些违反社会价值观念的行为破坏社会信用，最终损害的还是他们自己。

③渠道成员的业务行为符合社会价值观念，才会取得信誉，从而也就会赢得市场。世界上所有成功的大企业都把符合社会价值观念的经营看成是建立信誉、取得成功的前提。发达国家的大企业经理总是努力遵循以下原则：把企业的利益置于个人利益之上，把对社会的责任置于对企业的责任之上，把对企业的责任置于个人的利益之上；在经营活动中，凡个人利益牵连到企业利益，企业利益牵连到社会利益，应增加进程的透明度；利润动机必须在符合社会价值观念的前提下，才能作为企业取得发展的刺激因素。

二、掌握渠道设计的内容

(一)渠道的长度设计

1. 渠道长度定义

渠道长度，是指产品从厂家到最终用户手中的渠道环节总和，即渠道层级数。例如，“制造商——经销商——二级分销商——零售商——消费者”，渠道长度为3；制造商——终端用户，即直销，渠道长度为0。

2. 不同长度渠道的特点

(1)渠道长,中间环节多。企业的销售网络长的优点在于使企业的分销能力极大增强。例如,企业在开发某一区域市场时,把产品销售给一个一级批发商,一级批发商再把产品分销给10个二级批发商,每一个二级批发商把产品再分销给50个零售店,向50个零售店铺发货,很快企业就能够把产品摆上成百上千个零售店的柜台,这样企业的分销能力就会变得很强。

企业的销售网络长也有缺点。销售网络越长,企业对销售网络的控制能力就越差,企业可以控制一级批发商,但是一级批发商下面的二级批发商、零售商,企业就无法控制。如果企业无法控制二级批发商、零售商,就会给企业带来很多问题,如降价倾销、窜货等。

(2)渠道较短。短网络的优点在于企业对其控制能力很强。直销又称无店铺销售,是指产品的所有权从生产者手里直接转移到用户或最终消费者手里,而省去了传统市场营销渠道中的诸多中间环节。直销方式主要有邮购、电话订购、上门销售和多层传销4种。企业直接把产品卖给消费者,或采用直营制,像可口可乐一样直接面向零售店铺货,就不存在不正当竞争,就不会存在经销商之间压价、倾销、窜货这些问题。又例如,戴尔公司目前已成为全球领先的计算机系统直销商,跻身业内主要制造商之列。

短网络最大的特点,也就是它的缺点,分销能力差。例如,在上海市场上有4万家左右的零售店,如果企业要想直接面向4万家零售店铺货,那么企业该需要多少人呢?企业该需要多少费用呢?企业该需要多强的管理能力呢?

3. 进行渠道长度抉择时需要考虑的因素

(1)产品特性,是指产品的物理化学性质、单价高低、式样变化快慢、技术复杂性;销售网络长度与产品因素的关系见表7-1。

表7-1　销售网络长度与产品因素的关系

产品因素	短网络	长网络
容积	□高	□低
保存性	□高	□低
单位价值	□高	□低
产品标准化	□低	□高
技术特性	□高	□低

(2)市场特性,如目标市场范围大小、顾客的集中程度、购买习惯、销售的季节性、竞争性情况等。销售网络长度与市场情况的关系见表7-2。

表 7-2 销售网络长度与市场情况的关系

市场情况	短网络	长网络
顾客数量	□小	□大
地理分散度	□低	□高
顾客密度	□高	□低
销售耗用时间	□长	□短
顾客层次	□高	□低

(3)企业的财力、管理能力、经验、声誉和战略。销售网络长度与企业自身情况的关系见表 7-3。

表 7-3 销售网络长度与企业自身情况的关系

企业自身情况	短网络	长网络
规模	□大	□小
财务能力	□高	□低
对控制的愿望	□高	□低
管理能力	□高	□低
顾客了解程度	□高	□低

(二)渠道的宽度设计

1. 渠道宽度的含义

渠道宽度指渠道使用同类中间商的数量。同一层次或环节的中间商多,渠道就较宽;反之,渠道就较窄。

2. 渠道宽度的选择类型

(1)密集型分销。它是通过较多的中间商,扩大市场覆盖面,或快速进入一个新市场。密集型分销渠道,多见于消费品领域中的便利品,比如牙膏、牙刷、饮料等。

密集型分销的优势:在密集分销中,由于销售网络的高市场覆盖率,从而最大限度地便利消费者,推动销售的增长。密集分销中最重要的假设就是对分销的占有率等同于对市场的占有率。产品的分销越密集,销售的潜力也就越大。

密集型分销的不足:在某一市场区域内,密集分销容易导致经销商之间为争夺市场机会而进行竞争,造成销售努力的浪费。竞争的结果常常会损坏企业的利益,例如经销商之间为了争夺销售机会而压价倾销,到处窜货,扰乱企业的市场秩序。竞争的加剧也会导致经销商对制造商忠诚度的降低,价格竞争的激烈又导致经销商对消费者服务水平的下降。同时,制造商所能提供服务的经销商数目总是有限的,制造商不得不花费大量的精力对经销商进行培训、对分销支持系统等进行评价，以便及时发现其中的不足。

(2)选择型分销。它委托部分中间商经销，重心是维护企业、产品的形象和声誉，巩固市场地位。在IT产业链中，许多产品都采用选择性分销渠道。

选择型分销的优势：选择型分销比密集型分销能够取得经销商的更大支持，同时又比独家分销能够给消费者购物带来更大的方便。

选择型分销的不足：选择型分销中常见的问题是如何确定经销商的区域重叠度。区域重叠度决定着在某一给定区域内选择分销与独家分销、密集分销的接近程度。高重叠率会造成经销商之间的一些冲突，但可以给消费者以方便；低重叠率会增加经销商的忠诚度，但却降低了消费者的方便性。

(3)独家型分销是指一定时间、一定地区选择一家经销。通常双方订有协议——经销商不得经营竞争者的产品，企业也不得向其他中间商供应产品。目的是控制市场，彼此更加积极配合，强化产品形象。独家分销的特点是竞争程度低、市场覆盖率低。比如，东芝的笔记本产品渠道、三星的笔记本产品渠道等就如此。

独家型分销的优势：独家分销可以确保该经销商的利益，避免了与其他竞争对手作战的风险；能够调动经销商的积极性，从事独家分销的制造商希望通过这种方式取得经销商强有力的销售支持，使经销商无所顾忌地增加销售开支和人员，以扩大自己的业务；可以有效地管理和控制经销商。

独家型分销的不足：如果企业只有一家经销商，那么市场掌握在经销商的手中，经销商就可能会挟市场以令企业。此外，由于缺乏竞争会导致经销商力量减弱，出现市场空白点，丧失许多销售机会。独家分销商在市场中占据垄断地位，因此容易使其认为他们可以支配顾客，对于顾客来说，独家分销使他们在购物时不太方便。

(三)渠道的广度设计

渠道的广度结构，实际上是渠道的一种多元化选择。也就是说，许多公司实际上使用了多种渠道的组合，即采用了混合渠道模式来进行销售。比如，有的公司针对大的行业客户，公司内部成立大客户部直接销售；针对数量众多的中小企业用户，采用广泛的分销渠道；针对一些偏远地区的消费者，则可能采用邮购等方式来覆盖。概括地说，渠道结构可以笼统地分为直销和分销两个大类。其中直销又可以细分为几种，比如制造商直接设立的大客户部、行业客户部或制造商直接成立的销售公司及其分支机构等。此外，还包括直接邮购、电话销售、公司网上销售等。分销则可以进一步细分为代理和经销两类。代理和经销均可能选择密集型、选择性和独家等方式。企业可根据自身相关情况来选择金字塔结构还是扁平化结构，总之企业要将其产品以最快速度送达消费者的手中，以实现扩大再生产的目的。

三、应用渠道设计的步骤

(一)渠道设计的步骤

斯特恩等学者总结出“用户导向分销系统”设计模型。将渠道战略设计过程划分为五阶段,共十四个步骤。

1. 审视公司渠道现状

通过对公司过去和现在销售渠道的分析,了解公司以往进入市场的步骤;各步骤之间的逻辑联系及后勤、销售职能;公司与外部组织之间的职能分工;现有渠道系统的经济性,如成本、折扣、收益、边际利润等。

2. 了解目前的渠道系统

了解目前的渠道系统,即了解外界环境对公司渠道决策的影响。宏观经济、技术环境和消费者行为等环境要素对分销渠道结构有重要影响。渠道设计和改进始终面临着复杂变化的环境挑战。渠道设计者有必要认真分析行业集中程度、宏观经济指数、当前和未来的技术状况、经济管理体制、市场进入障碍、竞争者行为、最终用户状况(忠诚度、地理分布等)、产品所处的市场生命周期阶段、市场密度与市场秩序等因素。

上述要素影响行业发展前景,进而也影响着与之相适应的渠道设计方向。一般来说,渠道环境越复杂、越不稳定,客观上就越要求对渠道成员进行有效控制,同时也要求渠道更具有弹性,以适应迅速变化的市场。这种高弹性和高控制是相矛盾的。设计者必须根据对环境要素和行业发展状况的分析,设计出不同的备选渠道方案。仅以产品市场生命周期而言,最好的渠道设计应当是随着时间而改变的。在引入期,最好的渠道是能增加实际价值的渠道;在成长期,分销渠道应能消化销售额的急剧增长,而不必提供引入期需要的某些服务;在成熟期,由于最终用户关注的焦点是低价格,渠道设计并不需要特别强调增加服务价值;在衰退期,增加直接邮购之类的渠道甚至可能降低整个渠道的价值。

3. 收集渠道信息

收集渠道信息对公司及竞争者的渠道环节、重要相关群体和渠道有关人员进行调查分析,获取现行渠道的运作情况、存在的问题及改进意见等方面的第一手资料。

4. 分析竞争者渠道

分析主要竞争者如何维持自己的地位,如何运用营销策略刺激需求,如何运用营销手段支持渠道成员等。具体列出这些资料,以便了解主要竞争威胁及直接挑战竞争对手所采取的大致策略。一般采取避开竞争者的渠道较容易取得成功,但也有成功利用竞争对手渠道成功的先例。

在制定短期的渠道对策这一阶段,设计者应根据前面调研分析结果,把握渠道战略可能作出某些调整的机会,进行短期“快速反应”式调整。

5. 评估渠道的近期机会

综合第1～4步获得的资料，进一步分析环境变化，特别是竞争者的分销渠道策略变化带来的机会。如果发现公司的分销渠道策略执行中有明显错误或竞争渠道有显而易见的弱点，就应当果断采取对策，以免错失良机。

6. 制定近期进攻计划

这是一个将焦点放在短期策略上的计划，即"快速反应"计划。这种计划通常是对原分销渠道策略的适时、局部调整。其全面调整则要到步骤14结束后才能真正完成。

本阶段要求设计人员"忘掉"以前已有的分销系统，摒弃惯性思维，一切从零开始进行全新渠道的设计。

7. 终端用户需求定性分析

这一步的关键在于了解在服务输出过程中，最终用户想要什么。一般要考察四个因素，即购买数量（除购买潜在价值外，最终消费者希望购买多个还是一个单元的产品）、分销网点（最终用户是否要求就近购买，是否需要信息、技术支持，能否接受远程服务等）、运输和等待时间（最终用户关心的是运输时间还是运输安全性）、产品多样化或专业化（最终消费者愿意选择综合性商店还是专业性商店）。

事实上，并不存在所有消费者都要求同样服务的市场。因此，有必要对关键群体进行面对面访谈，以得到一个满足用户需求的详细清单。然后寻找购买模式与相关细分市场的漏洞，把注意力集中到目标细分市场而不是具有相似需求的市场。

8. 最终用户需求定量分析

在了解消费者（用户）需要何种服务产出的基础上，本步骤将进一步了解这些服务产出如地点便利性、低价、产品多样性、专家指导等对用户的重要程度，并比较分析这些特定要求对不同细分市场的重要性。做这种分析有大量调研方法可供使用，如相关分析法、混合模型或及时总量模型等。

在此基础上，进一步对每一细分市场进行人口统计分析，便可以判断各种细分市场的最终用户是否来自同一行业，规格是否相似，是否集中于某一地区等。此外，还应当向最终用户询问对现有渠道传递其期望的服务产出能力的评价，以及他们对替代性渠道的满意程度。这些数据对以后的渠道设计具有重要意义。

9. 行业模拟分析

这一步骤的重点是分析行业内外的类似渠道，剖析具有高效营销渠道的典型公司，发现并吸纳其经验与精华。

10. 设计"理想"的渠道系统

设计"理想"的渠道系统是关键的一步，目标是建立能最好地满足最终用户需求的"理想"分销渠道模型。首先，要认真评估服务产出特性整合到渠道中去是否可行。这一步骤常常需要收集和充分听取熟悉分销的专家和其他人员的观点。其次，要论证渠道将上述服务产出传递到相应的细分市场需要作出哪些努力，即设置哪些渠道功能才能保证满足客户的期望。最后，要确认各分销功能由何种机构承担，才能带来更大的整体效益。

这一步的关键，是要解决渠道功能即营销流程的设计，怎样做才能以最低成本来有效传递服务产出。分销流程是渠道成员行使的系列职能，是推动服务产出传递给最终用户的能源。完成每一流程都会带来其相关成本。例如，为了满足某细分市场用户“快速发货”(立即买到所要的货品)的要求，“理想”的渠道就必须强化物流功能，提供较多的产品储存，而这样做就会增加当地经销商的存货成本。因此，构建“理想”渠道系统时，应尽可能周密考虑下列问题。

(1)有哪些没有价值的职能(如过多的销售访问)可以削减，而又不会损害客户或渠道成员满意程度？有没有多余的行为可以削减，以使整个系统成本最低？某些任务是否可以删除、重新确定或合并，以使销售步骤最少、周转时间减少？能否使某些行为自动化(如电子商务)，以减少产品到达市场的单位成本？是否存在改进信息系统以减少调研、订单进入或报价阶段的行为成本机会？

(2)明晰公司主要以什么手段(精力、努力和奖金等)来满足各个细分市场最终用户的需求，即对某些渠道功能是采取“拥有”(垂直整合，自己行使所有的营销职能)，还是“外购”(让其他合作成员行使)。从理论上说，任何组织都不可能将所有的营销流程全部列入其“核心能力”系统。一个公司往往希望利用“外购”一些功能如批发、零售、代理业务、运输等，而不是负担所有的分销成本。尽管信息技术进步已使企业有可能整合分销系统，但若资金在别的地方可以用得更有效益，那么，更多的“拥有”就不是良策。如果某些分销功能是企业的核心能力，或该服务产出的传递无法依赖第三方或外部企业，则应由自己来完成或通过垂直整合掌握在自己手中。因此，为了发挥公司的技术和资源优势，理想的做法通常是将两种战略方法结合起来。一方面，将企业的主要资源集中于核心竞争力上，并为其他客户提供独特的价值；另一方面，将非关键又无特殊能力的其他行为，包括许多传统上认为是公司必不可少的某些业务采用外购方式，让外部成员承担。

在限制条件与鸿沟分析阶段，要求对拟出的“理想”渠道方案的现实限制条件进行调研分析，并比较分析“理想”渠道系统同现实渠道系统的差异，为最后选定渠道战略方案提供依据。

11. 设计管理限制

设计管理限制包括对管理者的偏见、管理目标和内部、外部强制威胁的详尽分析。

本步骤要通过与渠道方案的执行人员进行深入访谈，了解未来的方案能否被认可和执行。要综合分析本企业的政策、管理目标、组织结构和文化传统，了解传统观念和做法的力量有多强；要考虑新方案的证据和逻辑力量是否足以使方案获得通过，企业是否有这样的人如渠道主管，具有足够的权力和威信保证渠道变革的实施等。应当允许管理层对渠道方案提出各种疑问和限制。他们可就效率如成本与收益关系、效益(市场份额、投资回报率)和适应性(投入资本的流动性、营销新产品能力、应用新技术的能力)等有关问题提供限制意见并列出在企业可能采用的所有分销渠道中,什么是或什么应该是目前或将来的目标。

此外,还应当调查了解渠道系统设计的约束条件,是否有无法更改的行规。许多行业有历来严格遵守的行规,有的做法已成为法律。如美国汽车行业,经销商系统已存在60年,基本上是无法改变的。部分原因是美国汽车分销法律结构的要求,还有部分原因是行业惯例和价值观将经销系统变得不可侵犯。将所有合理或不合理的目标和限制条件明白地列出来,就可以看到改变分销渠道的各种困难。这时,设计者应将这份清单转变为调查工具,分发到企业内与分销有关的所有人员手中,让他们进一步做出类似于销路设计的权衡分析。然后,再分析这些数据,以确定目标和限制条件的相对重要性,拟出受“限制”的分销系统方案。

12. 鸿沟分析

鸿沟分析步骤要对三种不同的分销系统进行比较,分析其差异即鸿沟。这三种系统是“理想的”用户导向系统、现有系统和管理“限制”的系统。

在第一种情况下,三个系统非常类似。表明现有系统的设计已经“各就各位”,具有传统消费者(用户)想要的东西。如果用户仍经常抱怨现有系统,则问题不在系统结构而在系统管理上。基本对策应集中于强化系统管理,提高销售额。

在第二种情况下,现有系统同管理限制系统非常相似,但非常不同于“理想的”系统。这表明管理层采用的目标或限制导致了鸿沟的产生。设计者必须对目标或限制的有效性进行仔细调研。该工作将在下一步骤完成。

第三种情况是三个系统有很大不同,均存在鸿沟。管理限制系统如果位于现有系统与“理想的”系统之间,通常无需减少目标或限制就可能提高最终用户的满意程度。放松某种管理限制也有可能提供更多的用户利益。

与“理想的”系统的吻合程度是评估其他系统的准绳。按这个标准适当构建并正确管理的系统,是能令最终用户满意的、与整体质量管理同义的系统。与“理想的”系统出现鸿沟,意味着现有的或管理限制系统牺牲用户的满意度,必须尽可能加以修正。

在渠道战略方案决策,阶段要根据前面调研分析的结果选择分销战略方案,设计构建最佳渠道系统。

13. 制定战略性选择方案

这一步从检验管理偏见的有效性开始。首先,将目标和限制条件陈述给企业外部人员和内部挑选出来的人,评估其合理性,是否不可改变以及改变可能带来的损益。其次,要召开非正式会议,分析说明管理层的定位和理想定位之间的差距。这里的前提是高级管理层应当一直支持理想系统的关键步骤。高级管理层应回顾过去出现的“限制”(目标和约束)因素对理想系统的影响,说明怎样才能将这些限制与用户的期望尽可能统一起来。再次,应当列出宏观环境和竞争机会的制约。最后,综合以上信息和意见,决定达至理想系统所需要的对原系统进行重新构建的原则。

14. 最佳渠道系统决策

最后一步是让“理想的”分销系统(第10步得出)绕过管理层保留或认可的目标和制约,形成充分吸纳了整个过程(14步)中合理要求的最佳分销渠道系统方案。尽管管理层一些人员仍会有所保留,但他们必须就公司及公司面临的主要环境和竞争力量达成一致意见。最佳系统可能并不是“理想”系统,但它将能最大限度满足管理层的质量(传递最终用户的满意度)、效率、效益、适应性标准。

为确保最佳分销系统的实施,要做好下列工作。

(1)让企业内人员广泛参与,将14个步骤中的参与意见传递到企业相应的职能部门和各个层级。

(2)甄选一位精力充沛的管理者主持这个变革过程。该管理者必须有权力、可信任、政治经验丰富和坚韧不拔。

(3)尽早确认企业内由谁和哪个团队负责渠道工作。

(4)始终坚持用户导向的工作方法,保持耐心和持久的工作热情。因为向最佳系统变动不是一次可以完成的。

(5)不管“理想的”系统看起来如何不可思议,都要坚信总有设计机制可以完成它。组织业务单位和高级管理层共同策划一个业务案例来确定机会成本、潜在利益、实施选择分销系统所需的资源等。管理层必须提前批准实施关键过程所需的时间和资源计划。

(6)制订有效计划,保证个人对实施过程负责,包括动员战术计划和评估。动员是确定行为、转折点、过程中的相互依赖性,评估包含成功或失败的指数、偶然事故等。

(7)明确系统变革管理过程的各个环节,包括演习、沟通和培训方法。

(8)至少安排一位高级管理者承担预检、参与、教练、促进和激励工作。

(二)渠道设计的步骤应用案例

适宜的渠道——汽车厂商营销渠道模式设计过程分析。

汽车厂商营销渠道模式的设计大体分为五大步骤:一是分析消费者的消费服务需求;二是分析各种影响因素;三是确立分销渠道目标;四是找出可选择的渠道方案;五是对方案进行评估和选择。

1. 分析消费者的服务需求

营销专家菲利普—科特勒先生认为,服务需求的主要内容有五项:购买批量、等候时间、出行距离、选择范围和售后服务。因此,营销渠道的设计就是必须分析这五方面的服务产出水平。麦肯锡的专家对当前的汽车用户调查表明,汽车的消费者是真正意义上的“全需要”消费群,不仅注重功能利益的满足,而且对过程利益和关系利益给予了同等的重视。

(1)购买批量,是指顾客每次购买商品的数量。就汽车而言,出租汽车公司喜欢到大批量出售汽车的汽车工业园区或者汽车交易市场去购车;而个体购车者则更愿意到品牌专营店买车。因此,购买批量的差异,要求厂家为消费者设计不同的分销渠道。

(2)等候时间,是指顾客订货或在现场决定购买后,一直到拿到货物的平均等待时间。在现代社会,人们的生活节奏加快,更喜欢快速交货的营销渠道,营销渠道交货越迅速表明该企业的服务产出水平越高。

(3)出行距离,是指顾客从家里或办公地点到商品售卖地的距离。一般的顾客更愿意在近距离范围内完成购买行为,但是,不同的商品人们所能承受的出行距离是不同的。显然,顾客购买出行距离长短与渠道网点的密度相关。密度越大顾客购物出行的距离越短,反之越长。对于汽车厂商来说,汽车经销店是高投入的场所,为了保证厂商和经销商的利益,相对于其他商品而言汽车经销店的密度相对较小。

(4)选择范围,是指营销渠道提供给顾客的商品花色品种数量。一般地说,顾客喜欢较多的品种花色供选择,因为这样更容易买到称心如意的产品。但对于汽车厂商来说,汽车业是高投入的规模企业,为了实现规模经济,一般来说汽车的颜色不会很多,所以各大汽车企业都通过市场细分来选择自己需要的客户。从这点来说,汽车工业园区、汽车交易市场比品牌专卖更有优势。

(5)售后服务,是指分销渠道为顾客提供的各种附加服务,包括信贷、送货、安装、维修等内容。对于汽车业来说,顾客购买过程是短暂的,顾客更注重的是长期的服务,而品牌专卖店在这一点上比其他模式优越得多。就目前而言,确立的品牌专营是汽车市场分销渠道的主渠道模式。

研究目标顾客的服务需求,是为了在所设计的分销渠道中对其进行满足。这决不意味着服务产出水平越高越好,因为服务产出水平是与成本成正比的。可见,目标的最终确定还要考虑各种影响因素。

2. 分析影响因素并确定渠道目标

市场因素、产品因素、组织因素、中间商因素、竞争者因素和环境因素构成了六个影响汽车厂商渠道模式选择的主要因素。

(1)市场因素。市场的性质决定了应选择何种渠道结构。当有着大量的可能性顾客,销量可能很大,且顾客在地理上高度集中时,直接的市场销售最能够成功。当市场广阔、顾客分散,顾客的购买形式不确定时,中间商将对销售起到更重要的作用。以日本丰田汽车公司的渠道分销为例,在日本本土它采用较短的销售进行分销,并且有相当一部分丰田轿车是通过直销的方式卖出去的。在亚洲其他国家和非洲一些地区,能够买丰田车的用户数量有限,并且相当分散,当中还有一部分人会选择购买其他品牌的同档次轿车。因此在这些地区丰田公司主要通过大量的中间商来实现销售。

(2)产品因素。产品的特性在一定程度上决定着分销渠道的选择。

①价值小、体积与重量小的产品,营销渠道的长度和密度都较大;反之,价值高、体积和重量大的产品多选择较短、密度较小的营销渠道。汽车的营销渠道就多采用直接渠道或中间商环节较少的间接渠道,同时,营销渠道的密度也不大。

②技术性强且需要经常提供售后服务的产品,营销渠道较短,渠道密度也较小。汽车就

属于这类产品，汽车产品所涉及的技术面很广，而且每辆汽车都需要定期维护和保养。

③产品数量较大的，往往要通过更多的中间商销售，以扩大销售面，产品数量有限的，通过的中间商数量则较少。汽车产品的销量是有限的，国产车各厂家一年就销售几万台，最多的不超过30万台，美国通用汽车公司一年销售也在几百万台以内。因此汽车销售通过的中间商数量是较少的。

④产品的市场寿命周期也影响到渠道的选择。新进入市场的汽车产品应尽量采用直接渠道或数量较少的渠道商组成间接渠道。在衰退期的产品也要压缩营销渠道。

(3)组织因素。汽车厂商财务力量雄厚，有广泛的产品组合的，就能够从事广泛直接的市场营销。相反，如果公司力量很弱，只有较少的人力物力，就要靠中间商来从事主要的工作。

①从汽车厂商的产品组合来分析，如果产品组合的宽度和深度大，则采用密度较大的短渠道。相反，如果产品组合的宽度和深度不大，则采用密度较小的渠道。产品组合的宽度是指公司"产品种类"的多少，产品组合的深度是指各种产品的型号规格数目的平均数。汽车厂商的"产品组合"情况之所以会影响营销渠道选择，是因为在客观上存在着这种产销矛盾。从汽车厂商方面说，追求销售的大批量，如果销售次数频繁，销售批量小，就无从谈效益；从零售商方面分析，一般中小零售商的进货，要多品种多规格、小批量、勤进快销。

②从汽车厂商控制营销渠道的程度来分析，如果汽车厂商为了实现其战略目标，在策略上需要控制市场零售价格，需要控制营销渠道就要加强销售力量，选择直销渠道或较短的渠道进行营销。但是，汽车厂商能否做到这一步，又取决于其声誉、财力、经营管理能力等因素。

(4)中间商因素。中间商能广泛地接触到不同层次的消费群体，但是他们在广告、储运、信用条件等方面又有较大的差异。此外，中间商的财务力量，在考虑渠道选择时也是很重要的。上海通用汽车公司所选择的中间商在广告、储运、信用条件上都十分有限，流动资金在500万元左右，所掌握的销售网络也很有限。因此上海通用汽车公司加强了销售队伍建设，开展短渠道分销。

(5)竞争者因素。一般而言，制造商要尽量避免和竞争者使用一样的分销渠道。如果竞争者使用和控制着传统的渠道，该制造商就应当使用其他不同的渠道或途径推销其产品。例如，一家服装厂发现它的竞争对手多通过专卖店来推销服装，就果断地把大商场和超市作为主要的分销渠道，结果获得很大的成功。另一方面，由于受消费者的购买行为的影响，有些产品的制造商不得不使用竞争者所采用的渠道。例如，消费者购买食品往往要比较厂牌、价格等。因此，食品制造商就必须将其产品摆在那些经营其竞争者的产品的零售商店里出售。也就是说，不得不使用竞争者所使用的渠道。在中国处于计划经济时期，各大汽车厂商主要通过各地的汽车销售总公司推销其产品，使用着同一分销渠道。近年来，汽车市场竞争日趋激烈时，各大厂商都纷纷发展自己独有的营销渠道，大量的品牌专营店涌现出来。在西方国家，由于市场竞争的压力，各大汽车制造商都主要采用自己的营销渠道，避开竞争对手的锋芒。

(6)环境因素。市场环境发生变化会影响营销渠道的选择。当经济不景气时，汽车厂商就会采取最短最便宜的分销渠道。1999年，东南亚经济危机过去不久，国民经济还未复苏，上海通用汽车公司和广州本田汽车公司几乎同时建设投产。在当时的经济环境下，两个厂商不约而同地选择了只有一个环节的中间商，并且都对中间商提出了流动资金余额等财力方面的要求。

3. 设定营销渠道目标，评估、选择营销渠道

根据消费者的服务需求和各种相关因素的影响，汽车厂商就可以设计具体的分销目标了。

(1)营销渠道目标的选择。汽车厂商在确定营销渠道目标时会有多种选择，汽车专家们的看法也不尽一致，但至少有四个方面是必须要考虑的。

①购买便利性。营销的目的就是使顾客能既顺利又方便地买到所需的产品，所以对汽车厂商来说，应尽量建立更多的网点覆盖更多的区域，以适应市场的要求。

②较大利润性。汽车厂商行为动机是获取利润，营销目标也必须有销售额和利润指标。当然利润指标不单靠销售额提高来实现，还要考虑营销渠道成本的降低。

③渠道成员的支持度。前两个目标的实现必须以渠道成员的支持为基础，使经销商全力支持企业的营销策略，推广产品，包括促销活动、公关活动等方面的支持。

④售后服务度。汽车厂商必须确定一个基本的售后服务水平，这是设计营销渠道的重要基础，对汽车厂商来说售后服务水平至关重要。

(2)营销渠道目标的协调。营销渠道目标协调的实现需要经过四个步骤。

第一步，利润指标应服从需求的满足。汽车厂商在设计营销渠道时一味地注重长期利润的最大化，可能忽视汽车顾客需求的满足，从而使营销渠道受阻。

第二步，寻找到满足两个目标的最佳结合点。也就是说，提高营销渠道的服务产出水平和保证企业长期利润最大化。任何一家汽车厂商的营销目标都应是在保证目标顾客服务得到满足的基础上实现渠道费用成本最小化。

第三步，汽车厂商确定汽车营销渠道模式之后就要考虑如何实现这一目标。尽可能把所想到的方案全部列出，不论何种方案至少应有长度、宽度、广度和系统四大基本内容。

第四步，评估选择渠道方案。列出被选择渠道方案并不难，困难的是最终选择一条或几条适宜的营销渠道模式。所谓适宜，是指所选择的渠道在长度、宽度、广度和系统都有利于实现分销目标。一般认为，每一项渠道方案评估都必须依据经济性标准、控制性标准和适应性标准三项标准。

在经过以上步骤之后，汽车厂商的决策者就可以最终确定所选择的最佳营销渠道。

任务三 渠道管理

任务导入

想一想

LG电子公司从1994年开始进军中国家电业，目前其产品包括彩电、空调、洗衣机、微波炉、显示器等种类。他们把营销渠道作为一种重要资产来经营。通过把握渠道机会、设计和管理营销渠道拥有了一个高效率、低成本的销售系统，提高了其产品的知名度、市场占有率和竞争力。

资料来源：LG电子公司的渠道策略，http://www.chinadmd.com/file/t3c6ezc3wraczo6uistvaewx_1.html，[2015-7-8]

思考：如何才能进行有效的渠道管理？

一、认知渠道管理

（一）渠道管理的定义

渠道管理是指制造商为实现公司分销的目标而对现有渠道进行管理，以确保渠道成员间、公司和渠道成员间相互协调和努力合作的一切活动，其意义在于共同谋求最大化的长远利益。渠道管理分为选择渠道成员、激励渠道、评估渠道、修改渠道决策、退出渠道等。生产厂家可以对其分销渠道实行两种不同程度的控制，即高度控制和低度控制。

（二）渠道管理的意义

销售渠道是企业最重要的资产，同时也是变数最大的资产。它是企业把产品向消费者转移的过程中所经过的路径。这个路径包括企业自己设立的销售机构、代理商、分销商、零售店等。对产品来说，它不对产品本身进行增值，而是通过服务，增加产品的附加价值。对企业来说，起到物流、资金流、信息流、商流的作用，完成企业很难完成的任务。不同的行业、不同的产品、企业不同的规模和发展阶段，销售渠道的形态都不相同，绝大多数销售渠道都要经过由分销商到零售店这两个环节。为了满足零售店的需求，也是为了自己的利润最大化，很少有分销商只代理一家产品，大多数都有自己的产品组合。渠道管理对企业来讲至关重要，关乎企业的生死存亡。

渠道是企业的生命线，在企业实际运营过程中，对渠道进行管控的关键就是如何有效地控制销售渠道成本与费用，同时提高企业的销售业绩，谋求企业的长远发展。

(三)渠道管理工作的具体内容

(1)对经销商的供货管理,保证供货及时,在此基础上帮助经销商建立并理顺销售子网,分散销售及库存压力,加快商品的流通速度。

(2)加强对经销商广告、促销的支持,减少商品流通阻力;提高商品的销售力,促进销售;提高资金利用率,使之成为经销商的重要利润源。

(3)对经销商负责,在保证供应的基础上,对经销商提供产品服务支持。妥善处理销售过程中出现的产品损坏变质、顾客投诉、顾客退货等问题,切实保障经销商的利益不受无谓的损害。

(4)加强对经销商的订货处理管理,减少因订货处理环节中出现的失误而引起的发货不畅。

(5)加强对经销商订货的结算管理,规避结算风险,保障制造商的利益。同时避免经销商利用结算便利制造市场混乱。

(6)其他管理工作,包括对经销商进行培训,增强经销商对公司理念、价值观的认同以及对产品知识的认识。还要负责协调制造商与经销商之间、经销商与经销商之间的关系,尤其是一些突发事件,如价格涨落、产品竞争、产品滞销以及周边市场冲击或低价倾销等扰乱市场的问题,要以协作、协商的方式为主,以理服人,及时帮助经销商消除顾虑,平衡心态,引导和支持经销商向有利于产品营销的方向转变。

从以上简单分析可见,渠道管理要求制造商部分参与经销商的经营管理工作,确保经销商把更多的精力投入到搞好销售上,使经销商切实感到合作是有价值的。在实践中,渠道管理切忌认为在自己的商品市场销货,就可以肆无忌惮无视经销商的合理要求,或无理干涉经销商经营的自主权。

(四)渠道管理的方法

生产厂家可以对其分销渠道实行两种不同程度的控制,即高度控制和低度控制。

1. 高度控制

生产企业能够选择负责其产品销售的营销中介类型、数目和地理分布,并且能够支配这些营销中介的销售政策和价格政策,这样的控制称为高度控制。根据生产企业的实力和产品性质,绝对控制在某些情况下是可以实现的。一些生产特种产品的大型生产企业,往往能够做到对营销网络的绝对控制。日本丰田汽车公司专门把东京市场划分为若干区域,每个区域都有一名业务经理专门负责,业务经理对于本区域内的分销商非常熟悉,对每一中间商的资料都详细掌握。通过与中间商的紧密联系关注市场变化,及时反馈用户意见,保证中间商不断努力。绝对控制对某些类型的生产企业有着很大的益处,对特种商品来说,利用绝对控制维持高价格可以维护产品的优良品质形象。因为如果产品价格过低,会使消费者怀疑产品品质低劣或即将淘汰。另外,即使对一般产品,绝对控制也可以防止价格竞争,保证良好的经济效益。

商务通可以说是近年在中国市场销售大获全胜的奇迹。自从1999年上市以来，采用小区独家代理制，终端市场区域密耕细作，严格控制销售区域和终端价格，对促销员进行严格的培训和管理，不断淘汰不合格的代理商。只用半年时间，在全国县级市场铺开，销售点达3 000多个。

2. 低度控制

如果生产企业无力或不需要对整个渠道进行绝对控制，企业往往可以通过对中间商提供具体支持协助来影响营销中介，这种控制的程度是较低的，大多数企业的控制属于这种方式。

低度控制又称为影响控制。这种控制包括如下一些内容。

(1)向中间商派驻代表。大型企业一般都派驻代表到经营其产品的营销中介中去亲自监督商品销售。生产企业人员也会给渠道成员提供一些具体帮助，如帮助中间商训练销售人员，组织销售活动和设计广告等，通过这些活动来掌握他们的销售动态。生产企业也可以直接派人支援中间商，比如目前流行的厂家专柜销售、店中店等形式，多数是由企业派人开设的。

(2)与中间商多方式合作。企业可以利用多种方法激励营销中介网员宣传商品。具体方法如下：与中介网员联合进行广告宣传，并由生产企业负担部分费用；支持中介网员开展营业推广、公关活动；对业绩突出的中介网员给予价格、交易条件上的优惠，对中间商传授推销、存货销售管理知识，提高其经营水平。通过这些办法，调动营销中介成员推销产品的积极性，达到控制网络的目的。

首先，制造商必须在整个市场上塑造自己产品的形象，提高品牌的知名度，也就是必须对分销商提供强大的服务、广告支持。其次，分销商在自己区域内执行制造商的服务、广告策略时，制造商还应给予支持。为分销商提供各种补贴措施，比如，焦点广告补贴、存货补贴，以换取他们的支持与合作，达成利益的统一体。制造商必须制定详细的措施，因地制宜地实施各种策略，争取分销商的广泛参与、积极协作。这既提高了自身品牌的知名度，又帮助分销商赚取利润，激发他们的热情，引导他们正当竞争，从而减少各种冲突，实现制造商与分销商的双赢。

二、渠道成员激励管理

渠道成员激励是很复杂的问题。中间商需要激励以尽其职，即使他们加入渠道的因素和条件已构成部分的激励因素，但还需生产者不断地督导与鼓励。生产者不只是利用中间商销售商品，也把商品售给中间商。

(一)认清制造商与经销商的关系

制造商在处理与经销商的关系时，往往采取不同的方式，主要有刺激合作、长期合作、分销规划三种。

大多数生产者都以为激励只是想法得到独立中间商或不忠诚、怠惰中间商的合作。他们幻想出来一些正的激励因子，如高利润、私下交易、奖赏、合作广告津贴、展示津贴、销售比赛；如果这些未能发生作用，他们就改负的惩罚，例如，威胁要减少中间商的利润，减少给他们的服务甚至终止双方的关系。这些方法的根本问题是生产者从未好好地研究经销商的需要、困难以及经销商的优劣点。相反地，他们只是靠草率的“刺激—反应”式的思考把很多繁杂的工具凑合起来。

一些老于世故的生产者则常会与经销商建立长期合伙关系。这就需要制造商详细了解他能从经销商那里得到什么，以及经销商可从制造商那获得些什么。所有这些，都可用市场涵盖程度、产品可获性、市场开发、寻找顾客、技术方法与服务以及市场信息来测量。制造商希望得到渠道成员对这些政策的同意，甚至依其遵守情形建立报酬制度。例如，一家企业不直接给25%的销售佣金，而按下列标准支付：(1)给5%，因其能保持适度的存货。(2)再给5%，因其能满足销售配额的要求。(3)再给5%，因其能有效地服务顾客。(4)再给5%，因其能及时地通报最终顾客的购买水平。(5)最后再给5%，因其能正确管理应收账款。

分销规划是制造商与经销商间可能建立的进一步关系。它是指建立一套有计划的、专业化管理的垂直市场营销系统，把制造商及经销商的需要结合起来。制造商在市场营销部门下成立一个专门的部门，即分销关系规划处，主要工作为确认经销商的需要，制订交易计划及其他方案，以帮助经销商能以最适当的方式经营。该部门和经销商合作决定交易目标、存货水平、商品陈列方案、销售训练的要求、广告及促销计划。其目的在于将经销商认为他所以赚钱是因为与购买者站在同一立场(共同对抗制造商)的看法，转变为他之所以赚钱乃是由于他和销售这一方站在同一立场(即通过为其精密地规划的垂直市场营销系统的一分子而赚钱)。

(二)渠道成员激励措施

1. 制造商对中间商的激励措施

(1)开展促销活动。生产者利用广告宣传推广产品，一般很受中间商欢迎，广告宣传费用可由生产者负担，亦可要求中间商合理分担。生产者还应经常派人前往一些主要的中间商，协助安排商品陈列，举办产品展览和操作表演，训练推销人员，或根据中间商的推销业绩给与相应奖励。

(2)资金支持。中间商(特别是经销商)一般期望生产企业给予他们资金支持，这可促使他们放手进货，积极推销产品，一般可采取售后付款或先付部分货款待产品出售后再全部付清的方式，以解决中间商资金不足的困难。

(3)协助中间商搞好经营管理，提高营销效果。

(4)提供情报。市场情报是开展市场营销活动的重要依据。企业应将所获得的市场信息及时反馈给中间商，使他们心中有数。为此，企业有必要定期或不定期地邀请中间商座谈,共同研究市场动向,制订扩大销售的措施、企业还可将自己的生产状况及生产计划告诉中间商,为中间商合理安排销售提供依据。

(5)与中间商结成长期的伙伴关系。一方面,企业要研究目标市场上产品供应、市场开发、账务要求、技术服务和市场情报等方面的情况,以及企业与中间商各自能从对方那儿得到什么,然后,根据实际可能,与中间商共同议定这些情况,制定必要的措施,签订相应的协约,如中间商能认真执行,企业要考虑再给予一定的补助。另一方面,可在组织方面与中间商进一步加强合作,把生产者和中间商双方的要求结合起来,建立一个有计划的、内行管理的纵向联合销售系统,生产企业可在此系统内设立一个中间商关系计划部,由这个部与中间商共同规划销售目标、存货水平、商品陈列、培训员工计划以及广告宣传计划,其目的是使中间商认识到,作为一个精明的纵向联合销售系统的一员,可以从中获利。

2. 对海外经销商的激励

在产品销售过程中,由于市场竞争激烈、新产品不为消费者所了解等因素,经销商会遇到很多困难,如果出口商不对其予以激励,则经销商很容易因挫折而丧失信心。因此,怎样激励经销商是出口商必须解决的一个问题。调查表明,西方出口商所采用的激励手段:首先是在一定区域内赋予经销商以独家经营权,这显然是由于经销商们普遍希望在一定区域内获得垄断优势,减少竞争激烈程度。其次是采用经济奖励。相互交流方面的激励工作,计划、关系方面的激励,扶助方面的激励等。如:向经销商提供最新产品,定期的私人接触,定期的信息交流,经常磋商,对经销商的困难表示理解,经常交换意见,一起进行计划工作,承担长期责任,安排经销商会议,提供销售人员以加强销售队伍,提供广告和促销方面的支持,培训其推销人员,提供市场调研信息,融资支持等。

三、渠道冲突管理

(一)认知渠道冲突定义

渠道冲突指的是渠道成员发现其他渠道成员从事的活动阻碍或者不利于本组织实现自身的目标。

(二)分析渠道冲突的根本原因和直接原因

1. 渠道冲突的根本原因

(1)产生渠道冲突的原因很多,购销业务中本来就存在矛盾。如,供货商要以高价出售,并倾向于现金交易,而购买者则要支付低价,并要求优惠的商业信用。矛盾的一个主要原因是生产企业与中间商有不同的目标,生产企业希望占有更大的市场,获得更多的销售增长额及利润;但大多数零售商,尤其是小型零售商,希望在本地市场上维持一种舒适的地位,即当销售额及利润达到满意的水平时,就满足于安逸的生活;制造商希望中间商只销售自己的产品,但中间商只要有销路就不关心销售哪种品牌;生产企业希望中间商将折扣让给买方,而中间商却宁愿将折扣留给自己；生产企业希望中间商为它的品牌做广告，中间商则要求生产企业负担广告费用。同时，每一个渠道成员都希望自己的库存少一些，对方多保持一些库存。

(2)渠道成员的任务和权利不明确。例如，有些公司由自己的销售队伍向大客户供货，同时它的授权经销商也努力向大客户推销。地区边界、销售信贷等方面任务和权利的模糊和混乱会导致诸多冲突。冲突还可能来自渠道成员的市场知觉差异。例如，生产企业预测近期经济前景良好，要求经销商的存货水平高一些，而经销商却可能认为经济前景不容乐观，不愿保留较多的存货。

(3)中间商对生产企业的依赖过高。例如，汽车制造商的独家经销商的利益及发展前途直接受制造商产品设计和定价决策的影响，这也是产生冲突的隐患。

所有这些都可能使渠道成员之间的关系因相互缺乏沟通而趋于紧张。

2. 渠道冲突的直接原因

(1)价格原因。各级批发价的价差常是渠道冲突的诱因。制造者常抱怨分销商的销售价格过高或过低，从而影响其产品形象与定位；而分销商则抱怨给其的折扣过低而无利可图。

(2)存货水平。制造商和分销商为了自身的经济效益，都希望把存货水平控制在最低。而存货水平过低又会导致分销商无法及时向用户提供产品而引起销售损失甚至使用户转向竞争者。同时，分销商的低存货水平往往会导致制造商的高存货水平，从而影响制造商的经济效益。此外，存货过多还会产生产品过时的风险。

因此，存货水平也是容易产生渠道冲突的问题。

(3)大客户原因。制造商与分销商之间存在着持续不断矛盾的来源是制造商与最终用户建立直接购销关系，这些直接用户通常是大用户，是“厂家宁愿直接交易而把余下的市场领域交给渠道中间商的客户(通常是因为其购买量大或有特殊的服务要求)”。由于工业品市场需求的“二八规则”非常明显，分销商担心其大客户直接向制造商购买而威胁其生存。

(4)争占对方资金。制造商希望分销商先付款再发货(如宝钢)，而分销商则希望能先发货后付款。尤其是在市场需求不确定的情况下，分销商希望采用代销等方式，即货卖出去之后再付款。而这种方式增加了制造商的资金占用，加大了其财务费用支出。

(5)技术咨询与服务问题。分销商不能提供良好的技术咨询和服务，常被制造商作为采用直接销售方式的重要理由。对某些用户来说，甚至一些技术标准比较固定的产品，仍需要通过技术咨询来选择最适合其产品性能的产品以满足生产过程的需要。

(6)分销商经营竞争对手产品。制造商显然不希望他的分销商同时经营竞争企业同样的产品线。尤其在当前的工业品市场上，用户对品牌的忠诚度并不高，经营第二产品线会给制造商带来较大的竞争压力。另一方面，分销商常常希望经营第二甚至第三产品线，以扩大其经营规模，并免受制造商的控制。

3. 渠道冲突的类型

(1)水平渠道冲突,指的是同一渠道模式中,同一层次中间商之间的冲突。产生水平冲突的原因大多是生产企业没有对目标市场的中间商数量分管区域作出合理的规划,使中间商为各自的利益互相倾轧。这是因为在生产企业开拓了一定的目标市场后,中间商为了获取更多的利益必然要争取更多的市场份额,在目标市场上展开"圈地运动"。例如,某一地区经营 A 家企业产品的中间商,可能认为同一地区经营 A 家企业产品的另一家中间商在定价、促销和售后服务等方面过于进取,抢了他们的生意。如果发生了这类矛盾,生产企业应及时采取有效措施,缓和并协调这些矛盾,否则就会影响渠道成员的合作及产品的销售。另外,生产企业应未雨绸缪,采取相应措施防止这些情况的出现。

(2)垂直渠道冲突,指在同一渠道中不同层次企业之间的冲突,这种冲突较之水平渠道冲突要更常见。例如,某些批发商可能会抱怨生产企业在价格方面控制太紧,留给自己的利润空间太小,而提供的服务(如广告,推销等)太少;零售商对批发商或生产企业,可能也存在类似的不满。

垂直渠道冲突也称做渠道上下游冲突。一方面,越来越多的分销商从自身利益出发,采取直销与分销相结合的方式销售商品,这就不可避免要同下游经销商争夺客户,大大挫伤了下游渠道的积极性;另一方面,当下游经销商的实力增强以后,不甘心目前所处的地位,希望在渠道系统中有更大的权利,向上游渠道发起了挑战。在某些情况下,生产企业为了推广自己的产品,越过一级经销商直接向二级经销商供货,使上下游渠道间产生矛盾。因此,生产企业必须从全局着手,妥善解决垂直渠道冲突,促进渠道成员间更好地合作。

(3)不同渠道间的冲突。随着顾客细分市场和可利用渠道的不断增加,越来越多的企业采用多渠道营销系统即运用渠道组合、整合。不同渠道间的冲突指的是生产企业建立多渠道营销系统后,不同渠道服务于同一目标市场时所产生的冲突。例如,美国的李维牌牛仔裤原来通过特约经销店销售,当它决定将西尔斯百货公司和彭尼公司也纳为自己的经销伙伴时,特约经销店表示了强烈的不满。

因此,生产企业要重视引导渠道成员之间进行有效的竞争,防止过度竞争,并加以协调。不同渠道间的冲突在某一渠道降低价格(一般发生在大量购买的情况下),或降低毛利时,表现得尤为强烈。

(三)解决渠道冲突办法

解决的办法多种多样,大多数渠道中解决问题的方法或多或少地依赖于权力或领导权。

1. 目标管理

当企业面临对手竞争时,树立超级目标是团结渠道各成员的根本。超级目标是指渠道成员共同努力,以达到单个成员所不能实现的目标,其内容包括渠道生存、市场份额、高品质和顾客满意。从根本上讲,超级目标是单个公司不能承担,只能通过合作实现的目标。一般只有当渠道一直受到威胁时,共同实现超级目标才会有助于冲突的解决,才有建立超级目标的必要。

对于垂直性冲突，一种有效的处理方法是在两个或两个以上的渠道层次上实行人员互换。比如，让制造商的一些销售主管去部分经销商处工作一段时间，有些经销商负责人可以在制造商制定有关经销商政策的领域内工作。经过互换人员，可以提供一个设身处地为对方考虑问题的位置，便于在确定共同目标的基础上处理一些垂直性冲突。

2. 沟通

通过劝说来解决冲突其实就是在利用领导力。从本质上说，劝说是为存在冲突的渠道成员提供沟通机会，强调通过劝说来影响其行为而非信息共享，也是为了减少有关职能分工引起的冲突。既然大家已通过超级目标结成利益共同体，劝说可帮助成员解决有关各自的领域、功能和对顾客不同理解的问题。劝说的重要性在于使各成员履行自己曾经作出的关于超级目标的承诺。

3. 协商谈判

谈判的目标在于停止成员间的冲突。妥协也许会避免冲突爆发，但不能解决导致冲突的根本矛盾。只要压力继续存在，终究会导致冲突产生。其实，谈判是渠道成员讨价还价的一个方法。在谈判过程中，每个成员会放弃一些东西，从而避免冲突发生，但利用谈判或劝说要看成员的沟通能力。事实上，用上述方法解决冲突时，需要每一位成员形成一个独立的战略方法以确保能解决问题。

4. 诉讼

冲突有时要通过政府来解决，诉诸法律也是借助外力来解决问题的方法。对于这种方法的采用也意味着渠道中的领导力不起作用，即通过谈判、劝说等途径已没有效果。

5. 退出

解决冲突的最后一种方法就是退出该营销渠道。事实上，退出某一营销渠道是解决冲突的普遍方法。一个企图退出渠道的企业应该要么为自己留条后路，要么愿意改变其根本不能实现的业务目标。

若一个公司想继续从事原行业，必须有其他可供选择的渠道。对于该公司而言，可供选择的渠道成本至少不应比现在大，或者它愿意花更大的成本避免现有矛盾。

当水平性或垂直性冲突处在不可调和的情况下时，退出是一种可取的办法。从现有渠道中退出可能意味着中断与某个或某些渠道成员的合同关系。

四、渠道绩效管理

（一）认知渠道绩效构成

渠道绩效的构成大致可以分为两个部分。首先是渠道成员对渠道的贡献程度。营销渠道是一系列相互依赖的组织，它不只是一家企业在市场上做得最好——无论这个企业是制造商、批发商还是零售商。相反，营销渠道在典型情况下涉及许多实体，每一个渠道成员都依赖其他成员开展工作。因此，没有成员间的相互合作和贡献，也就不能为终端用户提供服务产出，绩效就根本不能实现。其次是渠道成员本身的绩效，即作为一个单独实体的组织绩效。除了对渠道的整体运作做出应有的贡献外，生存和发展也是各渠道成员的最终目的。

（二）分析影响渠道成员绩效的因素

影响渠道成员绩效的因素分为以下四个方面。

1. 渠道运行环境

渠道运行环境包括技术、法律、经济及市场竞争等因素。此环境因素可以用需求和供给环境来分类，前者包含了人口统计、消费者资源与社会文化环境，后者则包括技术、竞争与法律政治环境。一般而言，渠道的外部环境影响着渠道结构的形成，渠道结构在一定程度上是经济和技术等水平发展的反映。

2. 渠道结构

结构是一种集合组成关系。渠道结构描述了渠道中各种类型的成员，市场上共存的每一类成员的密度和数量以及市场上共存的不同渠道的数量。因此，渠道结构可以说是产品或服务由生产商到消费者过程中有关成员阶层、数目和彼此间权利义务关系的表现。不同的渠道结构安排会影响到厂商对分销功能执行绩效的控制、分销和沟通效率以及分销渠道成本。渠道结构的选择不仅涉及渠道成本的大小，更会影响产品进出上的管理，良好的渠道结构应是配合成本效益的安排，同时能使组织在系统中有效发挥彼此功能。

3. 分销渠道策略

分销渠道策略是企业将产品或服务传送到经销商或最终使用者过程中方法的选择及应用。科特勒将分销渠道策略定义为，企业个体期望在目标市场达成营销目标的明显原则；是生产商在市场覆盖率、销售成长及获利能力等目标间做取舍，而对渠道的多样性、直接性、密度和创新性四个维度所做的决策选择。通常来讲，生产商采取不同的分销策略（密集性分销、选择性分销和专营经销），对产品的定价和促销有着很大的影响，从而影响着经销商的绩效。

4. 渠道成员间的行为

渠道成员间的行为研究探讨的是渠道成员怎样认识、建立和处理渠道关系；其研究重点是渠道成员如何建立和利用权力，如何处理冲突，如何通过合作获取竞争优势。渠道中的权力、冲突、控制、合作等行为直接影响着渠道成员间的关系质量，对其绩效有着显著的影响。

最后需要强调的是，渠道绩效并不是一个被动形成的静态过程，它也会反作用于渠道的结构、成员间相互行为和策略的选择。渠道决策者们往往会根据渠道绩效的表现情况，对已有的渠道层级、成员数目和分销策略等进行相应的调整；渠道成员也会根据自己所获绩效的水平来调整自己的行为。这样，通过两方面不断的动态调整，最终将达到一个在当前渠道运行环境约束下的绩效最大化水平。渠道绩效影响因素的框架如图 7-1 所示。

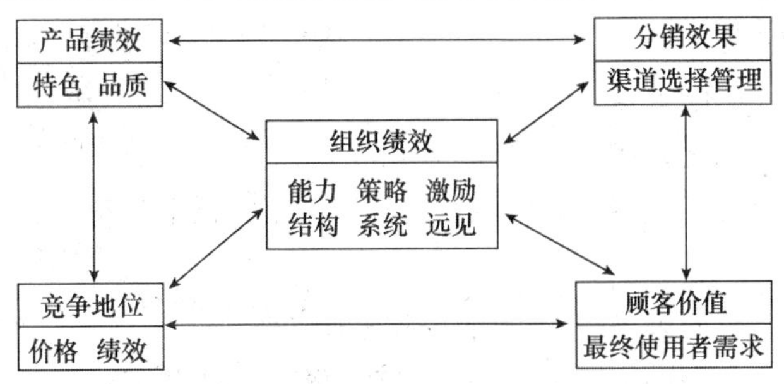

图 7-5　渠道绩效影响因素

五、评估营销渠道绩效

（一）渠道绩效评估定义

渠道绩效评估，就是指厂商通过系统化的手段或措施对其营销渠道系统的效率和效果进行客观的考核和评价的活动过程。

（二）渠道绩效评估内容

渠道绩效是一个多维和纵深的结构，既包括宏观的方面，也包括微观的方面；既包括渠道系统的绩效，也包括单个层级渠道成员的绩效，甚至单个渠道成员的绩效。从宏观方面来说，渠道绩效就是指渠道系统表现出来的对社会的贡献，是站在整个社会的高度来考察的；从微观方面来说，渠道绩效则是指渠道系统或渠道成员对厂商所创造的价值或服务增值，是从厂商自身的角度来考察的。事实上，厂商和渠道成员一般是以独立的经济实体的身份组织在一起，形成一个营销渠道系统。因此，在营销实践中，微观层面的渠道绩效评估又包括厂商对渠道系统的绩效评估和渠道成员对渠道系统的绩效评估。此处主要从厂商的角度出发来阐述如何对渠道系统进行渠道绩效的评估。

1. 渠道系统管理组织评估

渠道系统管理组织的评估，包括两个方面的内容：一要考察渠道系统中销售经理的素质和能力，比如在厂商的某渠道系统中，从事销售工作三年以上且达到一定学历以上的地区经理占销售经理总数的比例有多大，该比例越大，表明销售管理组织的素质和能力就越强。二要考察厂商分支机构对零售终端的控制能力，比如在厂商分支机构是否有自控的零售终端，如果有，自控零售终端的销售额占厂商分支机构所在地销售的比例怎样，该比例越高，表明该分支机构在做市场，而不是在做销售。

2. 客户管理评估

这里的客户是相对而言的，客户管理评估包括三个方面的内容：一个是最终客户，另一个是组织客户，或称商业客户，再有一个就是渠道成员的业务人员。

(1)对于最终客户的管理,需要考察是否建有最终客户数据库。如果有,包括的字段有哪些,这些字段是否合适,各条记录的字段填写是否完整清楚等。通常情况下,最终客户数据库应该包含如下一些字段:客户姓名或名称、地址、邮编、联系电话、E-mail 地址、产品型号、购买价格、购买日期、记录建立时间、记录建立人、是否回访、回访时间、回访人等,如果可能还有必要记录下回访时了解到的一些信息,可以设置字段客户使用意见、使用频率、客户其他建议等。

(2)对于组织客户的管理,更需要考察是否建有数据库。如果有,包括的字段有哪些,这些字段是否合适,各条记录的字段填写是否完整清楚等。通常情况下,组织客户数据库应该包含如下一些字段:联系人、客户名称、所属行业、地址、邮编、电话、E-mail 地址、产品型号、购买价格、购买数量、购买日期、记录建立时间、记录建立人、是否回访、回访时间、回访人等,如果可能还有必要记录下回访时了解到的一些信息,可以设置字段客户使用意见、使用频率、客户是否有再购计划以及客户的其他建议等。

(3)对于厂商来说,渠道成员的业务人员,就像上述两类客户一样,只是更加特殊的"客户"而已。因此也需要建立数据库来统一管理。一般情况下,业务人员数据库需要包括如下一些字段:姓名、性别、年龄、住址、家庭联系电话、家庭 E-mail 地址、负责区域、负责客户类别(最终客户还是组织客户)、负责客户数量等。

有了上述数据库之后,就可以来考察厂商的渠道系统。在客户管理评估方面,主要看两个指标,一个是厂商分支机构中的最终客户和组织客户数量分别占该地区同类客户的比例,另一个是厂商分支机构掌握多少渠道成员的业务员档案。第一个指标的比例越高,第二个指标的数量越大,那么表明厂商分支机构工作做得就越深入细致,厂商渠道系统抗风险的能力就越大。

3. 渠道成员铺货管理评估

渠道成员铺货管理的评估分为两个步骤。

第一步是对构成渠道系统相关层级的渠道成员的信用状况进行评估,这一步至关重要,直接关系到后面的铺货风险问题。根据对评估下来的渠道成员信用等级情况,确定是否铺货或者铺多少货等。

第二步是控制铺货金额。对于一般的零售终端来说,要确定一个合适的铺货量,不能太低,太低了可能造成缺货或断货;但又不能太高,太高了会增加风险。对于规模大一些的主要负责分销的渠道成员,需要根据其信用状况确定另外的铺货量。

对于渠道成员铺货管理的评估中,有一项很重要的指标,那就是看整个渠道系统的渠道成员质量状况。如果在综合评定后,拥有较高信用级别的渠道成员数量占到公司所有渠道成员总数的比例较高的话,那么说明该渠道系统质量较高,否则认为质量一般或较差。

4. 渠道成员沟通评估

渠道成员沟通评估,主要通过厂商对渠道成员的培训来间接考察。一般情况下,厂商的渠道系统都是由与厂商在资本上分离的不同渠道成员构成。因此,厂商需要通过培训,将分散的渠道成员统一于厂商的企业文化之中。

在该项评估上，可以通过考察参加培训的渠道成员占厂商渠道系统所有渠道成员的比例、接受厂商规定的渠道成员占厂商渠道系统所有渠道成员的比例以及参加厂商员工活动的渠道成员占厂商渠道系统所有渠道成员的比例三项指标来衡量。如果这三项指标都比较高，则反映厂商与渠道成员沟通比较有效、合作比较融洽，否则，厂商与渠道成员在有效沟通上存在不足或有问题。

5. 市场促销活动评估

无论是由厂商自身组织、渠道成员辅助实施，还是由渠道成员自身组织、厂商辅助实施的市场促销活动，通常情况下一般需要如下四个方面，即促销目的、促销原则、促销中间环节以及促销切入点等达到一定的要求。

(1)促销目的是否明确。市场上各种各样的促销活动，归结起来，其目的不外乎以下几种：一是由于新产品上市，吸引顾客，尽快打开市场；二是抑制竞争对手，保护自身的市场；三是与竞争对手争夺顾客，拓展市场宽度或深度；四是回馈顾客，留住顾客，增加销售等。

(2)促销原则是否正确。无论是厂商主持还是渠道成员主持，市场促销活动都需要遵循娱乐和让利两个原则。娱乐原则在于争取到人员参与，让利原则在于争取到人员购买，打压竞争对手。

(3)是否把握好三种力。促销活动过程中存在三种力，即终端顾客的拉力、渠道成员的推力以及厂商的引力。如何协调好这三种力，直接关系到促销效果。

(4)是否找好切入点。促销活动要产生预期的效果，需要找好切入市场的点。通常情况下，促销活动有四大切入点，分别是借势、造势、乘势和顺势。所谓借势，就是利用社会高度关注的重大事件，借题发挥。比如，联想赞助 2008 年北京奥运会。所谓造势，就是由厂商自身选定议题，吸引新闻媒体的关注。比如，众多厂商主动出击各种名义的活动或主题的新闻发布会。所谓乘势，就是利用市场旺季，实施密集的促销计划，突出自己，水涨船高。比如，每年暑期各大厂商都大打暑期促销战。所谓顺势，就是当厂商或厂商产品自身可能遭遇某种不好的事件时，采用顺水推舟，实行危机公关，进而顺理成章地达到促销的效果。

在理解了市场促销的上述要求后，就可以实施对市场促销的评估。这时，有两个指标需要考察，一个指标是考察厂商促销活动持续天数占当月或当年有效工作天数的比例，另一个指标是考察厂商万元促销费用所带来的销售额。这两个指标越高，促销拉动效果越好，就越有利于渠道系统的健康发展。

6. 财务指标评估

渠道绩效评估可以通过多种指标表达出来。在营销实践中，用的最多的是财务指标。下面对渠道绩效评估中常用的财务指标进行介绍。

(1)渠道成本。渠道系统的成本直接影响到厂商的利润。因此，对渠道系统成本的有效控制，对厂商来说就显得非常重要。渠道系统中成本主要来自如下几个方面。

直接推销费，主要包括直销人员工资、奖金、差旅费、培训费以及招待费等；

市场促销费，主要包括宣传海报、产品介绍等的印刷费、赠品费、展览费、促销人员劳务费等；

渠道成员的代理费，即给予渠道成员的佣金；

厂商自建渠道成本，包括初始投资成本以及此后的营运成本等。

(2)销售利润率。大多数情况下，渠道成员和厂商都将销售利润率作为评价一个渠道系统获利能力的主要指标之一。对于渠道成员来说，销售利润率在一定程度上影响到渠道成员的积极性，进而影响到渠道系统的稳定性。而对于厂商来说，销售利润率则影响到厂商的持续发展能力。所谓销售利润率，就是指渠道系统当期利润与当期销售收入之间的比率，用公式表示为：

销售利润率＝(当期利润÷当期销售收入)×100％

(3)资产收益率。资产收益率，就是指厂商所创造的总利润与厂商自身全部资产的比率，用公式表示为：

资产收益率＝(当期利润÷资产平均总额)×100％

＝(税后息前利润÷资产平均总额)×100％

其中，资产平均总额＝(年初资产总额＋年末资产总额)÷2

(4)净资产收益率。净资产收益率，就是指税后利润与净资产所得的比率。净资产是指厂商总资产减去负债总额后的净值。净资产收益率用公式表示如下：

净资产收益率＝(税后利润÷净资产平均余额)×100％

(5)资产管理比率分析。

①资金周转率，就是指一个厂商以资产平均占用额去除产品销售收入净额。该指标用以衡量一个厂商投资的利用率，资金周转率高，说明投资效率高。资金周转率用公式表示如下：

资金周转率＝(产品销售收入净额÷资产平均占用额)×100％

②存货周转率，就是指产品销售成本与存货平均余额之比。该指标主要用来说明某一时期内存货周转的次数，从而考核存货的流动性。存货平均余额取年初和年末余额的平均数。一般来说，存货周转率次数越高越好，说明存货水准低、周转快、资金使用率高。存货周转率用公式表示如下：

存货周转率＝(产品销售成本÷存货平均余额)×100％

(6)渠道成本与销售额比率分析。渠道成本与销售额比率，就是用当期渠道成本去除以当期销售总额的比率。该指标主要用来衡量厂商的渠道系统的运作效率，若该比率较高，表明厂商的渠道效率较低，应注意渠道成本费用的控制；若该比率较小，则说明厂商现行的渠道系统效率较高，应继续保持。渠道成本与销售额比率，用公式表示如下：

渠道成本与销售额比率＝(当期渠道成本÷当期销售总额)×100％

(三)渠道绩效评估方法

厂商应定期对渠道系统或渠道系统中的渠道成员进行绩效评估，以确保整个渠道系统或渠道系统中的渠道成员能够按照厂商制定的相关管理措施高效运转。渠道绩效评估的常用方法有两种，一种是历史比较法，另一种是区域比较法。

1. 历史比较法

历史比较法，就是将渠道系统或渠道成员的当期销量与上期销量相比较，得出上升或下降的比值，然后再与整体市场的升降百分比进行比较，对高于整体市场平均水平的渠道系统或渠道成员予以奖励，对低于整体市场平均水平的渠道系统或渠道成员，则要做进一步具体分析，找到准确原因并帮助改进。该法的难点在于需要准确把握整体市场平均水平。

2. 区域比较法

区域比较法，就是将各渠道成员的绩效与该区域销售潜量分析所得出的数值进行比较。具体做法是，将某区域内各渠道成员在某一时段的实际销售量与通过分析得出的该区域销售潜量进行比较并排序，然后通过测算相关指标，以确定这些渠道成员在这一时段是否达到某一标准。该法的难点在于需要客观把握该区域内的销售潜量。

思考题

(1)如何进行渠道设计?

(2)渠道管理包括哪几方面的内容?

技能训练

技能训练一:案例分析

海尔的销售渠道管理

据2013年欧睿国际数据显示:海尔大型家电冰箱、洗衣机、酒柜、冷柜累计获得10项全球冠军。2013年海尔品牌零售量占全球市场的9.7%，第五次蝉联全球第一。按制造商排名，海尔大型家用电器2013年零售量占全球11.6%的份额，首次跃居全球第一。同时，在冰箱、洗衣机、冷柜、酒柜分产品线市场，海尔全球市场占有率继续保持第一。2013年12月17日，海尔集团荣获首届中国质量奖。2013年(第19届)中国最有价值品牌研究结果在法国巴黎揭晓，海尔以992.29亿元人民币的品牌价值连续12年居首。

目前，海尔建立的“实网”(即营销网、物流网、服务网)覆盖全国大部分的城市社区和农村市场，海尔在全国建设了7 600多家县级专卖店、2.6万个乡镇专卖店、19万个村级联络站，可以保证农民不出村知道家电下乡，不出镇买到下乡产品;海尔在全国建立了90余个物流配送中心，2 000多个二级配送站，可以保证24小时之内配送到县，48小时之内配送到镇。实现即需即送、送装一体化;海尔在全国共布局17 000多家服务商，其中在一、二级市场建立了3 000多家服务商，在三级市场建立了4 000多家服务商，在四级市场建立了10 000多家乡镇服务站，可以保证随叫随到，为用户提供及时上门、一次就好的成套精致服务。海尔的虚实网融合的优势保证了企业与用户的零距离，不但有效地支持了海尔产品的营销，还成为国际家电名牌在中国市场的首选渠道。

（一）海尔的营销渠道管理

海尔集团通过自己的销售分公司——海尔工贸公司直接向零售商供货并提供相应支持。海尔工贸公司不仅作为海尔的销售分公司，也是相对独立的分销平台，承担销售、分销、收款以及信息反馈任务，相当于海尔的中转站。同时，不论是在省会城市还是县级城市海尔公司都建设有自己的分支机构，建立销售渠道与网络。还将很多零售商改造成了海尔专卖店。海尔也有一些批发商，但其分销网络的重点并不是批发商，而是更希望和零售商直接做生意、构建一个属于自己的零售分销体系。在海尔的营销渠道中，专卖店和零售店是主要的分销力量，海尔工贸公司相当于总代理商，所以批发商的作用很小。海尔的销售政策也倾向于零售商，不但向他们提供更多的服务和支持，还保证零售商可以获得更高的毛利率。这使得海尔不仅可以借助于苏宁、国美等传统的家电连锁行业巨头分销自己的产品，而且很多小的零售商被改造成为海尔专卖店，既是产品展示和销售的平台，又是海尔品牌形象的落地和宣传，这对海尔来说是一举两得。

1. 国内营销渠道

海尔与经销商、代理商合作的方式主要有店中店和专卖店，这是海尔营销渠道中颇具特色的两种形式。海尔将国内城市按规模分为五个等级：一级，省会城市；二级，一般城市；三级，县级市、地区；四、五级，乡镇、农村地区。

在一、二级市场上以店中店、海尔产品专柜为主，原则上不设专卖店，在三级市场和部分二级市场建立专卖店。四、五级网络是二、三级销售渠道的延伸，主要面对农村市场。同时，海尔鼓励各个零售商主动开拓网点。目前，海尔已经在国内建立营销网点近 10 000 个，但在中小城市特别是农村地区建立的销售渠道有限。

2. 海外营销渠道

在海外市场，海尔采取了直接利用国外经销商现有网络的方法，其优点在于可以直接利用国外经销商完善的销售和服务网络，极大地降低渠道建设成本。现在海尔在 31 个国家建立了经销网，拥有近 10 000 个营销点，使得海尔产品可以随时进入世界上任何一个国家。

3. 海尔对营销渠道的控制

海尔在全国各地的销售渠道以设立店中店和专卖店等销售网点为主，为了加强对各个网点的控制，海尔在各个主要城市设立了营销中心。营销中心负责网点的设立、管理、评价和人员培训工作。

(1)对店中店和电器园的控制。海尔在选择建立店中店的商家上是十分慎重的，采取的原则是择优而设。为了加强对店中店和电器园的控制，使其能够真正地成为海尔集团的窗口和发挥主渠道作用，海尔采用在当地招聘员工派至店中店或电器园担任直销员的方法。直销员的职责是现场解答各种咨询和质疑，向顾客提供面对面的导购服务。每一个直销员每天必须按规定做好当日的日清报告，每周必须回当地的营销中心参加例会，接受新产品知识和营销知识培训等。同时,海尔对派驻各个网点的直销员实行严格的考评制度。

(2)对专卖店的控制。海尔设立专卖店的初衷是因为在一些二、三级地区和农村市场中找不到具备一定经营规模、能够达到海尔标准的零售商。在对专卖店的管理中,海尔倾注了非常大的力量。海尔集团营销中心通过一系列的工作对专卖店进行指导,从而为各地专卖店在当地扩大网络和销量发挥了极大作用。为了提高专卖店经销海尔产品的积极性,集团营销中心还特意制定了海尔专卖店激励政策。

在指导专卖店工作方面,集团营销中心每月编制《海尔专卖店月刊》,内容涉及对专卖店的讲评,前期专卖店工作的总结,最重要的是介绍专卖店的先进经验,在全国推广。海尔集团采取各种措施鼓励所有的专卖店利用自身便利条件向下属的乡镇和农村开拓新的营销网点。

为了加强对专卖店的监督和管理,海尔集团每年对专卖店进行一次动态调整,不符合要求的将被取消专卖店资格,这实际上是海尔集团对专卖店这一营销渠道的定期评价和调整。

4.建立网上商城

2005年,海尔开始建立网上商城,以建立新的销售渠道。海尔采取物流配送模式,并首推“24小时限时达,超时即免单”服务。消费者在网上商城下单后,24小时内就可享受集送货上门、调试安装于一体的一站式服务,满意后再付款;如果海尔在24小时内没有送货到门,消费者购买的任何产品都可免单。

能够做出如此承诺,得益于海尔将虚网销售与现实渠道相结合,依托海尔商城网购平台下单,通过遍布全国的专卖店迅速进行配送,负责送货上门、安装。与传统网商采用第三方物流送货相比,海尔商城如此做法不仅突破了区域限制,而且将送货时间由平均5～7天缩短到了24小时以内,让消费者在一天之内就能体验到购买新产品的乐趣,因而受到市场的一致好评。

此外,海尔商城还在服务方面下足功夫,推出了一站式服务:在售前,海尔专业家电设计师免费上门为用户量身定制专业家电设计方案;在售中,海尔商城推出购物全程在线导购;产品售出后,海尔商城做到即需即送、人货同步,为用户排忧解难,体现出海尔以顾客为中心的理念。

5.借助国美、苏宁等外围渠道进行渠道改革

目前,我国的部分家电企业更加注重对自身渠道的建设。例如,通过与当地经销商合资合营的营销模式,格力直接实现“一竿子插到底”的扁平化渠道体系,由各地经销商直接铺货到各级专卖店,不经过任何的中间环节,最大化地降低了渠道费用。然而像海尔、格力这种自建专卖店＋零售的营销模式也会造成对分销渠道的巨大伤害。由于海尔工贸公司倾向于零售终端,不仅要向他们提供更多的服务和支持,而且要保证零售商的毛利润率。在此种情况下,只有压缩中间批发商的利润空间,这就导致中间批发商的不满。

意识到了自建渠道的弊端后,海尔着力从外围拓展营销渠道。2010年,海尔集团与国美签订了连续三年集中采购500亿元的巨额合同,这是海尔在面临自建渠道模式困境后的

又一变革之作。当自建渠道不能或者不足以支撑海尔产品体系的参天大树时，寻求与大型连锁卖场或者分销商的合作就成了必然。这是国内家电企业与零售连锁企业之间首次超大规模的深入合作。海尔通过与国美的合作，一方面可以直接提升海尔家电产品的市场竞争力和利润率，另一方面通过与国美卖场之间的直供，还可以最大化地扩大自身的销售网络，不需要自身投入巨大的资金成本和管理成本去管理分散在全国各地的工贸公司，并通过向上下游产业链的渗透，全面谋求向服务提供商的转型。

问题：

(1)海尔采用了什么样的渠道销售模式？这种模式有什么优缺点？

(2)在电商的冲击下，我国家电企业的销售渠道建设应如何改革？

技能训练二：案例分析

2005年是吴长江记忆深刻的一年，他推动的渠道变革遭遇到来自股东和经销商的质疑，但最终凭借着五年多来与经销商合作建立的信任，凭借着先期三个省试点的成功，大家最后坚定了信念，推进了渠道变革的进程。

2000年，在创业的初期，资金有限的条件下，雷士照明采取了定位细分市场的战略，主攻商业照明，为了给外界展示一个统一的形象，并且在不占用过多资金的情况下迅速打开自己的销售渠道，雷士首创了中国国内照明行业品牌专卖店的销售模式，当时它给每个加盟的经销商提供3万元的补贴，用于其进行店面装修和样品展示费用，并给店员发放基本工资补贴。经销商几乎在没有太多前期投入的前提下，拥有了自己的销售终端。7月雷士在沈阳开设了第一家专卖店，2003年达到800家，2005年超过1 000家。

五年中，雷士的渠道基本覆盖国内大部分省市一、二级市场，但向县乡第三级市场扩张时，专卖店体系自身的弊端也充分显现。首先是专卖店门槛低，经销商因为逐利的心理，忠诚度低；其次，同一区域内的经销商为了提高销量，频繁打价格战或进行窜货，渠道良性发展受到影响。

此外，对专卖店的管理和支持也耗费了雷士管理层大部分精力。公司要实现从销售型企业向国际化企业转变，管理层必须将精力集中在产品制造、研发、品牌运作和开拓新市场等方面。为了提高资源配置效率和加快对市场变化的反应速度，变革渠道管理模式已经迫在眉睫。

2005年4月，吴长江在南京召开经销商大会，宣布建立以运营中心为主体的渠道变革新政，会上经销商没有直接表示反对意见，会一开完，大家都直接找吴长江说理。“建立运营中心，大的经销商感觉变革后担子重了，压力大了，赚的钱可能还不如过去，何苦呢？当时变革的重心是营销权集中，管理权下放，原来两个平级的经销商，现在一个来管理另一个，开始时待遇也不是提得很高，就觉得自己不管那个经销商也是这么多，与其这样还不如不管。”吴长江直言不讳地说出了经销商的顾虑。

担当运营中心管理的经销商，刚开始管理区域内其他经销商，可能赚不了多少钱，但当他通过努力把平台做大，渠道销售网布好，在发展过程中管理能力提升到位后，就可以赚大钱。而早在2005年3月中旬，雷士已经在试行变革，第一批试点作业在江苏和山东等省同时展开。第一期试点战役持续了15天，雷士的营销队伍在试点省份的109个市县实行拉网作业，走访了上千个终端销售网点。经过大家15天的共同努力，雷士在试点省份的有效销售网点新增了100多个，首批销售回款近1 000万元。

看到试点省份的试运行业绩，雷士的营销团队增强了变革的信心。渠道变革全面展开，由各省市较大的经销商组建了36个运营中心，各运营中心除继续原有销售终端外，还负责区域内的产品配送、品牌服务，市场秩序维护和销售规划，雷士在各地设立办事处，协助运营中心管理经销商和专卖店。

“这两年他们切身体会到渠道变革的好处，如北京运营中心2005年销售额突破1 200万，2007年销售额突破1.6亿元。一些省级运营中心一年销售额也达到1亿～2亿元。你想买他们的经营权，他们都不愿意出售。”吴长江微笑着说道。

2008年，当一些同行在研究如何获得现金流、继续生存的时候，雷士拿出2亿元市场授信与经销商共发展，这个数字几乎等于很多国内中等规模照明企业一年的销售额。“授信的对象涵盖全国36个运营中心、2 200多家品牌专卖店和超过1 500家经销商，形式包括现金和货物。大额授信额度可以帮助渠道商做大做强，提升渠道竞争力和销售业绩。”品牌总监石勇军说。

“让经销商先赢，雷士才能赢。”吴长江幽默地说道，“我们和经销商是战略合作伙伴关系，合作的基础是价值观认同，公平对等地保障经销商权益。”雷士的一位经销商曾这样说道。在加盟雷士十年间，最大的收获就是从一个买卖人，变成了一个有事业心的人。

问题：

(1)你怎样理解雷士照明的渠道关系管理变革？

(2)你觉得雷士照明的这种渠道关系管理模式要注意哪些问题？

项目小结

(1)为实现分销目标，对各种备选渠道结构进行评估和选择，从而开发新型的营销渠道或改进现有营销渠道，这就是营销渠道设计。营销渠道设计的影响因素主要包括商品因素、市场因素、竞争者、制造商、环境因素等。

(2)渠道设计的内容主要包括渠道的长度设计、宽度设计、广度设计。

(3)按照斯特恩等学者总结出“用户导向分销系统”设计模型，将渠道战略设计过程划分为五个阶段，共十四个步骤。

(4)渠道管理是制造商为实现公司分销的目标而对现有渠道进行管理，以确保渠道成员间、公司和渠道成员间相互协调和能力合作的一切活动，其意义在于共同谋求最大化的长远利益。

(5)在渠道管理方法上，生产厂家可以对其分销渠道实行两种不同程度的控制，即高度控制和低度控制。

(6)渠道成员激励是很复杂的问题。制造商通过对中间商的激励措施,如开展促销活动、资金支持协助中间商搞好经营管理、提供情报、与中间商结成长期的伙伴关系等措施来进行激励管理;对于海外经销商则采取相应有效的激励措施。

(7)由于各种原因会产生渠道冲突,针对不同的渠道冲突类型,一般采取目标管理、沟通、协商谈判、诉讼、退出等方法来进行渠道管理。

(8)营销渠道绩效的构成大致可以分为两个部分。首先是渠道成员对渠道的贡献程度,其次是渠道成员本身的绩效。厂商通过系统化的手段或措施对其营销渠道系统的效率和效果进行客观的考核和评价,如渠道系统管理组织评估、客户管理评估、渠道成员铺货管理评估、渠道成员沟通评估、市场促销活动评估、财务指标评估等内容。

项目九 促销策略

知识点拔

学习要点

理论要点：理解促销的含义，掌握促销组合策略及影响因素；
了解人员促销的特点；
了解广告促销的特点及如何选择广告媒体；
掌握公共关系促销的方法；
掌握营业推广的方式。

技能要点：通过案例分析，能正确制定企业的促销组合策略；
初步具备促销人员应具备的基本素质及能力；
通过发言、讨论提高语言表达能力；
初步具备团队沟通与协调能力。

任务一 促销与促销组合

任务导入

想一想

20世纪90年代初期的中国家电市场竞争已是白热化，仅就电冰箱而言，1985年中国电冰箱制造企业是116家，而到90年代初只剩50多家，甚至一些合资企业亦难逃被淘汰的命运。然而这一切都无法阻挡伊莱克斯匆匆的脚步，它认定中国是世界上最大的家电市场。

以“静音”切入

20世纪90年代后期中国电冰箱市场已基本成熟，消费者对品牌的认知度很高。海尔、容声、美菱、新飞四大品牌的市场占有率已高达71.9%。在这种难以撼动的强大对手面前，伊莱克斯针对自己的目标消费群特征和产品风格精心设计了一条充满亲情色彩的营销策略，并以"静音冰箱"作为进入中国千家万户的切入点。

伊莱克斯提出"冰箱的噪音你要忍受不是一天两天，而是十年，十五年……"，"好得让您一生都能相依相靠，静得让您日日夜夜察觉不到。"这种具有亲情色彩的营销语言，除使中国消费者感受到温馨和真诚外，品牌形象和产品形象也随之得到了认可——"静音"就是伊莱克斯的个性和风格。

树立谦恭形象

20世纪90年代后期的中国电冰箱市场份额继续向知名品牌集中，非名牌商品市场进一步萎缩，海尔作为电冰箱行业的龙头老大，市场占有率已达30%以上，构成了伊莱克斯拓展中国冰箱市场主要的竞争对手之一。

然而，伊莱克斯于1998年2月在海口召开的全国经销大会上郑重提出向海尔学习的口号，立即在工商界掀起轩然大波。一个年销售额在147亿美元的国际家电巨人向销售额仅仅是它5%的中国品牌学习本身就造成了强烈的轰动效应，令国内企业界刮目相看。

广告、促销渗透人情味

伊莱克斯在宣传内容上常有惊人之举。结合自己的售后服务营销策略，伊莱克斯在媒体上推出"一年包换，十年包修"的承诺，一时全国家电业一片哗然，其品牌知名度大增。

伊莱克斯凭借其强大的品牌效应，展开形式多样的促销活动，但是体现亲情仍是其主旨。例如，针对中国城市冰箱进入更新换代时期，伊莱克斯推出"超值弃旧，以旧换新"行动。

伊莱克斯另一营销群体是城市新婚家庭。每逢"国庆""春节"，伊莱克斯都适时推出极富针对性的"有情人蜜月有礼"促销活动，对购买伊莱克斯冰箱的新婚夫妇赠送食品搅拌机、蒸气熨斗、面包炉等小家电物品，还组织新婚夫妇种植纪念树活动并赠送爱情树苗等礼品以及其他形形色色的评选活动。

思考：

以伊莱克斯为例，企业如何才能真正做到既扩大市场份额，又在消费者心中树立良好的形象？

企业在开发了适合市场需要的产品、制定了符合企业经营目标的定价策略、确定了有利于产品销售的营销渠道后，还要利用各种方法，把有关企业及企业产品的各种信息传递给目标顾客、渠道成员和社会公众等，同时接收来自这些方面的关于企业及企业产品的信息反馈，以使企业与相关的各个方面实现沟通，促使企业顺利完成各项经营目标。

一、促销的概述

（一）促销的概念

促销，是市场营销组合中的一个重要因素，在企业的整体营销活动中占有不可低估的地位。

促销，又可以称为销售促进、销售推广，是指企业以人员或非人员推销的方式，将其产品及相关有说服力的信息告知目标顾客，引起目标顾客的兴趣和注意，帮助说服目标顾客做出有利于企业的购买决策而进行的各种市场营销活动。

（二）促销的作用

在任何社会化大生产和商品经济条件下，一方面，生产者不可能完全清楚谁需要什么商品，何地需要，何时需要，何价格消费者愿意并能够接受等；另一方面，广大消费者也不可能完全清楚什么商品由谁供应，何地供应，何时供应，价格高低等。正因为客观上存在着这种生产者与消费者间“信息分离”的“产”“消”矛盾，企业必须通过沟通活动，利用广告、宣传报道、人员推销等促销手段，把生产、产品等信息传递给消费者和用户，以增进其了解、信赖并购买本企业产品，达到扩大销售的目的。随着企业竞争的加剧和产品的增多，消费者收入的增加和生活水平的提高，在买方市场上的广大消费者对商品要求更高，挑选余地更大，因此企业与消费者之间的沟通更为重要，企业更需加强促销，利用各种促销方式使广大消费者和用户加深对其产品的认识，以使消费者愿意多花钱来购买其产品。

促销的作用主要有以下几点。

1. 传递产品信息

在产品正式进入市场之前，企业就应该将产品的相关信息在中间商和消费者之间进行传递，使社会各方了解产品的功能、质量、特色等情况，建立产品和企业的良好形象，从而为企业成功销售该产品创造前提条件。

2. 突出产品特色

随着生产技术水平的提高，不同企业同类型的商品差别不大，往往不容易察觉。此时，企业只有通过促销，宣传自己的产品与竞争企业同类产品的不同点，引起消费者的注意，诱导其需求，以达到扩大销售的最终目的。

3. 激励购买欲望

当消费者试用了产品以后，如果是基本满意的，可能会产生重复使用的意愿。但这种消费意愿在初期一定是不强烈，不可靠的。促销却可以帮助他加深重复使用的意愿。如果有一个持续的促销计划，可以使消费群基本固定下来。

4. 提高销售业绩

毫无疑问，促销是一种竞争，它可以改变一些消费者的使用习惯及品牌忠诚度。因受利益驱动，经销商和消费者都可能大量进货与购买。因此，在促销阶段，常常会增加消费，提高销售量。

5. 树立企业形象

企业形象是企业精神文化的一种外在表现形式，它是社会公众与企业接触交往过程中所感受到的总体印象。这种印象是通过人体的感官传递获得的。企业形象能否真实反映企业的精神文化，以及能否被社会各界和公众舆论所理解和接受，首先要依靠自己的内功，即为社会提供优良的产品和服务；同时还要靠企业的真实传播——通过各种宣传手段向公众介绍、宣传自己，让公众了解、熟知、加深印象。促销可以从企业的内在精神和外在形象两方面树立企业形象。

6. 带动相关产品市场

促销的第一目标是完成促销产品的销售。但是，在甲产品的促销过程中，却可以带动相关的乙产品的销售。比如，茶叶的促销，可以推动茶具的销售。当卖出更多的咖啡壶的时候，咖啡的销售就会增加。在20世纪30年代的上海，美国石油公司向消费者免费赠送煤油灯，结果其煤油的销量大增。

（三）促销的方式

促销作为企业与市场联系的重要手段，包括了多种活动。国外市场营销学将促销分为人员促销和非人员促销两大类。

1. 人员促销

人员促销主要是指人员推销，即企业派出推销人员或委托推销人员，直接与消费者接触，向目标顾客介绍产品，传递信息，促进销售的沟通过程。

2. 非人员促销

非人员促销又包括广告、公共关系和营业推广三种方式。

（1）广告是指企业或广告主支付一定的费用，采取非人员的沟通形式，通过大众传播媒体把商品或服务信息传递到广大目标沟通对象，广而告之，促进商品销售。

（2）公共关系是指企业通过开展公共关系活动或通过第三方在各种传播媒体（报刊、电视、广播、网络等）上宣传企业形象，促进与内部员工、外部公众良好关系的沟通活动。

（3）营业推广又叫做特种推销，是指除人员推销、广告和公共关系之外的，在短期内用于刺激顾客或中间商迅速和大量地购买某种特定产品或服务的促销活动，如展销、赠送小样、折扣优惠、抽奖等。

以上几种促销方式各有其优缺点，如表8-1所示，需根据实际需要灵活选用。

表8-1　促销方式优缺点对比表

促销方式	优点	缺点
人员推销	信息双向沟通，能及时反馈；信息针对性强，尤其适用于那些贵重物品或特殊商品的推销	成本高，受到推销人员的素质制约，接触面窄
广告	广告是一种高度大众化的信息传播方式，传播面广、速度快、形象生动、吸引力大、渗透力强，通过多次的信息重复，可加深受众的印象	由于信息单项传播，说服力较小，在受众心目中可信度较低，且购买行为滞后

续表

促销方式	优点	缺点
公共关系	可提高企业的知名度、美誉度和信赖度	见效慢，难以与媒体合作，效果较难控制
营业推广	刺激快，吸引力大，在改变消费者消费行为方面非常有效，配合其他促销手段使用效果更佳	只能短期刺激、可能会使顾客产生顾虑与质疑，竞争对手容易模仿

二、促销组合与策略

(一)促销组合的概念

促销组合是指企业有计划地把各种营销促进形式有机地结合起来，综合运用，形成一个整体、高效的促销策略。

促销组合由具体的促销方式组成，不同的促销方式可组成不同的促销组合，在促销活动中发挥着不同的作用，而各促销方式都有其优缺点和适用范围。因此，企业在制定促销组合策略时，应根据它们各自的特点和具体环境，灵活多样、合理搭配，应遵循效率最高成本最低的促销原则。

(二)促销组合的影响因素

在实际工作中，企业进行促销组合决策时，应考虑以下几个因素。

1. 促销目标

促销目标是影响促销组合决策的首要因素。每种促销方式——人员推销、广告、公共关系和营业推广，都有各自独有的特性和成本。营销人员必须根据具体的促销目标选择合适的促销方式组合。

2. 市场特点

除了考虑促销目标外，市场特点也是影响促销组合决策的重要因素。市场特点受每一地区的文化、风俗习惯、经济政治环境等的影响，促销工具在不同类型的市场上所起作用是不同的，所以应该综合考虑市场和促销工具的特点，选择合适的促销工具，使它们相匹配，以达到最佳促销效果。

3. 产品性质

由于产品性质的不同，消费者及用户具有不同的购买行为和购买习惯，因而企业所采取的促销组合也会有所差异。一般情况下，日用消费品的顾客量大，且购买频率高、每次购买量少，因而可采用广告促销，如果采用人员专门推销的话，不仅工作量大，而且所需成本也会比较高。而对于生产资料或者工业用品来说，购买者较少，购买频率低，一次性订货量大，购买程序复杂。所以,对于像生产资料或工业用品这样的产品来说,可采用人员推销为主。也就是说,广告适用于价格较低,技术没那么复杂,买主多而分散的消费品市场;人员促销则比较适用于中间商和价格较高、技术性强、买主少而集中的产业市场;公共关系和营业推广在两类产品的适用性方面差异不大,都起着重要的作用。

4. 产品生命周期

在产品生命周期的不同阶段,促销工作具有不同效益。在导入期,投入较大的资金用于广告和公共宣传,能产生较高的知名度;促销活动也是有效的。在成长期,广告和公共宣传可以继续加强,推销、推广活动可以减少,因为这时所需的刺激较少。在成熟期,相对于广告而言,营业推广又逐渐起着重要作用。购买者已知道这一品牌,仅需要起提醒作用水平的广告。在衰退期,广告仍保持在提醒作用的水平,公共宣传已经消退,销售人员对这一产品仅给予最低限度的关注,然而营业推广要继续加强。

5. 促销预算

促销预算是企业从事促销活动而拨出的费用预算。费用总是企业关心的问题,而且企业能够使用的促销费用总是有限。所以促销预算也是企业确定促销组合的重要依据。企业应根据自己的财力情况选择比较适宜的促销组合方式。

(三)促销的基本策略

促销策略是指企业如何通过人员推销、广告、公共关系和营业推广等各种促销方式,向消费者或用户传递产品信息,引起他们的注意和兴趣,激发他们的购买欲望和购买行为,以达到扩大销售的目的。

企业的促销策略,根据运作方向和不同的作用,可以归结为两种基本类型,即“推”的策略和“拉”的策略。

(1)“推”式策略,即以直接方式,运用人员推销手段,把产品推向销售渠道,其作用过程为,企业的推销员把产品或劳务推荐给批发商,再由批发商推荐给零售商,最后由零售商推荐给最终消费者。该策略适用于以下几种情况。

①企业经营规模小,或无足够资金用以执行完善的广告计划。

②市场较集中,分销渠道短,销售队伍大。

③产品具有很高的单位价值,如特殊品、选购品等。

④产品的使用、维修、保养方法需要进行示范。

(2)“拉”式策略,采取间接方式,通过广告和公共宣传等措施吸引消费者,使消费者对企业的产品或劳务产生兴趣,从而引起需求,主动去购买商品。其作用路线为,企业将消费者引向零售商,将零售商引向批发商,将批发商引向生产企业。这种策略适用于以下几种情况。

①市场大,产品多属便利品。

②商品信息必须以最快速度告知广大消费者。

③对产品的初始需求已呈现出有利的趋势，市场需求日渐上升。

④产品具有独特性能，与其他产品的区别显而易见。

⑤能引起消费者某种特殊情感的产品。

⑥有充分资金用于广告。

无论是怎样的促销组合和促销策略，企业只有根据自身的实际需要，合理地组合各种促销方式，才可能取得最佳的促销效果。

任务二 人员推销策略

任务导入

想一想

一对颇有名望的外国夫妇，在中国一家商店选购首饰时，太太对一只八万元的翡翠戒指很感兴趣，两只眼睛看过来看过去，一双手拿着摸了一遍又一遍，但因价格昂贵而犹豫不决。这时一个善于“察颜观色”的营业员走过来介绍说：“某国总统夫人来店时也曾看过这只戒指，而且非常喜欢，但由于价格太贵，没有买。”这对夫妇听完后，为了证明自己比那位总统夫人更有钱，当即买下了这只戒指。

资料来源：越买越贵，http://www.doc88.com/p—9475724218326.html，(2014-12-4)[2015-7-3]

思考：人员推销过程中应注意哪些问题？

人员推销是指企业派出推销人员或委派专职推销机构，向目标市场的顾客介绍、示范和推销商品的经营活动。即由销售人员直接与潜在顾客接触，以谈话的方式作口头说明，通过示范和表演，达到推销商品的目的。人员推销是最古老的推销方式，但在现代市场营销中，这种促销方式仍然十分有效，特别是在洽谈交易和成交手续磋商中，是其他促销方式所不能替代的。

一、人员推销的特点

和其他促销方式相比，人员推销具有以下特点。

(一)针对性强，方法灵活

与顾客的直接沟通是人员推销的主要特征。由于是双方直接接触，相互间在态度、气氛、情感等方面都能捕捉和把握，有利于销售人员有针对性地做好沟通工作，解除各种疑虑，引导购买欲望。

（二）推销效率高，容易达成交易

人员推销的又一特点是提供产品实证，销售人员通过展示产品，解答质疑，指导产品使用方法，使目标顾客能当面接触产品，从而确信产品的性能和特点，引发购买行为。

（三）建立友谊，密切买卖双方关系

销售人员与顾客直接打交道，交往中会逐渐产生信任和理解，加深双方感情，建立起良好的关系，容易培育出忠诚顾客，稳定企业销售业务。

（四）双向沟通，信息反馈及时

在推销过程中，销售人员一方面把企业信息及时、准确地传递给目标顾客，另一方面把市场信息、顾客（客户）的要求、意见、建议反馈给企业，为企业调整营销方针和政策提供依据。

（五）可兼任其他营销功能

推销人员除了担任多项产品（服务）推销工作外，还可以兼做信息咨询服务，收集客户情报、市场调研、开发网点，帮助顾客解决商业性事项等工作。

正是由于人员推销具有上述特点，它与广告构成了互补的重要促销方式。但是，当市场广阔而又分散时，推销成本较高，人员过多也难以管理；同时，理想的推销人员并不易得。因此，除了致力于推销人员的挑选与培训外，其他推销方式也是有效的补充。

二、人员推销的基本形式

随着商品经济的发展和市场营销活动的广泛开展，人员推销的形式也日益丰富。其中，上门推销、柜台推销和会议推销是三种被企业广泛采用的人员推销方式。

（一）上门推销

上门推销是最常见的人员推销形式。它是由推销人员携带产品样品、说明书和订单等走访顾客，推销产品。这种推销形式可以针对顾客的需要提供有效的服务，方便顾客，故为顾客广泛认可和接受。

（二）柜台推销

柜台推销又称门市，是指企业在适当地点设置固定门市，由营业员接待进入门市的顾客推销产品。门市的营业员是广义的推销员。柜台推销与上门推销正好相反，它是等客上门式的推销方式。由于门市里的产品种类齐全，能满足顾客多方面的购买要求，为顾客提供较多的购买方便，并且可以保证产品完好无损，故顾客比较乐于接受这种方式。

(三)会议推销

会议推销是指利用各种会议向与会人员宣传和介绍产品,开展推销活动。譬如,在订货会、交易会、展览会、物资交流会等会议上推销产品。这种推销形式接触面广、推销集中,可以同时向多个推销对象推销产品,成交额较大,推销效果较好。

三、人员推销的步骤

人员推销可以按照"识别潜在客户—事前准备—接近顾客—介绍产品—应付异议—办理成交—事后跟踪"步骤进行,如图 8-1 所示。

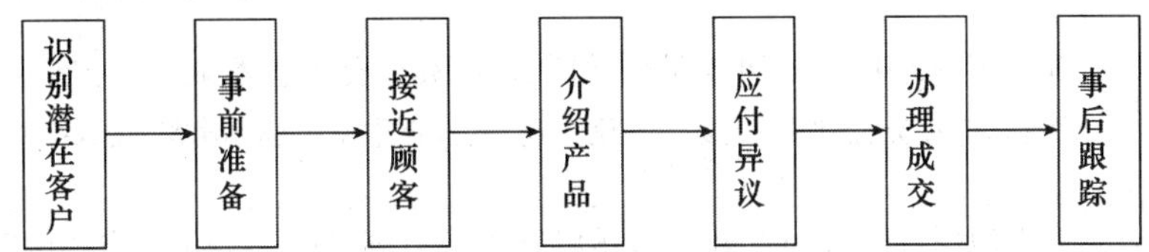

图 8-1　人员推销过程示意图

(一)识别潜在客户

推销人员首先要寻找顾客,其目的是找到准顾客,即潜在客户。挖掘和发现现在的需求,创造新的市场,这一环节往往决定整个推销工作的成败。潜在顾客的寻找方法和途径有很多,如表 8-2 所示。

表 8-2　寻找顾客的方法

方法	内容
普遍寻找法	这种方法也称逐户寻找法或者地毯式寻找法。其要点是,在业务员特定的市场区域范围内,针对特定的群体,用上门、邮件或者电话、电子邮件等方式对该范围内的组织、家庭或者个人无遗漏地进行寻找与确认
广告寻找法	这种方法的基本步骤是:(1)向目标顾客群发送广告;(2)吸引顾客上门展开业务活动或者接受反馈展开活动
介绍寻找法	这种方法是业务员通过他人的直接介绍或者提供的信息进行寻找顾客,可以通过业务员的熟人、朋友等社会关系,也可以通过企业的合作伙伴、客户等由他们进行介绍,主要方式有电话介绍、口头介绍、信函介绍、名片介绍、口碑效应等
资料查阅寻找法	通过资料查阅寻找客户既能保证一定的可靠性,也可减少工作量、提高工作效率,同时也可以最大限度减少业务工作的盲目性和客户的抵触情绪。更重要的是,可以展开先期的客户研究,了解客户的特点、状况,提出适当的客户活动针对性策略等

续表

方法	内容
委托助手寻找法	这种方法在国外用得比较多，一般是业务员在自己的业务地区或者客户群中，通过有偿的方式委托特定的人为自己收集信息，了解有关客户和市场、地区的情报资料等，这有点像香港警察使用“线民”
客户资料整理法	这种方法本质上属于“资料查阅寻找法”，但是，也有其特殊性，它强调客户资料管理，因为其重要性十分突出，现有的客户、与企业联系过的单位、企业举办活动（如公关、市场调查）的参与者等，他们的信息资料都应该得到很好的处理和保存，这些资料积累到一定的程度就是一笔财富
交易会寻找法	国际国内每年都有不少交易会，如广交会、高交会、中小企业博览会等，这都是绝好的商机，应该充分利用；交易会不仅实现交易，更重要的是寻找客户、联络感情、沟通了解
咨询寻找法	一些组织，特别是行业组织、技术服务组织、咨询单位等，他们手中往往集中了大量的客户资料和资源以及相关行业和市场信息，通过咨询的方式寻找客户不仅是一个有效的途径，有时还能够获得这些组织的服务、帮助和支持，比如在客户联系、介绍、市场进入方案建议等方面
企业各类活动寻找法	企业通过公共关系活动、市场调研活动、促销活动、技术支持和售后服务活动等，直接接触客户，这个过程中对客户的观察、了解、深入的沟通都非常有力，也是一个寻找客户的好方法

（二）事前准备

推销人员找到推销对象后，为做到知己知彼，提高推销成功率，接触前需要收集推销对象的有关信息资料，包括生产状况、资金实力、企业的需要及问题、购买者的兴趣及性质特征等，同时还需要尽可能多地了解本企业有关产品各方面的情况及企业方针政策等，在此基础上编制推销方案。

（三）接近顾客

接近顾客是正式接触顾客的第一步。这一过程中，第一印象非常重要，因此要注意自身形象及礼仪，选择合适的接近方式，及时消除顾客疑虑和心理戒备，控制好接近的时机。一般接近顾客的方法有自我介绍法、引见法、利益接近法、产品接近法、问题接近法和馈赠接近法等。

（四）介绍产品

在接触顾客后，应在适当的时机介绍产品，即运用适当的方式介绍或演示产品，突出产品优势，刺激顾客产生购买欲望。

(五)应付异议

面谈的过程中,顾客往往会针对产品提出各种购买异议。如需求异议、权利异议、产品异议、价格异议、货源异议等。推销人员在处理购买异议时应注意语言技巧。例如,加油站工作人员对顾客的询问可以用“我为您把油加满吧?”这样的询问比“您需要加多少油?”更让顾客感到难以拒绝。

(六)办理成交

在推销过程中,一旦发现顾客有购买欲望,要及时提出并办理成交或通过优惠条件促使交易完成,并对交易进行及时总结,签订合同订单。

(七)事后跟踪

推销人员要重视售后服务工作,并以此为契机与客户建立关系。一方面,售后服务工作可以联络感情,让顾客满意工作并重复购买;另一方面,可以通过顾客宣传产品和企业,发展新客户。因此,推销人员应经常与客户保持联系,主动回访,了解情况,解决问题。

四、人员推销的基本策略

在人员推销活动中,根据不同的推销场合、气氛、对象、产品,人员推销应采取不同的推销策略,以吸引顾客,激发购买欲望,促成交易。常用的人员推销基本策略有以下三种。

(一)试探性策略

试探性策略也称为“刺激—反应”策略。这种策略是在不了解顾客的情况下,推销人员运用刺激性手段引发顾客产生购买行为的策略。推销人员事先设计好能引起顾客兴趣、能刺激顾客购买欲望的推销语言,通过渗透性交谈进行刺激,在交谈中观察顾客的反应;然后根据其反应采取相应的对策,并选用得体的语言,再对顾客进行刺激,进一步观察顾客的反应,以了解顾客的真实需要,诱发购买动机,引导产生购买行为。

(二)针对性策略

针对性策略是指推销人员在基本了解顾客某些情况的前提下,有针对性地对顾客进行宣传、介绍,以引起顾客的兴趣和好感,从而达到成交的目的。因推销人员常常在事前已根据顾客的有关情况设计好推销语言,这与医生对患者诊断后开处方类似,故又称针对性策略为“配方—成交”策略。

(三)诱导性策略

诱导性策略是指推销人员运用能激起顾客某种需求的说服方法,诱发引导顾客产生购买行为。这种策略是一种创造性推销策略，它对推销人员要求较高，要求推销人员能因势利导，诱发、唤起顾客的需求；并能不失时机地宣传介绍和推荐所推销的产品，以满足顾客对产品的需求。因此，从这个意义上说，诱导性策略也可称"诱发—满足"策略。

五、推销人员的基本素质

推销人员既是企业的代表，更是顾客的顾问。因此，必须在服务精神、工作作风、业务知识和推销技巧等方面具备良好的素质和条件。

(一)品质素质

对客户要诚恳、热情、谦恭有礼；具备全心全意为顾客服务的精神，要有高度的责任感，一言一行都必须为企业负责，绝对不允许损害企业形象的行为发生；遵纪守法，不假公济私，不铺张浪费。

(二)心理素质

一个优秀的推销人员必须具备良好的心理素质。

1. 性格外向

推销人员宜由性格外向的人担任，性格外向有利于人与人之间的沟通接触。

2. 有容忍度

推销人员必须有一定的容忍度和耐心，否则无法胜任这项工作。因为被客户拒之门外的现象是屡见不鲜的。

3. 有坚强的毅力和上进心

只有那些具有坚强毅力和坚韧不拔精神的人，才能克服出乎意料、难以预见的困难，更好地完成推销任务。

4. 富有幽默感

幽默能使人打破僵局，摆脱困境，增加影响力，从而缩短谈判双方之间的距离。

(三)业务素质

1. 敏锐的洞察力

敏锐的洞察力即对市场行情有高度职业敏感性，能"见微知著"，具备科学的预测能力。

2. 丰富的学识

推销人员应当知识面广，学识渊博，并具备市场知识、顾客知识、产品知识和企业知识等。

3. 高超的社交能力

推销人员要学会说服，善于倾听，能够与各种性格的人友好相处。

（四）身体素质

推销人员必须具有健壮的体格和健全、灵活的大脑，从而保持旺盛的精力。

推销员之歌

初出茅庐做推销，掌握技巧很重要。营销特点要鲜明，专业知识要记牢。
实践技能要掌握，动手动脚要动脑。出发之前多准备，各种工具少不了。
地图名片身份证，包装说明价格表。避免盲目去乱跑，资料一定整理好。
拜访之前细思考，各种因素想周到。穿戴整齐懂礼貌，第一印象很重要。
见面第一先介绍，名片同时要递到。少说多听细观察，顾客姓名要记牢。
若遇顾客生意忙，稍稍等等比较好。若是顾客有时间，不妨陪他随意聊。
天南海北都要谈，天文地理都必要。察言观色多端详，寻找话题投其好。
把握气氛融洽时，不失时机谈产品。特点优点需求点，真正卖点要谈到。
避开价格谈价值，不看便宜看功效。各种优点都谈到，顾客心理把握好。
无论行情如何变，客户关系要搞好。锦上添花容易做，雪中送炭更重要。
生意虽然重利益，输赢心理不能要。跳出输赢谈共赢，共同发展是正道。
浑身解数都使尽，仍有顾客流失掉。不计前嫌多关注，反目为友岂不好？
海纳百川容乃大，英雄气度不能小。上述诸事都做到，销售一定能做好。
说千道万一句话，诚信原则最重要！

任务三　广告策略

任务导入

想一想

1973 年底，明治糖果公司推出了一则别开生面的广告，就是该公司在每天早晨配送新牛奶时，在奶瓶上挂出一张漂亮的小卡片。这种小卡片上印着各种圣诞节用蛋糕的广告，后面则是圣诞节蛋糕的订货单。请顾客在订货单上填好所需蛋糕，该公司在第二天上午收回空瓶时，就会把这张订货单也一并收回去。

这种广告新颖高明，结果轻而易举地争取到600多万盒圣诞蛋糕的订单。

这种小卡片，不仅可做订货用，如果在上边印上意见栏，还可以做市场调查用。

思考：如何选择适当媒介宣传产品，做到既达到推广目的又能节约成本？

在市场经济条件下，广告已经成为沟通企业与消费者之间重要的信息桥梁。它通过向受众传递有关产品和企业信息，激发消费者的购买欲望，从而为企业带来赢利。

一、广告的概念与作用

（一）广告的概念

广告具有悠久的历史，自从人类社会出现商品交换和市场以来就产生了广告。广告源于拉丁文advertere，其意为注意、诱导、传播。中古英语时代（约公元1300～1475年），演变为Advertise，其含义衍化为“使某人注意到某件事”，或“通知别人某件事，以引起他人的注意”。17世纪末，英国开始进行大规模的商业活动。这时，广告一词便广泛地流行并被使用。此时的“广告”，已不单指一则广告，而指一系列的广告活动。因此，又转化成为“Advertising”（广告活动）和“Advertisement”（广告宣传品或广告宣传物）。

本书对广告的定义是：广告是大众传媒的一种形式。根据广告主是否以赢利为目的，广告可以分为商业广告和非商业性广告。在绝大多数情况下，如果没有在“广告”一词前加特定定语，广告一词泛指商业广告。

（二）广告的作用

在商品经济中，广告具有不可忽视的沟通产销的媒介作用，主要表现在以下几个方面。

1. 广泛传播信息

广告是最大、最快、最广泛的信息传递媒介。通过广告，企业或公司能把产品与劳务的特性、功能、用途及供应厂家等信息传递给消费者，沟通产需双方的联系，引起消费者的注意与兴趣，促进购买。

2. 激发购买欲望

消费者对某一产品的需求往往是一种潜在的需求，这种潜在的需要与现实的购买行为有时是矛盾的，广告造成的视觉、感觉印象以及诱导往往会勾起消费者的现实购买欲望。

3. 介绍产品，指导消费

通过广告可以全面介绍产品的性能、质量、用途、维修安装等，并且消除消费者的疑虑，消除消费者由于维修、保养、安装等问题而产生的后顾之忧，从而产生购买欲望。

4. 开拓市场，加速商品流转

广告所传播的信息深入到社会的各个角落，渗透到千家万户，这对企业扩大市场有很重要的宣传效应。同时，由于广告作为一种说服艺术，具有强烈的目的性和针对性，因此能够促进商品的流转。

5. 树立企业形象，提高知名度

广告不仅是企业开拓市场和推动经营创新的先导，而且它对树立企业形象、扩大企业品牌知名度，提升企业竞争力具有非常重要的意义。

二、广告的分类

对广告进行分类，是市场营销人员运用广告开展促销活动的基本前提，有助于提高广告的针对性和效果。广告可按照以下不同的标准来进行分类。

(一)广告的内容和目的

根据广告的内容和目的，可以把广告分为商品广告、企业广告和公益广告。

(1)商品广告传播商品和劳务信息，着重介绍商品的性能、特点、效用、购买地点，激发顾客当前和长期的需要，具有宣传和推销的双重目的。

(2)企业广告传播企业信息，着重介绍企业的名称、厂牌、商标、地址、历史沿革、经营宗旨等，是向顾客提供企业形象的广告。目的是加深社会公众印象，推动企业发展。

(3)公益广告是以为公众谋利益和提高福利待遇为目的而设计的广告，是政府、企业或社会团体向社会公众阐明它对社会的功能和责任的方式。它是指不以赢利为目的而为社会公众切身利益和社会风尚服务的广告。它具有社会的效益性、主题的现实性和表现的号召性三大特点。公益广告通常由政府有关部门来做，广告公司和部分企业也参与了公益广告的资助，或完全由他们办理。

(二)广告的范围

根据广告的范围，可以把广告分为国际性广告、全国性广告、区域性广告、地方性广告。

(1)国际性广告，又称为全球性广告，是广告主为实现国际营销目标，通过国际跨国传播媒介或者国外目标市场的传播媒介策划实施的广告活动。它在媒介选择和广告的制作技巧上都较能针对目标市场的受众心理特点和需求，是争取国外消费者，使产品迅速进入国际市场和开拓国际市场必不可少的手段。

(2)全国性广告，即面向全国受众而选择全国性的大众传播媒介的广告。这种广告的覆盖区域大，受众人数多，影响范围广，广告媒介费用高。较适用于地区差异小、通用性强、销量大的产品。因全国性广告的受众地域跨度大，广告应注意不同地区受众的接受特点。

(3)区域性广告是限定在国内一定区域，如华南区、华北区或是在某个省份开展的广告活动。开展区域性广告的产品往往是地区选择性或是区域性需求较强的产品如加湿器、防滑用具、游泳器材等。它是差异性市场营销策略的一个组成部分。

(4)地方性广告又称零售广告，为了配合密集型市场营销策略的实施，广告多采用地方报纸、电台、电视台、路牌等地方性的传播媒介，来促使受众使用或购买其产品，常见于生活消费品的广告，以联合广告的形式，由企业和零售商店共同分担广告费用。其广告主一般为零售业、地产物业、服装业、地方工业等地方性企业。

（三）广告媒体的使用

根据广告媒体的使用，可以把广告分为印刷媒介广告、电子媒介广告、户外媒介广告、直邮广告、销售现场广告、数字互联媒介广告、其他媒介广告。

（1）印刷媒介广告，也称为平面媒体广告，即刊登于报纸、杂志、招贴、海报、宣传单、包装等媒介上的广告；

（2）电子媒介广告，是以电子媒介如广播、电视、电影等为传播载体的广告；

（3）户外媒介广告，是利用路牌、交通工具、霓虹灯等户外媒介所做的广告，还有利用热气球、飞艇甚至云层等作为媒介的空中广告。

（4）直邮广告，通过邮寄途径将传单、商品目录、订购单、产品信息等形式的广告直接传递给特定的组织或个人。

（5）销售现场广告，又称为售点广告或 POP 广告（Point of Purchase），就是在商场或展销会等场所，通过实物展示、演示等方式进行广告信息的传播。有橱窗展示、商品陈列、模特表演、彩旗、条幅、展板等形式。

（6）数字互联媒介广告，是利用互联网作为传播载体的新兴广告形式之一，具有针对性、互动性强，传播范围广，反馈迅捷等特点，发展前景广阔。

（7）其他媒介广告，如利用新闻发布会、体育活动、年历、各种文娱活动等形式而开展的广告。

三、广告决策

广告决策，又称广告策划，是在总体营销战略的指导下，根据市场调查和分析所提供的市场价格资料、产品组合情况和发展情况、销售条件、销售人员和销售渠道情况、市场发展趋势和市场竞争等详细资料，结合对市场环境的分析，对企业的广告活动进行整体性的构思、决策与规划。

广告决策的主要内容包括确定广告目标、广告预算决策、广告信息决策、广告媒体决策和广告效果评估等。

（一）确定广告目标

制定广告决策的首要步骤，就是确定广告目标。广告目标的明确与一致，将直接影响广告效果。

广告目标，是企业借助广告活动所要达到的目的。广告的最终目标是增加销售量和利润，但企业利润的实现是企业营销组合战略综合作用的结果，广告只能在其中发挥应有的作用。因此，不能笼统地把增加销售量和利润作为广告目标。可以供企业选择的广告目标可概括为下述几种。

1. 以提高产品知名度为目标

以提高产品知名度为目标的广告，主要是向目标市场介绍企业产品，唤起初步需求，也被称为通知性广告。通知性广告主要用于一种产品的开拓阶段，其目的在于激发产品的初步需求。

2. 以建立需求偏好为目标

这类广告旨在建立选择性需求，致使目标购买者从选择竞争对手的品牌转向选择本企业的品牌。以此为目标的广告叫做诱导性广告或竞争性广告。近几年，在西方国家，有些诱导性广告或竞争性广告发展为比较性广告，即通过与一种或几种同类的其他品牌的产品进行比较来体现自己品牌的优越性。当然，由于企业或产品在消费者心目中的形象并非单纯由广告形成的。因此，比较性广告应当把企业整体营销组合战略传达给潜在购买者。如果企业或产品缺乏良好的声誉，广告在这方面所承担的任务就更为重要了。

3. 以提示、提醒为目标

这类广告目的是保持消费者、用户和社会公众对产品的记忆。提示性广告在产品生命周期的成熟期十分重要。与此相关的一种广告形式是强化广告，目的在于使产品现有的消费者或用户相信他们所做出的选择是正确的。

广告目标是企业目标的一部分，企业在确定广告目标时，要与企业目标相吻合。为达到这一目的，客观上要求从整体营销观念出发，寻求与企业营销组合战略、促销组合策略有效结合的企业广告目标。

（二）广告预算决策

广告预算决策是企业广告决策的一项重要内容。在确定了广告目标后，企业可以着手为每一产品制定广告预算。

广告预算是企业为从事广告活动而投入的预算。由于广告预算收益只能在市场占有率的增长或者利润率的提高上最终反映出来。因此，一般意义上的广告预算，是企业从事广告活动而支出的费用。

（三）广告信息决策

广告信息决策的核心问题是制定一个有效的广告信息。最理想的广告信息应能引起人们的注意和兴趣，唤起人们的欲望，促使人们采取行动。有效的信息是实现企业广告活动目标、获取广告成功的关键。

（四）广告媒体决策

广告媒体是广告主为推销商品，以特定的广告表现，将自己的意图传达给消费者的工具或手段。不同的广告媒体具有不同的特点，它限制着广告主意图的表达和目的的实现。不同的广告媒体，它的传播范围、时间，所能采用的表现形式，接受的对象都是不同的。广告主在通过广告媒体将自己的意图在他们所希望的时间、地区传递给目标对象时，需要根据媒体所能传播信息量的多少，根据对媒体占用时间与空间的多少，支付不同的费用。因此，广告媒体选择的核心在于寻求最佳的传送路线，在广告目标市场影响范围内，达到期望的展示数量，并拥有最佳的成本效益。

（五）广告效果评估

良好的广告计划和控制在很大程度上取决于对广告效果的测定。测定和评价广告效果，是完整的广告活动过程中不可缺少的重要内容，是企业上期广告活动结束和下期广告活动开始的标志。

广告效果是通过广告媒体传播之后所产生的影响。这种影响可以分为对消费者的影响——广告沟通效果和对企业经营的影响——广告销售效果。

1. 广告沟通效果

广告效果的研究目的，在于分析广告活动是否达到了预期的沟通效果。测定广告本身效果的方法，主要有广告事前测定与广告事后测定。

(1)广告事前测定，是在广告作品尚未正式制作完成之前进行各种测验，或邀请有关专家、消费者小组进行现场观摩，或在实验室采用专门仪器来测定人们的心理活动反应，从而对广告可能获得的成效进行评价。广告事先测定，根据测定当中产生的问题，可以及时调整已定的广告策略，改进广告制作，提高广告的成功率。事前测定的具体方法主要有消费者评定法、组合测试法和实验室测试法。

(2)广告的事后测定，主要用来评估广告出现于媒体后所产生的实际效果。事后测定的主要方法是回忆测定法与识别测定法。

2. 广告销售效果

广告销售效果的测定，就是测定广告传播之后产品销售情况。因为广告之后不一定能够扩大销售量，有时纯粹是为了保持销售额、阻止利润急剧下降这一目的而利用广告；在销售增加额中，只对增加因素之一的广告力量作单独测定，严格地讲是不可能的。虽然如此，广告的销售效果并非不可捉摸。

测定广告对销售状况的影响，即广告的销售效果，可以通过两种方法进行。

(1)历史资料分析法，是由研究人员根据同步或滞后的原则，用最小平方回归法求得企业过去的销售额与企业过去的广告支出二者之间关系的一种测量方法。

(2)实验设计分析法。用这种方法来测量广告对销售的影响，可选择不同地区，在其中某些地区进行比平均广告水平强50%的广告活动，在另一些地区进行比平均水平弱50%的广告活动。这样，从150%、100%、50%三类广告水平地区的销售记录，就可以看出广告活动对企业销售究竟有多大影响，由此还可以导出销售反应函数。

任务四　公共关系策略

任务导入

想一想

20世纪60年代,日本手表质量上乘,欲打入国际市场。某日,澳大利亚一家报纸用1/2版面宣布了一则消息:某日某时某刻,精工钟表公司将用直升机在堪培拉某广场空投精工手表若干,谁拾到就归谁。

这一天到了,人们半信半疑地在广场上翘首以待。直升机如期而至,数以万计金光闪闪的手表从天而降……当人们捡起从几百米高空扔下的而又走时准确的手表,精工表的形象就开始在澳大利亚树立起来了。

思考:企业如何在不利于广告宣传的情况下,也能在消费者心中建立良好的形象?

从市场营销的角度看,公共关系的活动目标主要是提高企业的知名度,树立良好的企业形象。这种良好的企业形象是企业宝贵的无形资产,它有助于企业的产品和服务受到消费者的肯定和信任,获得社会舆论的理解和支持,从而有助于企业拓展产品市场,促进产品销售。

一、公共关系的概念和特征

(一)公共关系的概念

公共关系是指用于宣传或者保护公司形象或产品形象的一系列活动。

市场营销中的公共关系,其宗旨是为企业的目标服务。它是企业面对外在公众和内在员工,通过运用长期有效的双向信息沟通、双向艺术交往、双向利益调整的方法、途径建立企业与目标对象之间的相互理解、相互信任和相互促进的互动关系。由此可见,企业公共关系是企业在现代商品经济和大众传播事业高度发展条件下的重要经营管理手段。从这个角度说,公共关系也成为促销组合中重要的一部分。

(二)公共关系的特征

1. 公共关系是一种非私人的关系

公共关系是一个组织与它相关公众的一种社会关系。从这点上说,公共关系严格区别于一般私人性的人际关系。

2. 公共关系是一种非庸俗的关系

公共关系有一个重要的职能——形象管理职能,它终极的目标就是使一个企业的美誉度越来越高。换言之,公共关系的维系和建立都是很“阳光”的。所以,公共关系是一种非庸俗的关系。

3. 公共关系的本质属性是沟通与协调

沟通与协调是公共关系理论的精髓,是贯穿整个公共关系过程的主线。公共关系是一个组织在运行过程中,为使自己与公众相互了解、和谐发展而进行的传播和沟通,如图 8-2 所示。

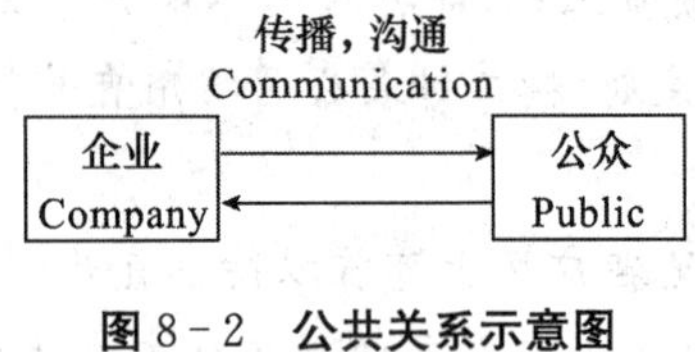

图 8-2 公共关系示意图

(三)公共关系的结构

公共关系的结构是由组织、公众、传播三要素构成的。公共关系的主体是社会组织,客体是社会公众,联结主体与客体的中介环节是信息传播。这三个要素构成了公共关系的基本范畴,公共关系的理论研究、实际操作都是围绕着这三者的关系层层展开的。

1. 公共关系主体——社会组织

公共关系的主体是社会组织。尽管有些个人,如在竞选中的候选人、国家公务员、社会名流等,为了某种特殊利益也举办公关活动,但他们在从事公共关系活动时,不是以自然人的身份而是以法人的面目出现的。

社会组织的特点有群体性、导向性、系统性、协作性、变动性、稳定性。人们组合成为组织必定是为了完成某种共同目标,但目标的存在方式又各不相同,这就决定了社会组织必然具有多种类型,例如赢利性组织、非赢利性组织、互利性组织、公益性组织等。

2. 公共关系客体——公众

公共关系也称作公众关系,因为公共关系的工作对象就是公众。要做好公共关系工作,就必须了解和研究公众。在公共关系学里,公众与“大众”“群众”是有区别的。它不是泛指社会生活中的所有人或大多数人,也不是泛指社会生活中的某一方面、某一领域的部分人,而应具体地称为“组织的公众”。公众与组织之间必须存在着相互影响和相互作用。公众的特点有群体性、同质性、变化性、相关性。常见的公众分类方法有如下几种。

(1)根据公众与组织的所属关系分类,可将公众分为内部公众与外部公众。员工是组织直接面对而最接近的公众,是组织赖以生存与发展的基础,是组织内部公众的主体。一般来说,在组织的外部公众中,消费者公众、传播媒介公众、社区公众、政府公众等对组织的发展尤为重要。

(2)根据公众与组织发生关系的时序特征分类，可把公众分为非公众、潜在公众、知晓公众、行动公众。

(3)根据公众对组织的重要性程度分类，可以把公众划分为首要公众、边缘公众和次要公众。

(4)根据公众对组织的态度分类，可将其分为顺意公众、逆意公众和独立公众。对于公共关系工作人员来说，顺意公众是组织的基本依靠对象，逆意公众是组织急需转化的对象，独立公众是组织值得争取的对象。

3. 公共关系中介——传播

当组织明确了公共关系目标，确定了目标公众，并有了公共关系活动的设想之后，便要考虑如何运用媒介把目标和设想变成行动。媒介即传播，是连接社会组织和公众的桥梁，是完成沟通的工程，也是实现公共关系目标的唯一手段。

二、公共关系的作用

在社会组织的运行中，公共关系的积极作用就在于发挥其有效的职能，这些职能的发挥既可以保证公共关系活动的顺畅运行，又可以推动社会组织公共关系目标的实现。公共关系的作用主要表现在以下五个方面。

(一)搜集信息，监测环境

信息是企业生存与发展必不可少的资源。运用各种公关手段可以采集各种有关信息，监测企业所处的环境。企业公关需要采集的信息包括以下几方面。

1. 产品形象信息

产品形象信息是指消费者对本企业产品的各种反映与评价，如对产品质量、性能、用途、价格、包装、售后服务等的反映评价。

2. 企业形象信息

企业要了解自己的形象，除产品形象的信息外，还必须采集以下信息。

(1)公众对企业组织机构的评价。如组织机构是否健全，设置是否合理，上下左右是否协调，运转是否灵活，办事效率高不高等。

(2)公众对企业经营管理水平的评价。在经营决策上，企业的经营方针是否正确，决策过程是否科学，决策目标是否合理、可行；在生产管理上，生产计划是否完善，生产组织是否恰当；在销售管理上，市场预测是否科学、准确，产品定价是否合理，促销是否有力；在人事管理上，用人是否得当等。

(3)公众对企业人员素质的评价。包括对决策层领导人员和一般人员素质的评价。评价指标有文化水平、工作能力、业务水平、交际能力、应变能力、创新精神、开拓意识、工作态度、工作效率等。

(4)公众对企业服务质量的评价。包括对服务意识、服务态度等方面的评价。

3. 企业内部公众的信息

企业的职工作为社会公众的一部分,必然对企业产生不同的反映与评价。通过对企业内部职工意见的了解,能掌握职工对企业的期望,企业应树立什么样的形象,才能对职工产生向心力和凝聚力。企业内部公众的信息,可以通过意见书、各职能部门的计划、总结、工作报告以及企业内部的舆论工具等来获得。

4. 其他信息

企业不可能脱离外界而存在,投资者的投资意向、竞争者的动态、顾客的需求变化以及国内外政治、经济、文化、科技等方面的重大变化,都直接或间接地影响到企业的经营决策。公共关系作为社会经济趋势的监测者,应广泛地收集这些有关社会经济的信息。

总之,公共关系具有信息搜集、信息管理及信息监测的职能。公共关系活动的基本目的,就是通过双向的信息沟通,有效地达成组织与公众之间的信息交流。信息管理已经成为公共关系工作的一项重要职能。据报道,三菱重工财集团总公司每天使用的信息处理纸带可以绕地球一周,其信息意识和信息处理的技术、速度可见一斑。因此,出现中国大庆油田的照片在其手中变成经济信息,又变成巨额财富这样的故事也就不足为奇了。

(二)咨询建议,决策参考

公共关系的这一职能是利用所搜集到的各种信息,进行综合分析,考查企业的决策和行为在公众中产生的效应及影响程度,预测企业决策和行为与公众可能意向之间的吻合程度,并及时、准确地向企业的决策者进行咨询,提出合理而可行的建议。

1. 公共关系参与决策目标的确立

确立决策目标是决策过程中最重要的一环。公共关系是整体决策目标系统中的重要因素。它从全局和社会的角度来综合评价各职能部门的决策目标可能导致的社会效果,从而发现和揭示问题,提醒决策者按公众需求和社会效益制定决策目标。

2. 公共关系是获取决策信息的重要渠道

合理、正确的决策依赖于及时、准确、全面的信息,公关部门可以利用它与企业内部、外部的广泛交流,为决策开辟广泛的信息渠道。据此,能为决策者提供内部信息和外部信息提供决策依据。

3. 公共关系是拟定决策方案不可缺少的参谋

公共关系作为决策参谋,能帮助决策者评价各方案的社会效果,提高决策方案的社会适应能力和应变能力。

4. 公共关系为决策方案实施效果提供反馈信息

信息的反馈有助于修改、完善决策方案,这是公关职能之一。公关部门可以利用它与公众建立的关系网络和信息沟通渠道，对正在实施的决策方案进行追踪监测，并及时反馈对其评价的信息。

（三）舆论宣传，创造气氛

这一职能是指公共关系作为企业的“喉舌”，将企业的有关信息及时、准确、有效地传送给特定的公众对象，为企业树立良好形象创造良好的舆论气氛。如，公关活动能提高企业的知名度、美誉度，给公众留下良好印象；能持续不断、潜移默化地完善舆论气氛，因势利导，引导公众舆论朝着有利于企业的方向发展；还能适当地控制和纠正对企业不利的公众舆论，及时将改进措施公之于众，避免扩大不良影响，从而收到化消极为积极、尽快恢复声誉的效果。

（四）交往沟通，协调关系

企业是一个开放系统，不仅内部各要素需要相互联系、相互作用，而且需要与系统外部环境进行各种交往沟通。交往沟通是公关的基础，任何公共关系的建立、维护与发展都依赖于主客体的交往沟通。只有交往，才能实现信息沟通，使企业的内部信息有效地输向外部，使外部有关信息及时地输入企业内部，从而使企业与外部各界达到相互协调。协调关系，不仅要协调企业与外界的关系，还要协调企业内部关系，包括企业与其成员之间的关系、企业内部不同部门成员之间的关系等，要使全体成员与企业之间互相理解、产生共鸣，增强凝聚力。

（五）教育引导，服务社会

公共关系具有教育引导和服务社会的职能，这是指通过广泛、细致、耐心的劝服性教育和优惠性、赞助性服务，来诱导公众对企业产生好感。对企业内部，公关部门代表社会公众，向企业内部成员输入公关意识，诱发企业内部各部门及全体成员都重视企业整体形象和声誉。对企业外部各界，公关部门代表企业，通过劝服性教育和实惠性社会服务，使社会公众对企业的行为、产品等产生认同和接受。

三、公共关系的活动方式

公共关系的活动是一门综合性艺术，它必须遵循一套科学的程序和步骤，形成一套具有特定公关职能的方法。按其功能不同，公共关系的活动方式主要有以下五种。

（一）宣传性公关

运用报纸、杂志、广播、电视等媒介，向社会各界传播企业有关信息，以形成有力的社会舆论，创造良好气氛的活动。

（二）征询性公关

这种公关方式主要是通过开办各种咨询业务、制定调查问卷、进行民意调查、设立热线电话、举办信息交流会等各种形式，连续不断地努力，逐步形成效果良好的信息网络，再将信息进行分析研究，为经营管理决策提供依据，为社会公众服务。

（三）交际性公关

这种方式是通过语言、文字的沟通，为企业广结良缘，巩固传播效果。可以采用宴会、座谈会、招待会、谈判、专访、慰问、电话、信函等形式。交际性公关具有直接、亲密、富有人情味等特点，能深化交往层次。

（四）服务性公关

服务性公关是指通过各种实惠性服务，以行动去获得公众的了解、信任和好评，以实现既有利于促销又有利于树立和维护企业形象与声誉的活动。如免费维修、免费培训等。

（五）社会性公关

社会性公关是通过赞助文化、教育、体育、卫生等事业，支持社区福利事业，参与国家、社区重大社会活动等形式来塑造企业的社会形象，提高企业的社会知名度和美誉度的活动。

四、公共关系的工作步骤

为了使公共关系活动顺利地开展，必须对公共关系工作进行全面策划，制定一套完整的实施方案，保证公共关系工作遵循一定的程序有条不紊地进行，其基本程序可分为公共关系调查、公共关系策划、公共关系实施和公共关系评估四个步骤，通常称为公共关系的“四步工作法”。

（一）公共关系调查

公共关系调查是运用科学的方法，有计划、有步骤地搜集相关信息，综合分析相关的因素及其相互关系，以考察组织的公共关系状态，了解组织面临的公共关系方面的实际问题，从而为组织的形象设计、公共关系活动的策划提供依据。

公共关系调查是公共关系工作的基础，它在整个公共关系活动中起到举足轻重的作用。通过公共关系调查，可以帮助组织了解其在公众心目中的形象和地位，开展公关工作的条件、困难及竞争对手的情况，实现目标的可能性等，为组织决策提供科学依据，从而增强公关活动的针对性，提高公关活动的成效。

（二）公共关系策划

公共关系调查使组织获得了客观的社会形象地位，但从组织的发展来讲，组织应在社会公众中不断完善自身的形象和进一步提高自己的形象地位。这就需要根据公共关系存在的主要问题确定公共关系活动目标，制定公共关系活动方案，寻求解决问题的方法和途径，也就是需要开展公共关系策划工作。

公共关系策划是关键，是公共关系实施的指南和效果评估的标准，离开了公共关系策划，公共关系工作就会漫无目标，不得要领，难以协调统一。公共关系策划就是指公关人员根据组织形象的现状和目标要求，分析现有条件，设计最佳活动方案的过程。公共关系策划的目的在于：通过科学的策划思想和方法，设计和选择出有效的公共关系活动方案，从而增强组织公共关系活动的目的性、计划性、有效性，提高组织开展公共关系活动的成功率，最终在社会公众中不断提高和完善组织的形象地位。

（三）公共关系实施

正确地制定具有创意的公共关系策划方案固然重要，但更重要的是将公共关系策划方案付诸实施，才可能真正产生效用。公共关系实施是在公共关系策划方案确定后，将方案所确定的内容变为现实的过程，它是整个公共关系工作的中心环节。

公共关系实施是一个复杂而科学的过程，客观上需要一整套科学的实施原则作指导，包括准备充分原则、目标导向原则、控制进度原则、整体协调原则和反馈调整原则。

（四）公共关系评估

公共关系评估是对公共关系实施工作的总结和最终效果的评价。它是公共关系活动的最后一个程序，也是下一轮策划的开始。通过公共关系评估，可以总结成功的经验，分析失败的教训，进一步提高公共关系活动质量与水平；同时可以发现公共关系活动的缺陷与不足之处，成为组织今后公共关系具体目标政策和行为调整的依据。因此，公共关系评估有其重要的作用。

任务五 营业推广策略

任务导入

想一想

有一天，在香港一条平素冷清的街道上，一家很不起眼的小店门口显得热闹非凡。这是一家经营强力胶水的小店，这天在店堂里当着众多顾客和摄像机镜头，店主右手拿起一瓶胶水，左手拿起一枚金币，先在金币背面涂上一层薄薄的胶水，又在店堂一面光洁的墙面上也均匀地涂了一处，略等片刻，便把金币往墙上一粘，然后，他环顾四周，大声宣布：“这块金币是本店特意定制的，价值 4 500 美元，现在已用本店出售的强力胶水粘在墙上，如果哪位先生能用手把它揭下来，这块金币就归他所有！”人群中顿时骚动起来，人们一个接一个满怀自信地上去试运气，又一个个心有不甘地退下来，连一位气功师也徒叹奈何。从此，这家小店的强力胶水名声远扬，天天门庭若市。

思考：本案例中所采用的是哪一种促销方式？请对此种促销方式谈谈你的看法。

营业推广主要用于刺激中间商、消费者的购买热情和购买行为，是一种适宜于短期推销的促销方法，往往配合着人员推销、广告宣传、公共关系等促销方式使用。

一、营业推广的概念及作用

（一）营业推广的概念

营业推广，又称为销售促进，是指除人员推销、广告宣传、公共关系之外的其他促销方式，是在短期内用于刺激顾客或中间商迅速大量地购买某种特定产品或服务的促销活动。营业推广一般适用于短期的和特定的促销活动，往往解决具体的促销问题，短期效益比较明显。如果运用得当，可以刺激顾客的购买欲望，让他们产生“机会难得”的感觉；如果运用不当，则会使消费者对商品的质量、价格产生怀疑，有损企业形象。

（二）营业推广的作用

营业推广的作用主要体现在以下几个方面。

1. 刺激购买行为，在短期内达成交易

当消费者对市场上的商品没有足够的了解和做出积极反应时，企业可以通过营业推广的促销措施，如派发优惠券或试用装等，吸引消费者兴趣，刺激其购买行为，在短期内促使交易完成。

2. 奖励品牌忠实者，有效抵御竞争者

当竞争者大规模地发起促销活动时，营业推广往往是抵御和反击的有效武器，如减价、赠品、回馈老顾客、以旧换新等方式，这些做法的直接受惠者大多是经常使用本企业产品的顾客，从而使他们更乐于购买和使用本品牌的产品，以巩固企业的市场占有率，抵御竞争者的介入。

3. 实现企业整体营销目标

这是企业的最终目的。营业推广实际上是企业让利于购买者，它可以使广告宣传的效果得到有力的增强，从而达到本企业产品销售的目的。

二、营业推广的方式

（一）针对消费者的营业推广

针对消费者的营业推广的主要目的是通过各种方式的诱导，提高产品知名度和刺激消费者购买。其主要方式有以下几种。

1. 赠送样品

向消费者赠送样品或试用品，以此介绍产品的性能、特点和功效。赠送样品是介绍新产品最有效的方法，缺点是费用高。样品可以选择在商店或闹市区散发，或在其他产品中附送，也可以公开广告赠送，入户派送，或邮寄发送。

2. 优惠券

在购买某种商品时，持优惠券可以免付一定金额。

3. 提供包装

以较优惠的价格提供商品包装。

4. 抽奖

顾客购买一定的产品之后可获得抽奖券，凭券进行抽奖获得奖品或奖金。

5. 现场示范

企业派促销员在销售现场演示本企业的产品，向消费者介绍一些技术性较强的产品特点、用途和使用方法等。

6. 联合推广

企业与零售商联合促销，将一些优势性产品在商场集中陈列，边展边销。

7. 参与促销

让消费者亲自参与各种促销活动，如技能竞赛、知识比赛等活动，并能获取企业的奖励。

8. 会议促销

在各类展销会、博览会、业务洽谈会期间进行现场产品介绍、推广和销售活动。

（二）针对中间商的营业推广

针对中间商的营业推广的主要目的是通过各种优惠条件促使交易完成，提高效率。其主要方式有如下几种。

1. 批发折扣

企业为争取批发商或零售商多购进自己的产品，在这些中间商的购货数量达到一定大的数额时，给予他们一定的现金回馈或者货物补偿。

2. 推广津贴

企业为促使中间商购进企业产品并帮助企业推销产品，可以支付给中间商一定的推广津贴。

3. 销售竞赛

根据各个中间商销售本企业产品的实绩，分别给优胜者以不同的奖励，如现金、实物、免费旅游、度假等，以起到激励的作用。

4. 提供服务

企业为提高中间商和零售商对本企业产品销售的积极性和销售能力，对这些商家进行一定扶持，提供销售上的相关帮助。如，对商家专柜的装潢予以资助，提供 POP 广告，派遣厂方信息员或代培销售人员指导、销售等。

（三）针对营销人员的营业推广

针对营销人员的营业推广的主要目的是通过各种激励办法调动推销人员的积极性，主要方式有业务提成、销售竞赛、免费人员培训等。

三、营业推广的步骤

企业在运用营业推广时，必须明确目标、选择工具、制定方案、实施方案、评估效果。

（一）确定营业推广目标

确定营业推广目标就是要明确推广的对象是谁，要达到的目的是什么。只有知道推广的对象是谁，才能有针对性地制定具体的推广方案。

（二）选择营业推广的工具

营业推广的方式方法有很多，但如果使用不当，则适得其反。因此，选择合适的推广工具是取得营业推广效果的关键因素。企业一般要根据目标对象的接受习惯、产品特点以及目标市场状况等来综合分析选择推广工具。

（三）制定营业推广方案

营业推广方案应包含以下内容：

（1）营业推广的配备安排。营业推广要与其他促销方式如广告、人员推销等整合起来，相互配合，共同使用，从而形成营销推广期间的更大声势，取得单项推广活动达不到的效果。

（2）营业推广时机。它是指营业推广活动进行时间的选择及营业推广活动持续时间长短的确定。营业推广活动期限要恰当：过长，消费者新鲜感丧失，产生不信任感；过短，一些消费者还来不及接受营业推广的实惠。

（3）营业推广费用的总预算。

（四）实施和控制营业推广方案

在具体运用营业推广方案之前，如果有条件，应对各种方案事先进行测试，选定最终的实施方案。实施方案中应明确规定实施期限。实施的期限包括前置时间和销售延续时间。前置时间是从开始实施这种方案前所必须的准备时间。它包括最初的计划工作，设计工作以及包装修改的批准或者材料的邮寄或者分送到家；配合广告的准备工作和销售点材料的准备；通知现场推销人员，为个别的分店建立地区的配额，购买或印刷特别赠品或包装材料；预期存货的生产，存放到分配中心准备在特定的日期发放等。销售延续时间是指从开始实施到大约95%的采取此促销办法的商品已经在消费者手里所经历的时间。

（五）评估营业推广的效果

企业为了控制和调整营业推广实施的效果，必须进行效果评估。一般的方法有：(1)比较推广前、中、后销售额的变动情况；(2)进行顾客调查；(3)试点实验。

思考题

(1)什么是促销与促销组合？企业在指导促销组合策略时应考虑哪些因素？

(2)什么是人员推销？人员推销的基本形式和基本步骤是什么？

(3)广告媒体有哪些？主要作用是什么？

(4)公共关系有什么作用？其活动方式是怎样的？

(5)营业推广的方式有哪些？

技能训练

技能训练一：营业推广技能训练

为了提高人才培养工作的质量和毕业生就业的竞争力，切实加强学生职业技能训练，使职业技能训练工作落到实处，特制定本方案。

1. 项目名称

营业推广技能训练。

2. 实训目的

通过实训，帮助学生更好地理解促销策略的重要作用，掌握营业推广的基本过程、方法、组织实施以及营业推广方案设计的基本技能。

3. 实训内容

(1)自主选择企业。

①正确选择对象。选择当地的商家或者企业，以“国庆”“中秋”为契机，策划组织一次营业推广活动。

②确定合理营业推广内容。根据所选择的对象，了解分析企业的营销目标，根据营销目标确定营业推广的时间、目标、主题、方式等具体内容。

③设计营业推广方案。根据收集的资料与自己的理解分析，制定翔实可行的推广方案。

④分析评价。小组内部分析方案的科学性与可行性，在小组间分析评价推广方案，选出最佳方案并将方案向选择的对象推荐。

⑤总结评估。观察了解“国庆”“中秋”企业的促销方式,进一步分析所设计方案的可行性。

(2)规定对象、商品。

选择成都奥科特灯具公司的节能灯分别以经销商和消费者为对象设计营业推广方案。

具体内容安排:

①了解产品,分析销售对象。先由学生根据自己的调查了解确定销售对象,分析产品特点,再由企业人员讲解产品特点与市场特点,为设计营业推广方案奠定基础。

②根据收集的信息资料,设计推广方案。

③在小组间分析、评价,选择最佳方案。

④结合企业的销售与促销活动,组织实施营业推广方案。

⑤总结评价营业推广方案。

4.实训要求

总要求:使学生掌握营业推广方案设计的基本技能。能够研究市场,研究消费,以促销策略为指导,根据消费者购买心理,对促销目标、促销主题、促销活动、促销宣传、促销预算、促销进度等具体方案进行设计。重点能够对促销活动设计有效方案,来吸引顾客的注意力,引发顾客的兴奋点,诱导顾客的购买欲望,促成顾客的购买。促销方案设计应能够使企业强化促销目的,更好地服务于目标市场,使促销活动更有计划性、系统性、有效性,促进产品销售,并能在一定程度上降低促销费用,节省开支。

具体要求:

(1)企业选择正确、可行。

(2)目标市场以及消费者分析定位准确。

(3)促销目标、促销时间确定合理。

(4)主题确立正确、新颖、有创意。

(5)方案设计紧扣主题,并且“具体”“可操作”。

(6)费用预算合理、科学、可行。

(7)方案阐释、分析严谨。

(8)组织实施得当。

5.组织方式

以小组为单位进行,小组内部合理分工,相互配合完成训练任务。小组长定期向指导教师汇报训练进程与训练情况,同时,指导教师不定期抽查。

技能训练二:案例分析

淘宝网上商店的促销策略研究

一、网店内部促销策略

针对淘宝网上商店的特点,网站内部促销策略着重考虑销售促进和信用管理两种方式。

(一)销售促进

网店内部的销售促进手段以免邮费、打折、赠品为主,其余方式为辅。

1.免邮费

网络购物中间环节的邮费问题一直是买家关注的焦点问题之一,这会影响到买家对于网购价格优惠。目前,邮寄主要分为邮局、物流快递、特快专递等。平邮的价格较低,但周期长;物流快递价格适中,送货周期在3～5天;特快专递的价格昂贵。因此,快递公司最为买家所接受。店主可以根据买家所购买商品的数量来相应地减免邮费,让消费者从心理上觉得就像在家门口买东西一样,不用附加任何其他费用。

2.打折

由于打折促销直接让利于消费者,让客户非常直接地感受到了实惠,因此是目前最常用的一种阶段性促销方式。折扣主要采取以下两种方式:一是不定期折扣。在重要的节日,如春节、情人节、母亲节、圣诞节等,进行8～9折优惠,因为在节日期间人们往往更具有购买潜力和购买冲动。店主应选择价格调节空间较大的商品参加活动,并不是全盘选中。

3.赠品

赠品促销的关键在于赠品的选择。一个适当的赠品,会对产品销售起到积极的促进作用,而选择不适当的赠品只能使成本上升、利润减少、顾客不满意。选择合适的赠品应该注意:第一,不要选择次品、劣质品,这样做只会适得其反,影响店铺的信用度;第二,选择适当的能够吸引买家的产品和服务,例如,可以赠送试用装或小样,还可以赠送无形的东西——服务;第三,注意赠品的预算,赠品要在网店能够接受的预算范围内,不可过度赠送赠品而造成成本加大。

4.会员、积分

凡在网店购买过商品的顾客,都成为网店的会员。会员不仅可享受购物优惠,同时还可以累积积分,用积分免费兑换商品。此方式的优点是:可吸引买家再次来店购买,以及介绍新卖家来店购买,不仅可以巩固老顾客,使其得到更多的优惠,还可以拓展、发掘潜在买家。

5.红包

红包是淘宝网专用的一种促销工具,各位卖家可以根据各自店铺的不同情况灵活制定红包的赠送规则和使用规则。通过此种手段,可增强店内的人气。由于红包有使用时限,因此可促进客户在短期内再次购买,有效提升网店的销量。

6.积极参与淘宝网主办的各种促销活动

淘宝网不定期会在不同板块组织不同的活动,参与活动的卖家会得到更多的推荐机会,这也是提升店铺人气和促进销售的一个好办法。要想让更多的人注意网店,店主就要经常到淘宝网首页、支付宝页面、公告栏等关注淘宝举行的活动,并积极参与。

(二)信用管理

信用评价是会员在淘宝网交易成功后,在评价有效期内(交易后3～45天),就该笔交易互相做评价的一种行为。评价分为“好评”“中评”“差评”三类,每种评价对应一个信用积分,具体为:“好评”加一分,“中评”不加分,“差评”扣一分。据调查,一方面,网店的信用级别会对消费者的购买决策产生影响;另一方面,买家在交易后对卖家所给的信用评价表示关注。

二、网店外部促销策略

网店外部促销策略可以采取搜索引擎、销售联盟、网店推广和网络广告四种方式。

(一)“三管齐下”专攻搜索引擎

许多用户上网首先浏览的页面是淘宝搜索引擎页面,这时,脑海中就会出现一些他们所需求商品的关键词,然后通过引擎搜索到符合条件的商品。因此,要想提高网店商品被浏览的概率,就必须对搜索引擎排列原理有充分的了解。

(二)“1+1>2”促销策略——销售联盟

对于销售商品的性质相同、价位区间相同、网店的目标顾客也相同的网店,可以采取竞争品协同营销的策略,即销售联盟。也就是说,让许多的竞争网店联合成为集群,同时通过网店内友情链接将这些竞争网店链接起来,友情链接可以促进网店之间商品信息的交流,无形中给加入销售联盟的网店带来一部分“转移顾客”。这样就会形成一个“销售圈”,可以提高网站知名度与成交率,还能更好地与顾客建立关系。

(三)网店推广——在淘宝社区和论坛发帖、回帖

在淘宝社区论坛发布有吸引力的帖子是提高店铺知名度和人气的一种方法,即以作者的身份发布帖子,阅读帖子的人越多,店铺被点击的概率就会越大。另外,也可在论坛的好帖后面跟帖,虽然比自己发帖的效果差,但也能起到宣传网店的效果。

(四)网络广告——广告推荐位和淘宝旺旺

合理运用广告推荐位和淘宝旺旺,会有效提高网店的知名度。(1)广告推荐位。广告推荐位是将有限的区域划分“出售”,性质与道路两旁的平面广告相似。目前,淘宝网的广告位分为三种:社区首页广告(需 50 个银币)、论坛广告(需 20 个银币)、站内信广告(需 30 个银币)。(2)淘宝旺旺。店主在选择广告媒体上不应忽视淘宝网所特有的即时通讯软件——淘宝旺旺。这款软件是阿里巴巴为淘宝个性化定制的商务交流软件,淘宝网上商店的目标消费者群体来自淘宝网的用户,因此淘宝旺旺就顺其自然地成为信息沟通工具。店主通过旺旺向老顾客和潜在顾客发送店铺或商品信息,也可以就产品和服务方面的问题进行互相交流。

(资料来源:向会英、张姝媛:《淘宝网上店铺的促销策略》,《载商场现代化》2007 年第 11 期。)

问题:

(1)淘宝网为什么要采用内部促销策略和外部促销策略?这两种策略的目的是什么?

(2)本案例中,淘宝网采用的促销策略是推式策略还是拉式策略?

(3)在日常消费中,你觉得淘宝网的促销策略哪些方面还需要改进?如何改进?

项目小结

(1)促销是指企业以人员非人员推销的方式,将其产品及相关的有说服力的信息告知目标顾客,引起目标顾客的兴趣和注意,帮助说明目标顾客做出有利于企业的购买决策而进行的各种市场营销活动。

(2)促销的主要方式有人员推销、广告、公共关系和营业推广。

(3)促销组合是指企业有计划地把各种营销促进形式有机地结合起来,综合运用,形成一个整体、高效的促销策略。

项目十 营销活动控制与管理

知识点拨

学习要点

理论要点：掌握营销活动的控制方法；

理解客户关系管理等概念；

理解市场营销职业素质培养的能力目标。

技能要点：初步树立市场营销职业素养。

任务一 营销活动的组织与控制

任务导入

想一想

金锣集团从沂蒙山区贫瘠的大地上破土而出，其生猪屠宰、肉制品综合加工能力均居全国前列，与肉类巨头双汇、南京雨润形成三足鼎立之势。

近几年来，山东区域的肉制品市场发生一系列重大变化：消费者肉类需求的变化，产品类别和品种的急剧扩充，零售终端格局的变化，肉类竞争格局的演变，竞争对手区域战略、策略和市场手段的创新等，使得市场环境变数丛生，对金锣掌控区域市场的能力提出了严峻挑战。面对这种情况，金锣适时根据市场环境变化，开展了一系列营销组织创新工作。

一、完善并共享市场职能

在集团公司总部增设市场部，全面提高集团公司营销体系的营销功能，在市场信息收集、研究、共享反馈，新产品研究、开发与推广，品牌规划和形象传播等方面，则采取整合的策划推广体系，从而确保集团公司在品牌形象、市场管理、营销信息系统管理方面的统一和资源共享。

二、营销专业化

为了避免区域营销组织不同产品种类销售的内部协调困难和严重内耗，提高细分品种产品的营销水平和能力，就需要在冻品和肉制品的销售上分别实现独立的业务队伍、独立的销售管理体系、独立的销售行政体系。为此，金锣集团对冻品和肉制品两大类产品分别设立独立的区域销售组织，独立运作和管理。

三、减少管理层次

降低区域营销组织的重心，由原来的营销总部一区域大区一省级办事处一地区业务组，转变为营销总部一省级大区—地区级办事处—县级业务组。

四、增大组织宽度

考虑到双汇等竞争对手在山东市场的组织创新，为了确保市场的高渗透率，金锣撤销区域大区(原来涵盖数省和地区)，改为省级大区，增加大区数量。

在金锣的不断创新下，在肉制品残酷的竞争中，金锣一次次地击退了竞争对手发起的猛攻，市场占有份额和销售额均呈现持续快速的强劲增长势头，不仅确保山东区域市场内的领导地位“雷打不动”，更为其他区域市场的营销组织创新提供了崭新的思路和宝贵的运作经验。

思考:从金罗的案例中你得到了哪些启示?

一、市场营销组织

(一)市场营销组织的概念

市场营销组织是指企业内部涉及市场营销活动的各个职位及其结构。它是以市场营销观念为理念建立的组织，以消费者的需求为中心，把消费者需求置于整个市场运行过程的起点，并将满足消费者的需求作为其归宿点。

(二)市场营销组织的类型

市场营销组织必须与营销活动的四个方面即职能、地域、产品和市场相适应，市场营销组织因此有以下几种具体类型。

(一)职能型组织

职能型组织结构是最常见的市场营销组织形式，即按职能分工，在营销总经理负责下分设广告与促销、销售、营销调研和营销行政事务等运作部门，组成市场营销组织。这种组织结构的优点是易于管理、分工明确；缺点是营销效益太低，协调困难。这种组织形式适用于产品品种少或产品营销方式大体相同的企业，如图 9 - 1 所示。

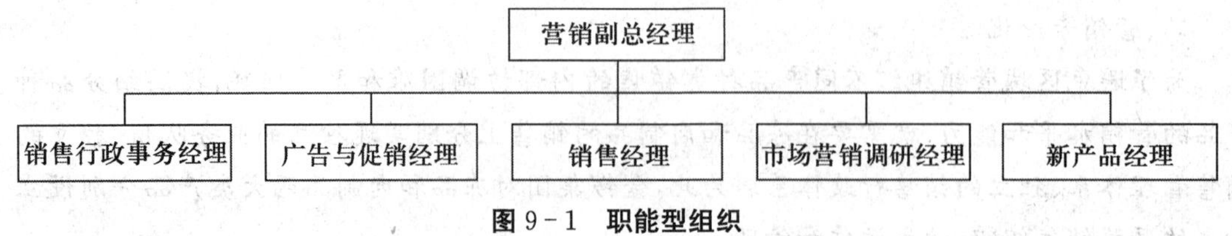

图 9-1　职能型组织

(二)区域型组织

企业规模较大、市场范围较广时,企业可以按照地理区域划分工作范围。这种组织结构的优点是,可以考虑不同地区主客观环境的差异性,有针对性地开展营销活动;这种组织结构的缺点是,可能造成机构冗杂、引发窜货等。这种组织结构适用于市场范围广、销售业务重的企业。目前,很多企业的营销组织结构采取的都是这种形式,如图 9-2 所示。

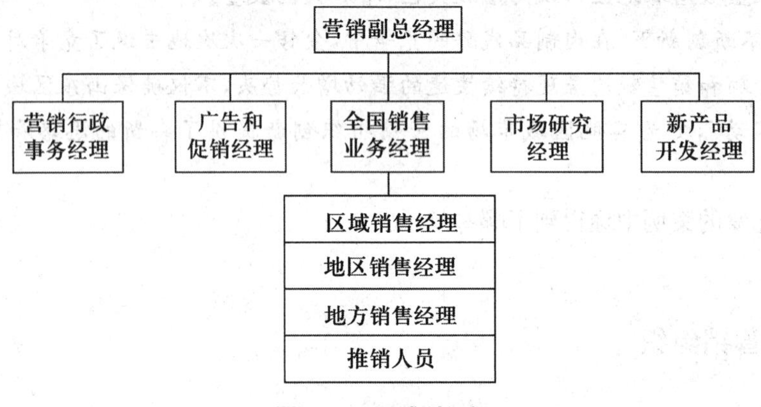

图 9-2　区域型组织

(三)产品或品牌型组织

这种组织结构往往是企业拥有多种产品或品牌,在保留职能管理的基础上,根据产品或品牌的类别不同来进行营销人员的有效组织。这种组织结构的优点是,可以根据市场的变化,灵活有效地进行工作,充分调动员工的积极性;缺点是,可能造成组织机构冗杂、部门冲突,出现各自为政的局面。这种组织结构适用于产品组合深且宽的大型企业,如图 9-3 所示。

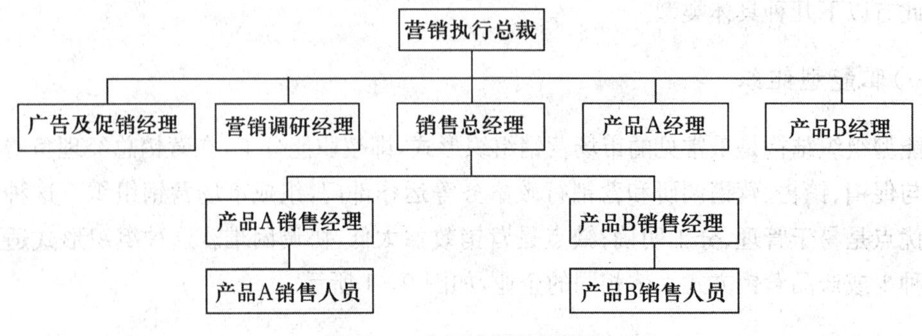

图 9-3　产品或品牌型组织

（四）市场管理型组织

市场管理型组织结构，即以消费者需要为导向来设置企业的营销结构。这种组织结构的优点是，能充分考虑到消费者的不同需求，更好地满足不同消费群的需要，也有利于企业加强销售和开拓市场。这种组织结构的缺点是，容易存在权责不清和多头领导的矛盾。这种组织结构适用于产品线单一、市场各种各样、分销渠道多的企业，如图 9－4 所示。

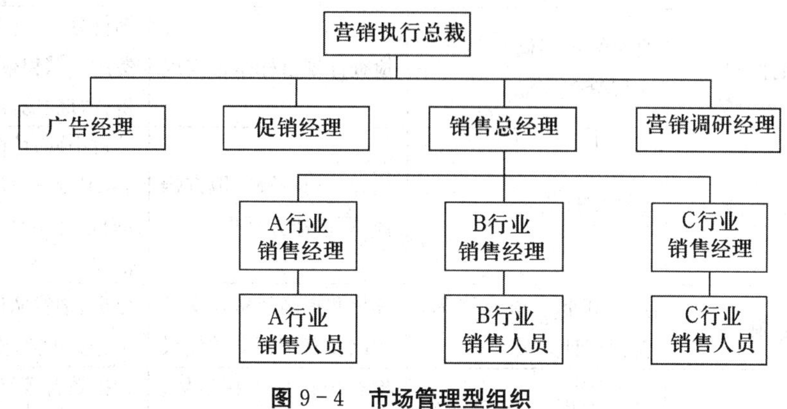

图 9－4　市场管理型组织

（五）产品/市场管理型组织

这种组织结构是基于产品管理型和市场管理型组织结构基础上出现的，这种组织结构既有产品经理又有市场经理。通过这种模式，既保证了特定消费群体的有效研究，又保证了特定产品的针对性经营。但是矩阵组织的管理费用高，容易产生内部冲突。

很多企业，在实际的市场营销工作中的做法是：只有针对相当重要的产品和市场才需要同时设置产品经理和市场经理。因为这种组织形式能够带来较大的经济效益，可以避免各自为政的缺陷；但这种组织结构的缺点是，容易遇到职责不清而相互推诿的问题。

（六）市场营销组织与其他部门的关系

在一个企业中，除了市场营销部门以外，还有诸如研究开发、工程技术、采购、制造、存货、财务以及其他相关的职能部门。因此，在企业运行过程中，市场营销部门必须处理好与各个部门的相互关系，密切配合、共同协作来完成企业的总目标。但是在实际工作过程中，由于各个部门所处的角度不同，扮演的角色不同，难免会存在一些分歧与矛盾，营销部门应本着协调一致的原则处理好与相关部门的关系，取得最大的整合营销价值。

二、市场营销控制

（一）市场营销控制的含义

市场营销控制，是指市场营销管理者经常检查市场营销计划的执行情况，看看计划与实际是否一致，如果不一致或没有完成计划，就要找出原因所在，并采取适当措施和正确行动，以保证市场营销计划的完成。营销控制，概括来说，就是企业用于跟踪营销活动过程的每一个环节，确保能够按照计划目标运行，而实施一整套工作程序。营销控制主要包括年度计划控制、赢利能力控制、效率控制和战略控制，见表 9 - 1。

表 9 - 1　控制营销活动

控制类型	主要负责人	控制目的	方法
年度计划控制	高层管理当局 中层管理当局	检查计划目标是否实现	销售分析，市场份额分析，费用—销售额比率，财务分析，市场基础的评分卡分析
赢利能力控制	营销审计人员	检查公司在哪些地方赚钱，哪些地方亏损	分析不同：产品、地区、顾客群、细分片、销售渠道以及不同大小的订单的赢利情况
效率控制	直线和职能管理当局，营销审计人员	评价和提高经费开支效率以及营销开支的效果	分析、销售队伍、广告、促销和分销的效率
战略控制	高层管理当局，营销审计人员	检查公司是否在市场、产品和渠道等方面正在寻求最佳机会	营销效益等级评核、营销审计、营销杰出表现评奖、公司道德与社会责任评价

1. 年度计划控制

年度计划控制是指在本年度内采取调整和纠正措施，检查市场营销活动的结果是否达到了年度计划的要求。

(1)销售差异分析就是衡量并评估企业的实际销售额与计划销售额之间的差异情况。

譬如，某公司在苏州、无锡、常州三个地区的计划销售量分别是 2 000 件、1 500 件、1 000 件，总计 4 500 件，而实际总销量是 3 800 件，三个地区分别是 1 200 件、1 400 件、1 200 件，与计划的差距分别为－40%，－6.7%，＋20%。通过分析可知，苏州是造成困境的主要原因，因而应进一步查明苏州地区销量减少的原因。

(2)市场占有率分析就是衡量并评估企业的市场占有率情况。根据企业选择的比较范围不同，市场占有率一般分为以下三种。

全部市场占有率：企业的销售额(量)占行业销售额(量)的百分比。

目标市场占有率：企业的销售额(量)占其目标市场总销售额(量)的百分比。

相对市场占有率：企业的销售额(量)和几个最大竞争者的销售额(量)的百分比。

(3)营销费用率分析就是衡量并评估企业的营销费用对销售额的比率，还可进一步细分为人力推销费用率、广告费用率、销售促进费用率、市场营销调研费用率、销售管理费用率等。

(4)顾客态度追踪就是企业通过设置顾客抱怨和建议系统、建立固定的顾客样本或者通过顾客调查等方式，了解顾客对本企业及其产品的态度变化情况，进行衡量并评估。

2. 赢利能力控制

赢利能力控制是分析年度计划控制以外的企业各产品在各地区，运用各种营销渠道的实际获利能力，从而指导企业扩大、缩小或者取消某些产品和营销活动。

赢利能力控制一般由财务部门负责，旨在测定企业不同产品、不同销售地区、不同顾客群、不同销售渠道以及不同规模订单的赢利情况的控制活动。

赢利能力指标包括资产收益率、销售利润率和资产周转率、现金周转率、存货周转率和应收账款周转率、净资产报酬率等。

企业要取得较高的盈利水平和较好的经济效益，一定要对直接推销费用、促销费用、仓储费用、折旧费、运输费用、其他营销费用，以及生产产品的材料费、人工费和制造费用进行有效控制，全面降低支出水平。

3. 效率控制和战略控制

效率控制是分析出企业在特定产品、销售市场活力不高时，就采取更有效的方法提高广告、人员推销、促销和分销等工作的效率。战略控制则是更高层次的市场营销控制，审计企业的战略、计划是否有效地抓住了市场机会，是否同市场营销环境相适应。

假如赢利分析发现公司在某些产品、地区或市场方面的赢利不佳，那接下来要解决的问题是寻找更有效的方法来管理销售队伍、广告、促销和分销。

(1)销售人员效率。各销售经理可用如下指标考核和管理销售队伍，提高销售人员的工作效率。

销售人员日均拜访客户的次数，每次访问平均所需时间，每次访问的平均收益，每次访问的平均成本，每百次销售访问预订购的百分比，每月新增客户数目，每月流失客户数目，销售成本对总销售额的百分比。

(2)广告效率。为提高广告宣传的效率，经理应掌握以下统计资料。

每种媒体接触每千名顾客所花费的广告成本，注意阅读广告的人在其受众中所占的比率，顾客对广告内容和效果的评价，广告前后顾客态度的变化，由广告激发的询问次数。

(3)营业推广效率。为了提高促销效率，企业应注意的统计资料可有如下几种。

优惠销售所占的百分比，每一单位销售额中所包含的陈列成本，赠券回收率，因示范引起的询问次数。

(4)分销效率。分销效率主要是对分销渠道的业绩、企业存货控制、仓库位置和运输方式的效率进行分析和改进，提高分销的效率。

战略控制是总体目标的控制，企业必须经常对其整体市场营销活动作出检查和评估，通常通过市场营销审计来检查和评估。

市场审计是对企业或一个业务部门的营销环境、目标和活动等方面所做的全面、系统、独立和定期的检查，确定问题范围和发展机遇，提出可行的解决方案，以提高总体营销效益的一种控制方法。其具有综合性、系统性、独立性和定期性的特点。

(二)市场营销控制的作用

市场营销控制对企业市场营销活动的作用主要体现在以下几个方面。

1. 调整差距,保证计划顺利实施

在企业市场营销计划的实施过程中,经常出现计划与现实不一致的情况。这就需要通过营销控制来解决。首先查明产生问题的原因,然后对症下药,对脱离实际的计划进行必要的修正或者采取必要的措施,改进工作,提高效率,保证计划的顺利实施。

2. 发现问题,避免事故

市场营销控制作为企业管理的一个过程,应贯穿于企业市场营销活动的始终,并跟踪营销活动的每一个环节,这样有助于及早发现问题,采取有效措施,避免可能的事故。

3. 监督激励,提高效率

市场营销控制还对企业业务部门和全体员工的工作效率起监督作用。通过市场营销控制可以发现哪些部门的工作完成得好,哪些员工的工作效率比较高。如果企业能建立相应的奖惩制度,就可以极大地调动员工的积极性,激励他们更加努力地去实现企业的营销目标。

(三)不同营销控制模式适用的条件

任何一种营销控制模式都不是万能的,不可能适合于所有的管理环境。选择了恰当的营销控制模式,不但可以规范销售人员的行为,而且可以保证营销计划顺利实施,实现企业营销目标。也就是说,环境特征决定了企业所适用的营销控制模式。一般来说,业绩目标的可量化程度和营销活动过程的透明度是评价营销环境的两个重要条件,也是选择营销控制模式的基础条件(图 9-5)。业绩目标的可量化程度是指用具体量化的值来测定目标的程度,例如销售额、销售量等指标的可量化程度比较高,市场信息清晰度、客户满意度等指标的可量化程度则比较低。营销活动过程的透明度是指销售主管对营销活动的信息所掌握的范围和程度,例如销售主管是否掌握了所有客户的信息等。当业绩目标的可量化程度很高,而营销活动过程的透明度比较低,例如,当一线销售人员比他的销售主管掌握了更多的市场信息,但是销售主管可以较容易地测定销售额、销售量、利润水平等销售目标时,企业适合选择结果控制模式;当业绩目标的可量化程度很高,同时营销活动过程的透明度也很高时,企业更适合采取自我控制的模式,使销售人员进行自我规范、自我约束,以达到控制与激励相融合的目的。当业绩目标的可量化程度比较低,而营销活动过程的透明度比较高时,企业更适合采取过程控

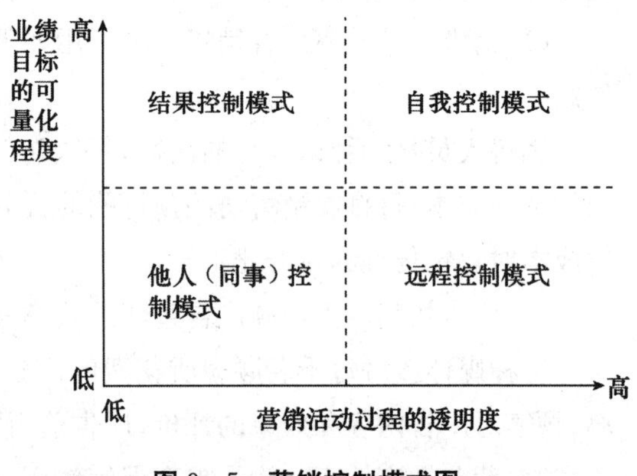

图 9-5 营销控制模式图

制模式，制定相应的过程规范制度来约束销售人员的行为。当业绩目标的可量化程度与营销活动的透明度都很低时，企业应侧重于他人(同事)控制，使销售人员队伍这个非正式的小群体对其成员的行为进行控制是比较合适的。

任务二　客户关系管理

客户关系管理(Customer Relationship Management，简称 CRM)是一个不断加强与顾客交流，不断了解顾客需求，并不断对产品及服务进行改进和提高以满足顾客需求的连续的过程。其内含是企业利用信息技术和互联网技术实现对客户的整合营销，是以客户为核心的企业营销的技术实现和管理实现。客户关系管理注重的是与客户的交流，企业的经营是以客户为中心，而不是传统的以产品或以市场为中心。为方便与客户的沟通，客户关系管理可以为客户提供多种交流的渠道。

一、客户关系管理的起源及发展

最早发展客户关系管理的国家是美国，在 1980 年初便有所谓的“接触管理”(Contact Management)，即专门收集客户与公司联系的所有信息；1985 年，巴巴拉・本德・杰克逊提出了关系营销的概念，使人们对市场营销理论的研究又迈上了一个新的台阶；到 1990 年则演变成包括电话服务中心支持资料分析的客户关怀(Customer care)。

1999 年，Gartner Group Inc 公司提出了 CRM 概念(Customer Relationship Management，客户关系管理)。Gartner Group Inc 在早些提出的 ERP 概念中，强调对供应链进行整体管理。而客户作为供应链中的一环，为什么要针对它单独提出一个 CRM 概念呢?

原因之一在于，在 ERP 的实际应用中人们发现，由于 ERP 系统本身功能方面的局限性，也由于 IT 技术发展阶段的局限性，ERP 系统并没有很好地实现对供应链下游(客户端)的管理，针对 3C 因素中的客户多样性，ERP 并没有给出良好的解决办法。另一方面，到 20 世纪 90 年代末期，互联网的应用越来越普及，CTI、客户信息处理技术(如数据仓库、商业智能、知识发现等技术)得到了长足的发展。结合新经济的需求和新技术的发展，Gartner Group Inc 提出了 CRM 概念。从 90 年代末期开始，CRM 市场一直处于一种爆炸性增长的状态。

二、客户关系管理的含义

对客户关系管理应用的重视来源于企业对客户长期管理的观念。这种观念认为客户是企业最重要的资产并且企业的信息支持系统必须在给客户以信息自主权的要求下发展。成功的客户自主权将产生竞争优势，并提高客户忠诚度，最终提高公司的利润率。客户关系管理的方法在注重4P关键要素的同时，反映出在营销体系中各种交叉功能的组合，其重点在于赢得客户。这样，营销重点从客户需求进一步转移到客户保持上，并且保证企业把适当的时间、资金和管理资源直接集中在这两个关键任务上。

西方工业界不断用各种工具和方法进行产业升级：流程、财务、IT和人力资源，目前进展到最核心的堡垒——营销，而CRM就是工业发达国家对以客户为中心的营销的整体解决方案。同时，CRM在近年的迅速流行应归功于IT技术的进步特别是互联网技术的进步，如果没有以互联网为核心的技术进步的推动，CRM的实施会遇到特别大的阻力，可以说，互联网是CRM的加速器，具体的应用包括数据挖掘、数据仓库、Call center、基于浏览器的个性化服务系统等，这些技术随着CRM的应用而飞速发展。

在这个时代，在国际上，提供商Salesforce是创建于1999年3月的一家客户关系管理(CRM)软件服务提供商，它是全球按需CRM解决方案的领导者；在中国，国内首家软件运营厂商八百客将在线CRM引入中国，是国内首屈一指的CRM解决方案的领导者。

CRM概念引入中国已有数年，其字面意思是客户关系管理，但其深层的内涵却有许多的解释。

(1)从管理科学的角度来考察，CRM源于市场营销理论。所谓的客户关系管理，就是为企业提供全方位的管理视角，赋予企业更完善的客户交流能力，最大化客户的收益率。

(2)从解决方案的角度考察，CRM是将市场营销的科学管理理念，通过信息技术的手段集成在软件上面，得以在全球大规模的普及和应用CRM的焦点是自动化并改善与销售、市场营销、客户服务和支持等领域的客户关系有关的商业流程。

CRM既是一套原则制度，也是一套软件和技术。它的目标是缩减销售周期和销售成本、增加收入、寻找扩展业务所需的新的市场和渠道以及提高客户的价值、满意度、赢利性和忠实度。CRM应用软件将最佳的实践具体化并使用先进的技术来协助各企业实现这些目标。CRM在整个客户生命期中都以客户为中心，这意味着CRM应用软件将客户当作企业运作的核心。

作为解决方案(Solution)的客户关系管理(CRM)，它集合了当今最新的信息技术，它们包括Internet和电子商务、多媒体技术、数据仓库和数据挖掘、专家系统和人工智能、呼叫中心等等。作为一个应用软件的客户关系管理(CRM)，凝聚了市场营销的管理理念。CRM应用软件简化协调了各类业务功能(如销售、市场营销、服务和支持)的过程并将其注意力集中于满足客户的需要。CRM应用还将多种与客户交流的渠道，如面对面、电话接洽以及Web访问协调为一体，这样，企业就可以按客户的喜好使用适当的渠道与之进行交流。

(3)IBM则认为：客户关系管理包括企业识别、挑选、获取、发展和保持客户的整个商业过程。IBM把客户关系管理分为三类：关系管理、流程管理和接入管理。综上，客户关系管理(CRM)有三层含义：①体现为新态企业管理的指导思想和理念；②是创新的企业管理模式和运营机制；③是企业管理中信息技术、软硬件系统集成的管理方法和应用解决方案的总和。

其核心思想就是：客户是企业的一项重要资产，客户关怀是CRM的中心，客户关怀的目的是与所选客户建立长期和有效的业务关系，在与客户的每一个“接触点”上都更加接近客户、了解客户，最大限度地增加利润和利润占有率。

CRM 的核心是客户价值管理，它将客户价值分为既成价值、潜在价值和模型价值，通过一对一营销原则，满足不同价值客户的个性化需求，提高客户忠诚度和保有率，实现客户价值持续贡献，从而全面提升企业盈利能力。

以下摘录国外研究 CRM 的几位专家对 CRM 的不同定义，通过这些定义来初步认识 CRM。

CRM 是选择和管理有价值客户及其关系的一种商业策略，CRM 要求以客户为中心的商业哲学和企业文化来支持有效的市场营销、销售与服务流程。如果企业拥有正确的领导、策略和企业文化，CRM 应用将为企业实现有效的客户关系管理。

CRM 是一个获取、保持和增加可获利客户的方法和过程。CRM 既是一种崭新的、国际领先的、以客户为中心的企业管理理论、商业理念和商业运作模式，也是一种以信息技术为手段、有效提高企业收益、客户满意度、雇员生产力的具体软件和实现方法。

CRM 的实施目标就是通过对企业业务流程的全面管理来降低企业成本，通过提供更快速和周到的优质服务来吸引和保持更多的客户。作为一种新型管理机制，CRM 极大地改善了企业与客户之间的关系，实施于企业的市场营销、销售、服务与技术支持等与客户相关的领域。

随着 3G 移动网络的部署，CRM 已经进入了移动时代。移动 CRM 系统就是一个集 3G 移动技术、智能移动终端、VPN、身份认证、地理信息系统（GIS）、Webservice、商业智能等技术于一体的移动客户关系管理产品。数码星辰的 CRM 产品就是典型的移动 CRM 产品。移动 CRM 将原有 CRM 系统上的客户资源管理、销售管理、客户服务管理、日常事务管理等功能迁移到手机上。它既可以像一般的 CRM 产品一样，在公司的局域网里进行操作，也可以在员工外出时，通过手机进行操作。八百客推出手机版 CRM 就是移动 CRM 的最好体现，它提供手机版管理软件，客户只需下载手机版软件，然后安装在手机上就可以直接使用了。客户在手机上也可用电脑申请的组织名和账户名直接使用 CRM 系统，不仅可以随时查看信息，也可以通过手机给公司内部人员下达工作指示，同时也可以使用平台所提供的其他所有功能。

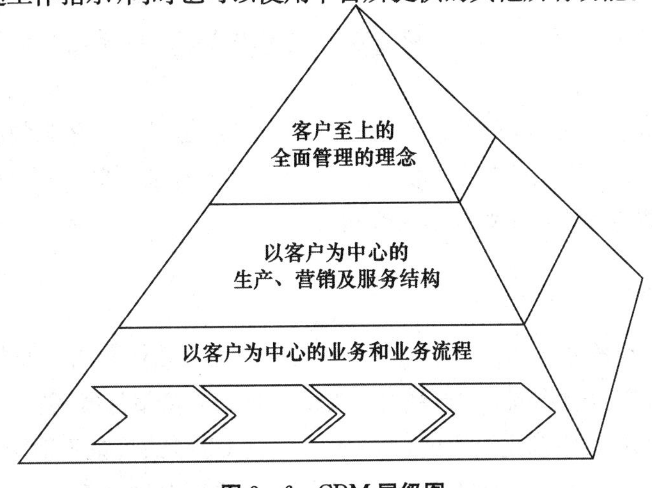

图 9－6　CRM 层级图

营销小资料

海尔集团的客户服务系统是不断发展和完善的过程。20世纪90年代初，在全国29个城市中建立了电话中心，客户的安装、维修可通过电话预约上门服务。但这个系统存在不少弊端：话务处理能力有限，系统可靠性差、可维护性差，经常出现死机、系统崩溃的现象。导致客户无法接通电话，且一些网点的服务质量较差；电话中心与海尔售后服务中心没有统一标准，信息不能共享，从而严重影响了客户的服务质量。

2000年，海尔集团建成了自己的全国广域网。随后，海尔集团在总部和上海、北京建立第三代(具有CAD)的呼叫中心，以其为主要收集信息的手段，以E-mail、FAX、信函、销售代表反馈为辅助手段。客户服务系统不是孤立的，可与各部门协同工作、信息共享，与ERP系统、SCM系统、电子商务系统集成。这样，各部门可方便查找客户信息和进行服务质量分析。

三、中小企业选择CRM的考虑因素

中小企业在CRM应用上投入的年度开支总和并不比大型企业逊色，不过对大部分中小企业而言，选择到性价比高、功能实用的解决方案也不是一件轻松的事。

中小企业选择CRM，在进行采购决策之前，应以符合公司规模与商业要求为准绳，并结合以下六大因素进行考虑。

(一)要明确使用要求

在开始比较各类CRM之前，必须先确定需要软件含有哪些功能和特性来帮助企业解决问题并实现目标。

(二)要有预算框架

许多中小企业的预算都不宽裕，因此在寻找解决方案时的重点是求取价格与功能之间的平衡。

在开始与厂商接洽之前，先判别企业能负担的预算范围。只有那些能够提供企业所需的功能，并且报价在预算范围内的产品厂商，才能被列入备选名单。不要受到销售代表的左右而去选择更高级的CRM导致预算大幅超支。

(三)要考虑到IT资源

实施CRM将会给企业的IT团队施加多大的压力？企业是否有足够的人手来执行和维护？他们是否有适当的技能，或接受过必要的培训来支持项目展开？

如果以上问题的答案都是否定的，那么预置型的CRM或许就不适合你的公司。你可以转而考虑托管或按需应用型CRM，最小化IT团队所要面对的负担。

（四）要结合基础技术设施

考虑所选择的CRM能否嵌入到企业现有的环境中，考虑它能否与企业的ERP或其他关键商业系统轻松集成，确定企业所要的CRM能够符合现有的投资环境，不会对其他技术项目产生负面影响。

（五）要兼顾行业特殊背景

考虑所挑选的厂商是否具有企业所处行业的相关合作经验，考虑他们能否提供针对本企业所处行业而特别设计的产品。一家能够理解本企业所处行业背景的厂商有助于进一步结构化企业的解决方案和流程，将CRM应用的价值发挥到最大。

四、选择CRM的误区

（一）案例越多越好

在选择客户关系管理软件时单纯以软件产品的案例作为软件采购的标准，甚至唯一标准，那么选到的很可能是过时的，甚至是即将被淘汰的产品。一个最有说服力的例子就是，三年前出的笔记本电脑或电视机的案例肯定比今年新推出的笔记本电脑或电视机的案例多得多。可是三年前的电脑，三年前的电视机还有人要吗？同样，在移动客户关系管理领域，技术的进步更是日新月异，智能机和3G的引入就是最近几年出现的，显然基于非智能机和非3G环境的设计在技术的先进性上已经落后但是案例必然比前者多。此外，前几年的第一代移动客户关系管理采用的是短信技术，第二代移动客户关系管理采用的WAP技术，这种技术已经被淘汰，它们的案例也一定比刚刚发展起来的采用WebService技术的第三代移动客户关系管理多得多，但是现在这种技术还有人使用吗？在技术的进步以指数级增长的今天，一味地追求案例多，只会选择到一个技术上即将被淘汰的产品。因此选用软件第一条准则就是：绝对不要以案例多作为选择软件的唯一标准。

（二）自己开发

以为自己开发客户关系管理更能够满足自身要求，还可以随时升级、维护，可控性强，能避免上当受骗，这种想法也是一个很大的误区。

首先，客户关系管理系统已经涉及越来越多的学科技术，包括计算机、通信、网络、管理与行为、多媒体、数据库、图形图像等，是一个需要综合各种人才的团队工程，一个或者几个普通程序员已经很难做好；

其次，单位内部的程序员受行业和职位限制，无法掌握最新的管理理念及其发展趋势，往往只能对市面上的CRM系统和自己单位的办公流程进行简单模仿和克隆，不能够真正实现提升管理水平的目的；

再次，频繁调整客户关系管理系统会严重影响员工的快速掌握和正常使用，延长融合期；

最后，开发客户关系管理系统需要耗费大量的人力、物力、财力和管理、时间成本，不可控因素很多，综合费用最低也要几万元，很多都要数十万元，这显然得不偿失。

因此除了个别特大型企业和敏感性单位，普通企业不必自己开发，选择一些成熟的CRM比较合适。

五、CRM 功能介绍

CRM 的功能可以归纳为三个方面：市场营销中的客户关系管理、销售过程中的客户关系管理、客户服务过程中的客户关系管理，以下简称为市场营销、销售、客户服务。

（一）市场营销

客户关系管理系统在市场营销过程中，可有效帮助市场人员分析现有的目标客户群体，如主要客户群体集中在哪个行业、哪个职业、哪个年龄层次、哪个地域等，从而帮助市场人员进行精确的市场投放。客户关系管理也要有效分析每一次市场活动的投入产出比，根据与市场活动相关联的回款记录及举行市场活动的报销单据做计算，就可以统计出所有市场活动的效果报表，如图 9-7 所示。

（二）销售

销售是客户关系管理系统中的主要组成部分，主要包括潜在客户、客户、联系人、业务机会、订单、回款单、报表统计图等模块。业务员通过记录沟通内容、建立日程安排、查询预约提醒、快速浏览客户数据有效缩短了工作时间，而大额业务提醒、销售漏斗分析、业绩指标统计、业务阶段划分等功能又可以有效帮助管理人员提高整个公司的成单率、缩短销售周期，从而实现最大效益的业务增长，如图 9-8 所示。

（三）客户服务

客户服务主要是用于快速及时地获得问题客户的信息及客户历史问题记录等，这样可以有针对性并且高效地为客户解决问题，提高客户满意度，提升企业形象。主要功能包括客户反馈、解决方案、满意度调查等功能。应用客户反馈中的自动升级功能，可让管理者第一时间得到超期未解决的客户请求，解决方案功能使全公司所有员工都可以立刻提交给客户最为满意的答案，而满意度调查功能又可以使最高层的管理者随时获知本公司客户服务的真实水平。有些客户关系管理软件还会集成呼叫中心系统，这样可以缩短客户服务人员的响应时间，对提高客户服务水平也起到了很好的作用，如图 9-9 所示。

现在市面上很多的客户关系管理软件都会有很多其他功能，比如办公管理、行政管理、管理等，但是这些系统只是为使用者更加方便而产生的，其实与真正的客户关系管理没有任何关系，如图 9-10 所示。

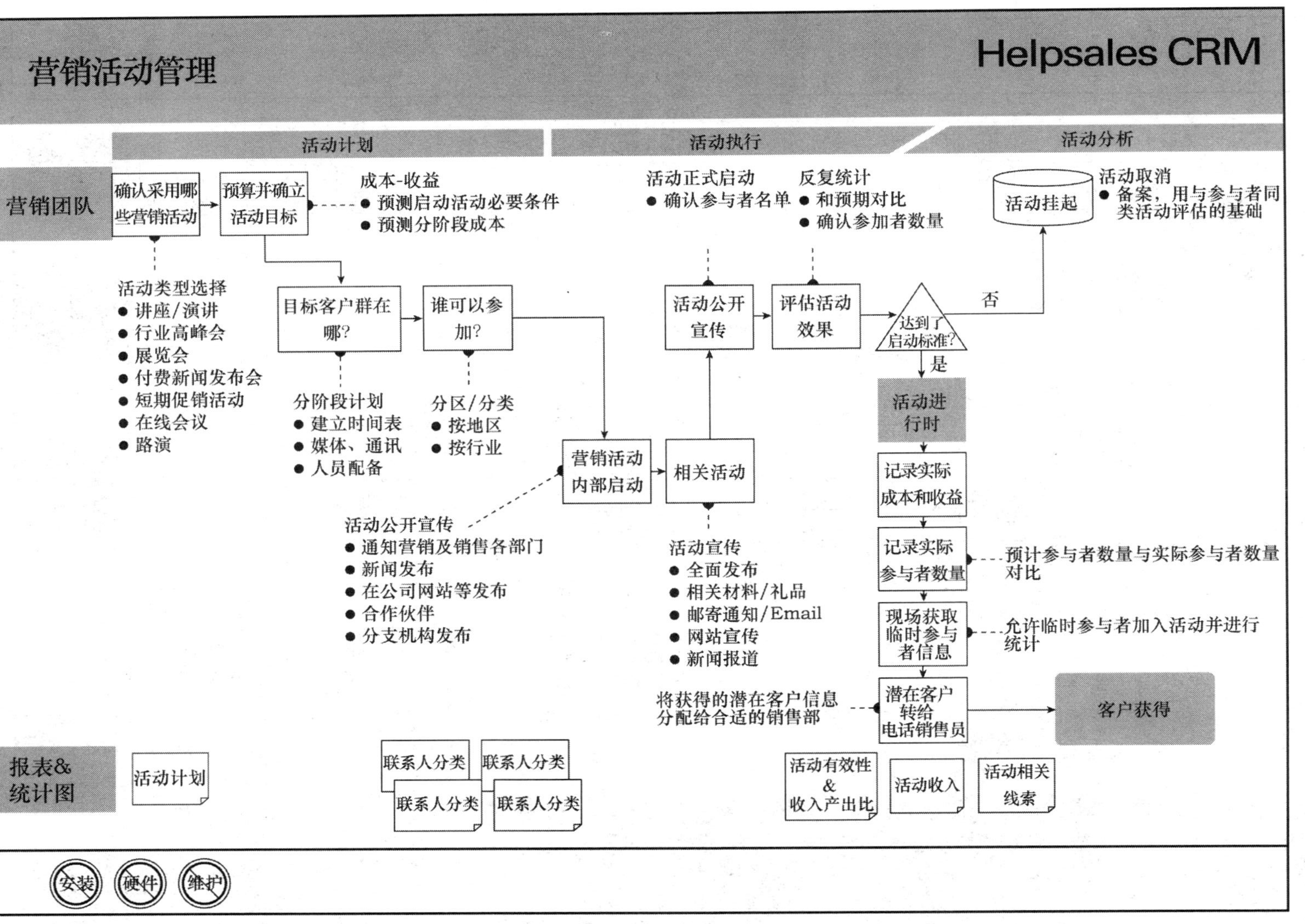
营销活动管理
Helpsales CRM
活动计划
活动执行
活动分析
营销团队
确认采用哪些营销活动
预算并确立活动目标
成本-收益
● 预测启动活动必要条件
● 预测分阶段成本
活动类型选择
● 讲座/演讲
● 行业高峰会
● 展览会
● 付费新闻发布会
● 短期促销活动
● 在线会议
● 路演
目标客户群在哪?
谁可以参加?
分阶段计划
● 建立时间表
● 媒体、通讯
● 人员配备
分区/分类
● 按地区
● 按行业
营销活动内部启动
活动公开宣传
● 通知营销及销售各部门
● 新闻发布
● 在公司网站等发布
● 合作伙伴
● 分支机构发布
相关活动
活动宣传
● 全面发布
● 相关材料/礼品
● 邮寄通知/Email
● 网站宣传
● 新闻报道
活动公开宣传
活动正式启动
● 确认参与者名单
评估活动效果
反复统计
● 和预期对比
● 确认参加者数量
达到了启动标准?
否
是
活动挂起
活动取消
● 备案，用与参与者同类活动评估的基础
活动进行时
记录实际成本和收益
记录实际参与者数量
预计参与者数量与实际参与者数量对比
现场获取临时参与者信息
允许临时参与者加入活动并进行统计
潜在客户转给电话销售员
将获得的潜在客户信息分配给合适的销售部
客户获得
报表&统计图
活动计划
联系人分类
联系人分类
联系人分类
联系人分类
活动有效性&收入产出比
活动收入
活动相关线索
安装
硬件
维护

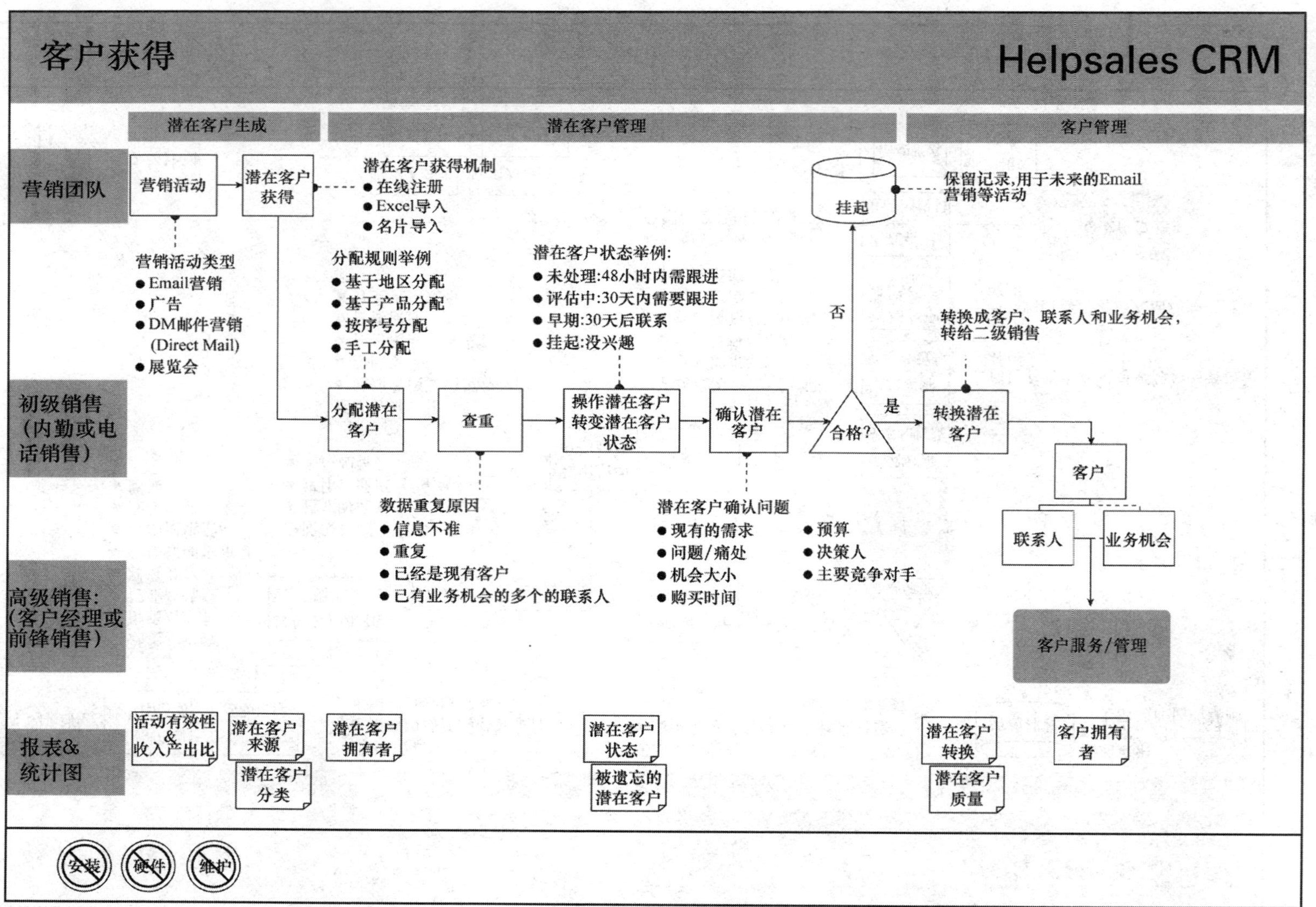

客户获得
Helpsales CRM
潜在客户生成
潜在客户管理
客户管理
营销团队
初级销售（内勤或电话销售）
高级销售：（客户经理或前锋销售）
报表&统计图
营销活动
营销活动类型
● Email营销
● 广告
● DM邮件营销 (Direct Mail)
● 展览会
潜在客户获得
潜在客户获得机制
● 在线注册
● Excel导入
● 名片导入
分配规则举例
● 基于地区分配
● 基于产品分配
● 按序号分配
● 手工分配
分配潜在客户
查重
数据重复原因
● 信息不准
● 重复
● 已经是现有客户
● 已有业务机会的多个的联系人
操作潜在客户转变潜在客户状态
潜在客户状态举例:
● 未处理:48小时内需跟进
● 评估中:30天内需要跟进
● 早期:30天后联系
● 挂起:没兴趣
确认潜在客户
潜在客户确认问题
● 现有的需求
● 问题/痛处
● 机会大小
● 购买时间
合格?
● 预算
● 决策人
● 主要竞争对手
否
挂起
保留记录,用于未来的Email营销等活动
是
转换潜在客户
转换成客户、联系人和业务机会，转给二级销售
客户
联系人
业务机会
客户服务/管理
活动有效性&收入产出比
潜在客户来源
潜在客户分类
潜在客户拥有者
潜在客户状态
被遗忘的潜在客户
潜在客户转换
潜在客户质量
客户拥有者
安装
硬件
维护

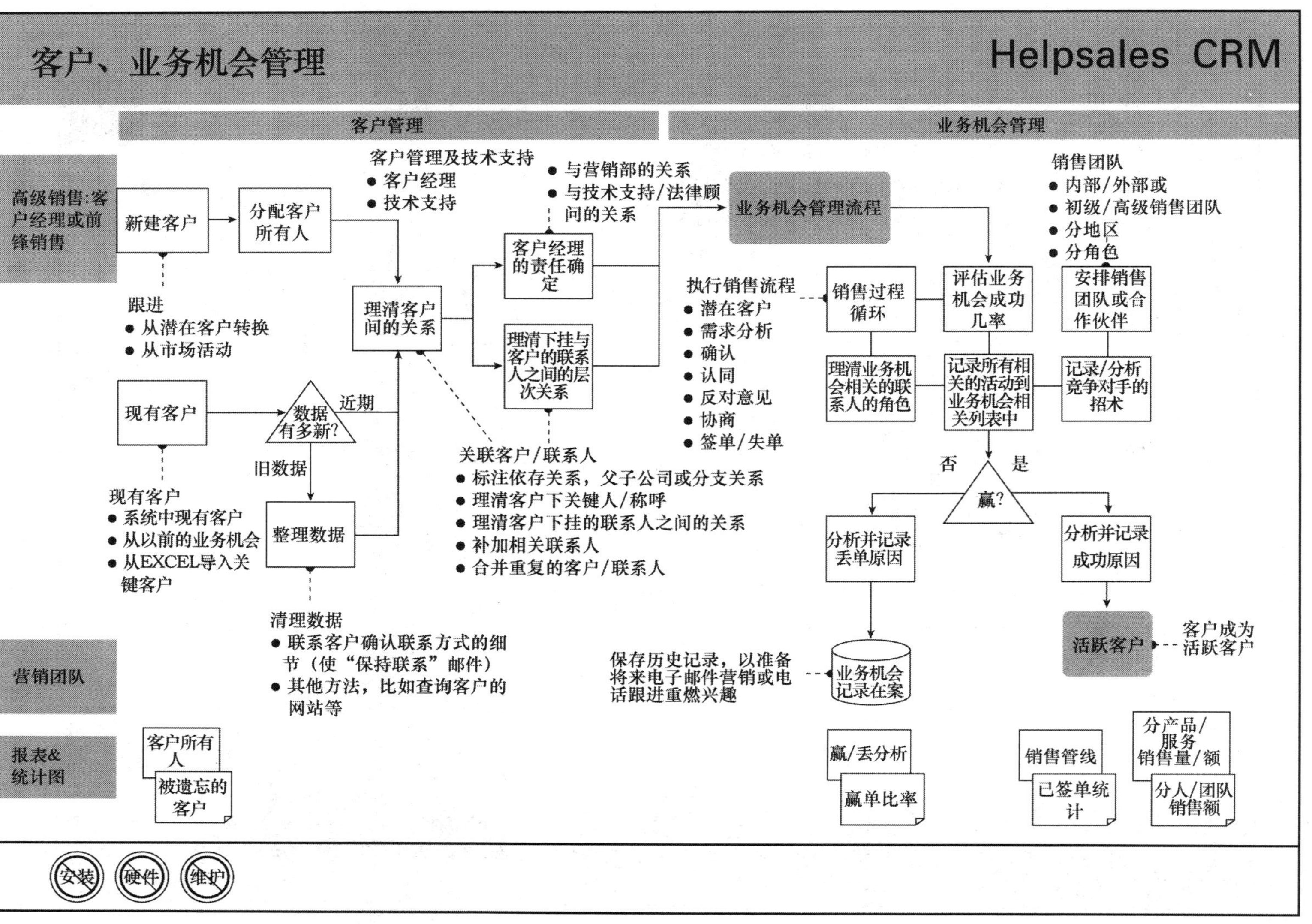
客户、业务机会管理
Helpsales CRM
客户管理
业务机会管理
高级销售:客户经理或前锋销售
新建客户
分配客户所有人
跟进
从潜在客户转换
从市场活动
客户管理及技术支持
客户经理
技术支持
理清客户间的关系
与营销部的关系
与技术支持/法律顾问的关系
客户经理的责任确定
理清下挂与客户的联系人之间的层次关系
业务机会管理流程
现有客户
数据有多新?
近期
旧数据
整理数据
现有客户
系统中现有客户
从以前的业务机会
从EXCEL导入关键客户
关联客户/联系人
标注依存关系，父子公司或分支关系
理清客户下关键人/称呼
理清客户下挂的联系人之间的关系
补加相关联系人
合并重复的客户/联系人
清理数据
联系客户确认联系方式的细节（使“保持联系”邮件）
其他方法，比如查询客户的网站等
执行销售流程
潜在客户
需求分析
确认
认同
反对意见
协商
签单/失单
销售过程循环
评估业务机会成功几率
安排销售团队或合作伙伴
销售团队
内部/外部或
初级/高级销售团队
分地区
分角色
理清业务机会相关的联系人的角色
记录所有相关的活动到业务机会相关列表中
记录/分析竞争对手的招术
否
是
赢?
分析并记录丢单原因
分析并记录成功原因
活跃客户
客户成为活跃客户
保存历史记录，以准备将来电子邮件营销或电话跟进重燃兴趣
业务机会记录在案
营销团队
报表&统计图
客户所有人
被遗忘的客户
赢/丢分析
赢单比率
销售管线
已签单统计
分产品/服务销售量/额
分人/团队销售额
安装
硬件
维护

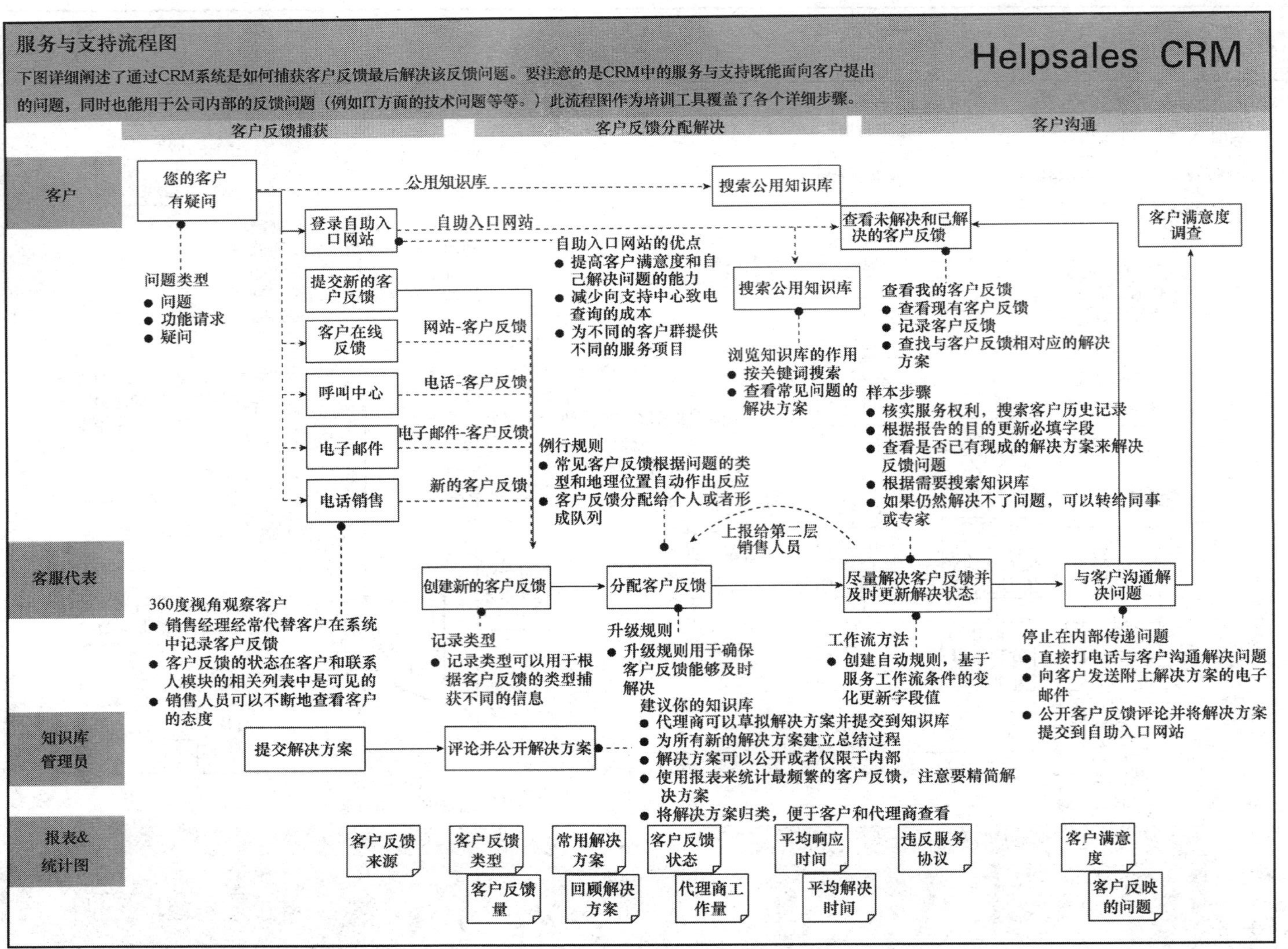
服务与支持流程图
下图详细阐述了通过CRM系统是如何捕获客户反馈最后解决该反馈问题。要注意的是CRM中的服务与支持既能面向客户提出的问题，同时也能用于公司内部的反馈问题（例如IT方面的技术问题等等。）此流程图作为培训工具覆盖了各个详细步骤。
Helpsales CRM
客户反馈捕获
客户反馈分配解决
客户沟通
客户
客服代表
知识库管理员
报表&统计图
您的客户有疑问
问题类型
● 问题
● 功能请求
● 疑问
公用知识库
搜索公用知识库
登录自助入口网站
自助入口网站
查看未解决和已解决的客户反馈
客户满意度调查
提交新的客户反馈
客户在线反馈
呼叫中心
电子邮件
电话销售
网站-客户反馈
电话-客户反馈
电子邮件-客户反馈
新的客户反馈
自助入口网站的优点
● 提高客户满意度和自己解决问题的能力
● 减少向支持中心致电查询的成本
● 为不同的客户群提供不同的服务项目
搜索公用知识库
浏览知识库的作用
● 按关键词搜索
● 查看常见问题的解决方案
查看我的客户反馈
● 查看现有客户反馈
● 记录客户反馈
● 查找与客户反馈相对应的解决方案
样本步骤
● 核实服务权利，搜索客户历史记录
● 根据报告的目的更新必填字段
● 查看是否已有现成的解决方案来解决反馈问题
● 根据需要搜索知识库
● 如果仍然解决不了问题，可以转给同事或专家
例行规则
● 常见客户反馈根据问题的类型和地理位置自动作出反应
● 客户反馈分配给个人或者形成队列
上报给第二层销售人员
创建新的客户反馈
分配客户反馈
尽量解决客户反馈并及时更新解决状态
与客户沟通解决问题
360度视角观察客户
● 销售经理经常代替客户在系统中记录客户反馈
● 客户反馈的状态在客户和联系人模块的相关列表中是可见的
● 销售人员可以不断地查看客户的态度
记录类型
● 记录类型可以用于根据客户反馈的类型捕获不同的信息
升级规则
● 升级规则用于确保客户反馈能够及时解决
工作流方法
● 创建自动规则，基于服务工作流条件的变化更新字段值
停止在内部传递问题
● 直接打电话与客户沟通解决问题
● 向客户发送附上解决方案的电子邮件
● 公开客户反馈评论并将解决方案提交到自助入口网站
提交解决方案
评论并公开解决方案
建议你的知识库
● 代理商可以草拟解决方案并提交到知识库
● 为所有新的解决方案建立总结过程
● 解决方案可以公开或者仅限于内部
● 使用报表来统计最频繁的客户反馈，注意要精简解决方案
● 将解决方案归类，便于客户和代理商查看
客户反馈来源
客户反馈类型
客户反馈量
常用解决方案
回顾解决方案
客户反馈状态
代理商工作量
平均响应时间
平均解决时间
违反服务协议
客户满意度
客户反映的问题

六、企业应用CRM的作用

成功应用CRM系统将给企业带来可衡量的显著效益。美国独立的IT市场研究机构ISM(Information Systems Marketing)持续十三年跟踪研究应用CRM给企业带来的影响，通过对大量实施CRM企业的跟踪调查，得出了详细的、可量化的利益一览表，从而证明在CRM系统上的资金、时间、人力的投入是正确的。

(1)在实施系统的前三年内，每个销售代表的年销售总额至少增长10%。之所以能够获得这样可喜的收益，是因为销售人员提高了工作效率(例如有更多时间去拜访客户和实施策略)，工作更富成效(例如因销售人员更加关注有价值的客户、更了解客户需求，从而提高了他们的销售访问质量)。

(2)在实施系统的前三年内，一般的市场销售费用和管理费用至少减少5%。因为公司和市场人员可以更有针对性地对目标客户发放他们所需要的资料，选择沟通渠道，而不必像以往那样，去大量散发昂贵的印刷品和资料给所有现有和潜在的客户，由于传统方式针对性不强，必然广种薄收，成本居高不下。

(3)在实施系统的前三年内，预计销售成功率至少提升5%。因为销售员辨别和选择机会时可以更仔细，及早放弃那些不好的机会，从而全神贯注于那些高成功率的机会。

(4)在应用系统的过程中，每笔生意价值至少增加1%的边际利润。由于销售员可以与那些经过仔细选择的客户群更紧密地合作，这些客户群像注重折扣一样注重价值销售，所以销售员趋向于更少打折。

(5)客户满意率至少增加5%。因为那些能够更快得到所需信息的客户，获得了更好服务的客户和那些乐于建立关系营销而销售员又能够提供的客户感到更满意。

上述利益是基于以下测量得出的。

(1)销售人员每天为现实的客户花的时间更多——为确知此点，需要考虑计算销售人员每天拨打的服务电话或与现实的客户面对面接触的时间。

(2)销售代表追求的客户数量的提高——请记住多数销售代表更愿意与现实的客户打电话，并与之发展关系。但是，未来新的客户也在不断增加。为确知此点，需要计算每人、每星期、每月、每季度销售代表接触的新老客户的数量。

(3)销售经理与客户接触和就客户问题与销售代表一同工作的时间增多——培训销售人员很关键。经理们似乎从未有足够的时间。为确知此点，需要考虑计算每天销售经理与新老客户接触的时间及与销售代表讨论客户问题的时间。

(4)客户服务增加——客户服务是那些领先的公司和那些对此尚不知晓的公司之间的识别标志。为确知此点，需要计算客户服务问题的解决时间，以及由于错误信息导致的客户服务误差的数量。

(5)与客户和有望成为客户的人的联系的及时性增强——为确知此点，应计算与客户和有望成为客户的人联系所间隔的时间以及给他们发送信息所间隔的时间。

(6)每一销售代表每月收入的增加——由于自动化而节省了大量时间，为了确保因此而有更多的销售，谨慎的管理是需要的。尽管如此，每个销售代表每月收入增多仍是CRM最重要的好处。为确知此点，需要计算每月每一代表比基本收入所增加的收入。

(7)总体业绩的提高——在一个ISM曾共事的公司，销售经理基于CRM系统的使用在销售人员之间开展竞争，结果是惊人的。销售人员之间的良性竞争导致总体销售业绩显著提高。为确知此点，可计算一下每月整体销售队伍所增加的销售额。

(8)您公司的名字在您的客户和有望成为客户的人的面前出现的频率将会提高——所谓“眼不见，心不烦”是很有害于您的销售努力的。为确知此点，可计算一下由销售和市场营销人员给客户和有望成为客户的人发出信函的数量。

(9)顾客满意程度的提高——为确知此点，考虑使用关于顾客满意的调查评比，并将评比结果张贴以供所有员工了解。

(10)公司内部交流的增多——随着越来越多的员工在客户及潜在客户领域倾注时间，确保员工之间有效交流的需要也在增强。为确知此点，可以计算在地区、区域及总部办公室之间提供和获取信息所花费的时间。

任务三　市场营销职业素质培养

任务导入

想一想

挪威联合银行是挪威最大的储蓄银行，拥有超过100万的个体客户和企业客户，但它发现自己正逐渐与客户失去联系，因此迫切需要尽快行动起来。

挪威联合银行管理层看到虽然银行储存着客户数据，但大多数信息分散在多个运作系统上，为了获取客户的基本信息，银行需要寻找、收集、综合所有系统中的信息，这个流程就可能要花费数日，银行认识到一个完整统一的客户视图不仅要拓展到不同的产品，还要拓展到营销渠道及客户的人口统计资料，如果银行能够追踪客户行为，他们就会对客户的未来行为和偏好有一种更好的理解。这种新信息能驱动交叉销售和目标营销创新，并肯定会提高收入并进一步降低成本。银行希望通过系统为员工提供一种集中化的分析平台，以确定谁是他们的客户；另外，为了削减数据收集的成本和时间耗费，数据库将提供360度客户视图，以使银行进一步认识客户。挪威联合银行除了日常分析，还将对市场机会迅速反应的能力与客户的信息联系起来，以提高市场份额。

挪威联合银行还使用其最新的强大客户数据来协调渠道优化。例如，对于没有使用最适合他们的账单支付服务的客户，银行通过一个特定的促销来告知他们使用最好的支付服务将为他们节约多少资金。

思考:

(1)从功能上看,挪威联合银行使用的CRM系统有哪些作用?

(2)实施CRM对相关工作人员提出了什么样的新要求?

一、职业素质的含义

职业素质是劳动者对社会职业了解与适应能力的一种综合体现,其主要表现在职业兴趣、职业能力、职业个性及职业情况等方面。影响和制约职业素质的因素很多,主要包括受教育程度、实践经验、社会环境、工作经历以及自身的一些基本情况(如身体状况等)。一般说来,劳动者能否顺利就业并取得成就,在很大程度上取决于本人的职业素质,职业素质越高的人,获得成功的机会就越多。

(一)素质

素质包括先天素质和后天素质。先天素质是通过父母遗传因素而获得的素质,主要包括感觉器官、神经系统和身体其他方面的一些生理特点。后天素质是通过环境影响和教育而获得的。因此,可以说,素质是在人的先天生理基础上,受后天的教育训练和社会环境的影响,通过自身的认识和社会实践逐步养成的比较稳定的身心发展的基本品质。

对素质的这种理解,主要包括以下三方面的内容。

(1)素质首先是教化的结果。它是在先天素质的基础上,通过教育和社会环境影响逐步形成和发展起来的。

(2)素质是自身努力的结果。一个人素质的高低,是通过自己的努力学习、实践,获得一定知识并把它变成自觉行为的结果。

(3)素质是一种比较稳定的身心发展的基本品质。这种品质一旦形成,就比较相对稳定。比如,一个品质好的学生,由于品质稳定,他总是能正确地对待别人、对待自己。

(二)职业素质的主要特征

1. 职业性

不同的职业,职业素质是不同的。对建筑工人的素质要求,不同于对护士职业的素质要求;对商业服务人员的素质要求,不同于对教师职业的素质要求。

2. 稳定性

一个人的职业素质是在长期执业中日积月累形成的。它一旦形成,便产生相对的稳定性。比如,一位教师,经过三年五载的教学生涯,就逐渐形成了怎样备课、怎样讲课、怎样热爱自己的学生、怎样为人师表等一系列教师职业素质,于是,便保持相对的稳定。

当然,通过继续学习,或受到工作和环境的影响,职业素质还可继续提高。

3. 内在性

职业从业人员在长期的职业活动中，经过自己学习、认识和亲身体验，觉得怎样做是对的，怎样做是不对的。这样，有意识地内化、积淀和升华的这一心理品质，就是职业素质的内在性。

4. 整体性

一个从业人员的职业素质是和他整个素质有关的。一个从业人员，虽然思想道德好，但科学文化水平低、专业技能差，就不能说这个人素质好。相反，一个从业人员科学文化水平、专业技能都不错，但思想道德比较差，同样，也不能说这个人素质好。所以，职业素质一个很重要的特点就是整体性。

5. 发展性

一个人的素质是通过教育、自身社会实践和社会影响逐步形成的，它具有相对性和稳定性。但是，随着社会发展对人们不断提出的要求，人们为了更好地适应、满足、促进社会发展的需要，总是不断地提高自己的素质。所以，素质具有发展性。

二、市场营销职业素质

(一)市场营销职业素质的内容

结合当前市场对营销人才的需求，市场营销职业素质可概括为以下五个方面。

1. 市场营销职业意识

市场营销的职业意识是指对从事本专业职业活动的认识、评价、情感等心理成分的综合。包括对从事市场营销职业活动的正确认识和评价，对市场营销职业中不同岗位、工作的正确认识和评价，对营销职业具有的热情，以及较强的市场竞争意识等。

可以归纳为三方面的意识：客户意识、营销意识、经营意识。

(1)客户意识

①职业化的核心就是客户意识。

营销小资料

WPS2000 的幻灯功能需要先在工具栏上找到放映再点击播放。研发出身的总经理吴军让研发部的职员对自身的产品与有自动播放器功能的豪杰作比较，再从客户的角度来感受自身产品的劣势。两个产品，一个可以自动播放，一个是多一步操作，如果你是客户，你自然会选择给你带来方便的产品。

作为职业人，你必须注意：为你的客户着想，给你的客户带来方便。

②客户意识要体现出人性化。

提供的服务是否能让客户满意，关键不在于服务量的多少，而是客户能够从中感受到的关心。这里一直强调的客户满意是一种超值的感受，也就是要让客户感到意外，是要让他感动，这就是人性化的体现。

营销小资料

有的公司规章制度有厚厚的一大本，但员工关心的就是几个有关切身利益的问题：休假、奖励、晋升、保险等。联想集团员工手册里就没有什么陈词滥调，它内容的1/3是各部门的电话，提示员工可以从哪个部门得到什么服务和帮助。

(2)营销意识

营销意识并非只是营销部门才需具备的，提倡全员营销的理念，就是要求公司的每个人都要具备营销意识。

要实现最大的客户满意度，就要了解客户到底需要什么服务，了解有哪些因素会影响为客户服务的目标，只有充分考虑以上信息，才能够为客户提供最优方案。因此，营销工作的第一步一定是市场调研。需要了解、分析客户需求、组织管理者的现状、市场环境等诸多因素。第二步是选择营销策略。只有做好第一步的调研工作，在选择营销策略时才能够做出正确的决策。

(3)经营意识

企业的经营意识是关系到企业能否健康发展的根本问题。因此，作为企业的营销人员必须有强烈的经营意识。营销人员应注意以下两个要点。

①投资回报率。投资回报率的核心在于收益与成本的比较。

资金是企业生存与发展的关键，企业的运营是围绕着资金展开的。企业要通过合理地运用资金来调配各种资源，通过组织各种各样的活动来达到目的。企业的资金来源主要有两种，一是自有资金，包括股东投入、从社会上筹集到的资金；一是借贷的资金，主要是银行贷款。

作为职业人一定要考虑清楚，钱花在什么地方，这些钱能够带来多少增值，这就是职业人必备的经营意识。

②成本与利润。现代企业在财务组成上有一个划分，即利润中心和成本中心。相对这种划分，出现了一种新的绩效考核方式，叫做“平衡积分卡”，它要求每一个岗位都必须接受财务指标的考核(财务指标就是利润和成本)。职业人士需要关注你属于哪个分区，所在分区要求具备的经营意识。

成本中心包括研发、营销、管理成本等。管理成本又包括财务、人力资源管理等的成本。

要考虑每年做的预算是否合乎实际：要花多少钱？钱花在哪里？会带来什么结果？如果向老板作汇报时，只讲方案如何有价值，而没有回答准备用多少钱才能获得如此回报，老板会批准这个方案吗？

老板直接关注的是利润。你可以讲方案对公司的品牌打造是如何有利，但必须重点讲方案能够带来多少利润。如果不能提供这个数据，老板会认为你不够职业。

2. 市场营销职业道德

所谓的道，在中国古代是行走的道路，后引申为本原、规律、原则等含义；而德，是得，是对“道”的知觉（认识与获得）。因此道德就是对道的知觉，并把道转化为内在的信念和品质。道德是人类社会所特有的准则，她成为我们人类的解决人类欲望无限与资源有限的三大方法之一。

营销人员的道德困境，是在个人因素（个人道德观）、市场因素（信息不对称）、社会因素（客户不道德、政府管理不严、社会舆论关注不多），以及组织因素（企业文化）等很多因素综合作用下形成的。

营销小资料

在与客户交往过程中与企业有关的三种不道德行为：

(1)捆绑销售。如购买了针剂，就必须购买片剂。

(2)价格歧视。如在同一个区域内实行两种价格。

(3)欺诈客户。如企业滥用“真皮”“纯羊毛”标志。

与客户交往过程中与销售员有关的三种不道德行为：

(1)误导性展示产品或误导产品信息。对产品或产品相关的服务提供虚假、欺骗或误导性信息，如只说自身产品的优点，并夸大用途与用量。如果是企业销售管理层印刷大量的违法产品宣传资料，那这种不道德行为就是销售管理层的，如某个痴呆药物A国家药品食品监督局只规定用于阿尔茨海默病，而市场部提供大量的A用于血管性痴呆的印刷宣传品。

(2)互惠交易。在工业品市场，一个企业通常既是其他企业的客户，又是其他企业的供应商，即两个企业相互购买对方的产品。销售员通常会暗示说：如果你从我们这里购买设备，那么我可以说服我公司向你们购买我们所需要的全部办公用品，否则我们也不将向你们采购产品。

(3)强行买卖。也就是骚扰性推销，客户明白告知销售员，不会购买产品，而销售员经常打电话给客户，乃至使客户不堪忍受或为了避免骚扰而购买产品。如，一些汽车销售经销商的销售员经常促使客户在一项复杂的购买中作出匆忙的购买决定，事后客户非常懊恼。因为客户要么购买了不需要或不喜欢的产品，要么为此要承担昂贵的贷款。

在对待竞争者时的两种不道德行为：

(1)人为阻碍竞争对手的产品供应。如尽可能地减少竞争者的产品货架面积，或者把自己的产品摆放在最有利的货架位置。如尽可能减缓竞争者产品的采购，让其断货；而且是通过行贿某些负责人来实现这目的的。

(2)故意贬低竞争对手。散布一些不真实的信息抹黑竞争对手。有些公司提供这方面的资金，或提供这方面的没有公开的材料。如某外资药厂，请所谓的药监部门出示药品B

(外资企业的专利过期的药品)与其仿制品的药物检测对照证明，然后大量印刷，让医药代表去医院发放，让医药代表给医生灌输其产品优于仿制品，还说仿制品不符合国标，其言下之意，仿制品是假药。

业务人员在本企业的不道德行为：

(1)谎报费用账目。在中国，销售人员吃回扣、报虚账的现象也是普遍的，尤其是那些用钱去开发市场的公司。原因其实也不仅仅是销售员本身，而是销售管理者，如销售费用政策不健全，销售管理不公正，与自己关系“好”的销售员的发票(全球品牌网)就很轻松签字，销售管理者自身拿项目回扣，鼓励销售员拿发票来冲账等。

(2)滥用公司资源。如某些销售员利用公司的资源和时间从事第二职业，原本三天办完的事情，却要五天去办，拿着企业的薪水、出差费用，却在销售其他产品。一方面是销售管理造成的，另一方面可能是销售管理者本人造成的。有的公司的销售管理者出差到某地，根本不跑市场，只是请销售员到宾馆谈工作。一出差到某地，不是先拜访公司内部与外部客户，而是拜访自己个人亲朋好友，甚至游山玩水等，更有甚者，没有出差，却拿着买来的发票来报销，向上级回报到某地出差了，而其下属说却没有见到过他。

(3)欺骗公司。销售员在提供信息时欺骗公司，或隐瞒信息，或提供虚假信息。由于销售管理层设立销售竞赛，推迟订单或提前订单。没有出差，没有拜访客户，却填写报告出差了或拜访了客户。

市场营销的本质在于客户的利益。客户利益高于公司利益，因此营销人员的职业道德不仅仅是维护公司的利益，而应该是维护客户的利益。美国营销协会(AMA)的道德规范中规定，营销人员的职业道德的根本原则就是绝不故意做出任何损害客户的行为，严格遵守社会道德伦理以及法律法规。“伟大的销售员不是销售业绩的奇迹者，而是修己安人的大爱传播者和道德坚定者。”

营销职业道德包括正直、诚实、守信的品质，强烈的营销事业心和责任感。

(1)平等互惠，诚信无欺。这是营销工作者最基本的行为准则。营销工作者在工作中不要要手腕，不坑蒙消费者，不擅自压价或变相提价；要恪守营销承诺，决不图一时之利损害企业信誉。

(2)当好参谋，指导消费。营销是生产者与消费者之间的媒介和桥梁，营销工作者要在与消费者的沟通中，了解不同对象的不同需求，引导消费者接受新的消费观念。同时，又将消费者需求信息传达给生产者，以帮助企业改进和调整生产。

(3)公私分明，廉洁奉公。生产者往往赋予营销工作者一定的职权，营销人员应经得起利益的诱惑，不赚取规定之外的私利，不进行转手倒卖等各种谋私活动。

3. 市场营销职业心理

营销职业心理是指从事市场营销职业所必需的心理状态及特征，包括正确的自我认知、营销工作必备的自信心，持之以恒的精神，积极进取、追求成功的良好心态，勇于承担风险、面对失败与工作压力的非常承受能力。

(1)客观认识自我,准确职业定位。

自我认知,至少要明确四方面。第一,职业兴趣,即你喜欢做什么,包括兴趣与爱好、学习风格等;第二,职业技能,即你能做什么,包括胜任能力等;第三,职业价值观,即你最看重什么;第四,个人特质,即你适合干什么。可以通过性格分析来判定,了解自己的优势和劣势等方面后,才能在工作中扬长避短、不断修正。

(2)持之以恒的精神,追求成功的心态。

一位哲人说:“你的心态就是你真正的主人。”对每一个市场营销人员来说,要取得优异业绩,对自己的准确认知、良好的心态是不可或缺的。成功的市场营销人员应具备自尊、自信、主动、乐观、学习等良好心态。

4. 市场营销职业能力

营销职业能力除基本的计算机、外语应用能力、社交能力、良好身体素质外,还包括营销能力、管理能力、商务运作能力,以及敏锐的洞察能力、灵活的应变能力、创造能力、影响他人能力等综合职业能力。

5. 市场营销职业习惯

文明的言谈举止、恰当的着装,严谨的学习、工作作风,细致的观察、缜密的思考,等等,这些都是从事营销工作良好的职业习惯。

(二)营销人员应具备的职业素质

市场营销人员每天要与各种各样的人打交道,可以说每天都向公众展示着自己的职业素质,并由此而展示他所代表的组织的“素质”。所以一名优秀的市场营销人员应具备以下职业素质。

1. 品德高尚,具备现代营销理念

营销活动是一项塑造形象、建立声誉的崇高事业。它要求从业人员必须具有高尚的道德情操,诚实严谨、恪尽职守的工作态度和廉洁奉公、公道正派的工作作风。“胆大而不急躁,迅速而不轻佻,爱动而不粗浮,服从上司而不阿谀奉承,身居职守而不刚愎自用,胜而不骄,喜功而不自炫,自重而不自傲,豪爽而不欺人,刚强而不执拗,谦虚而不假装”,这应该成为营销人员共同的职业操守。

另外,作为优秀的营销人员,他需要清晰地了解正确的现代营销发展方向。现阶段正沿着以客户为中心的营销理念、关系营销理念、社会营销理念方向发展。社会营销理念的一大特点表现为强调社会环保、凸显企业的社会责任感。

2. 勤于思考,具有强烈的责任感

合格的营销人员会处处留心市场动态,注意观察、分析、归纳、总结,善于发现每一个有用的信息,并且思维敏捷,对周围的细小变化都能很快做出反应,从而改进工作方法,提高工作效率。在营销过程中，营销人员必须能吃苦耐劳，做到脑勤、嘴勤、腿勤，无论对方是不是客户都要热情地介绍产品，态度诚恳地回答对方的提问。同时，业务人员还必须对企业具有“一兴俱兴、一损俱损”的责任感，有与企业荣辱与共的主人翁精神。

3. 知识渊博，沟通能力强

市场营销是以消费者需求为出发点，强调企业整体营销活动，不仅重视产后的推销宣传，也重视产前的调研工作，所以要求营销人员具有完善的知识结构。首先要精通本专业的知识，包括商品、心理、市场、营销、管理、法律、公关、广告、财务、物价、人际关系等知识；其次要具备广泛的兴趣和爱好，包括体育、音乐、美术等领域，增加自身的知识面；另外还要具备建立和维系良好人际关系的沟通能力。

4. 心理素质好，能随机应变

营销工作充满酸甜苦辣，可以说挫折是营销人员的家常便饭，这就要求营销人员必须具备良好的心理素质，胜不骄、败不馁。优秀的营销人员会始终保持浓厚的职业兴趣，以持久的热情从事营销活动，探索营销成功之路；同时他们具有充分的自信心，遇到挫折和障碍时，能够自我激励，始终坚信：精诚所至，金石为开。另外，在营销过程中可能会遇到千奇百怪的人和事。因此，营销人员一定要随机应变，灵活应对。

5. 饱含激情，持续学习

学习者不一定是成功者，但成功者必然是擅长学习者。当今时代，知识更新、淘汰的周期非常短，营销人员只有不断学习，提高综合素质，才能满足市场瞬息万变的需要。因此，优秀的营销人员需要保持旺盛的学习热情，见贤思齐，勤勉不懈，持续学习，不断更新业务知识，深入了解社会、行业、客户，掌握更为先进的营销方法与技巧。

三、市场营销职业素质的培养

由于市场营销职业具有较强的实践性和应用性，该职业的素质培养必须适应社会实践变化的要求，着重从以下几个方面入手。

（一）加强道德教育，培养法律意识

对营销人员来说，不道德的销售行为或许在一次交易中会侥幸得逞，但要建立与发展真正的合作伙伴关系需要百分百的诚信。在销售过程中，产品介绍不当或违反有关承诺、保证以及商业诽谤等都被认为是不道德的销售行为，情节严重的还会受到法律的制裁。所以应加强职业道德教育和法制宣传，使其掌握正确的道德规范与相应的法律知识，培养其社会责任感和良好的行为习惯，做到遵纪守法，并逐步树立为人民服务的人生观和价值观。

（二）更新培养方式，推行素质教育

以知识为主体，以技能训练为重点，进入市场，参与企业的实际营销运作，锻炼实战营销

技能;突出职业态度、职业意识、创新精神等在内的全方位综合营销素质的培养。

(三)优化知识结构,拓宽知识面

在学习营销相关专业知识的基础上,补充学习经济学、心理学、统计学、公关学等学科的知识,博览群书,建立合理而宽泛的知识结构,做到以专驭博、一专多能。

(四)强调知识运用,提高实践能力

可通过市场调查、商业劳动、生产实习、产品推销等实践活动,提高实际操作能力和灵活应变的能力。

(五)促其完善自我,保持工作"激情"

优秀的营销人员,必须要像水一样随时改变自己的形状,接受改变缺点的挑战。在市场营销活动中应能清楚地审视自己,改正会阻碍业务发展的缺点,不断完善自我,适应工作环境。要知道微笑、开朗、主动、诚恳、热情、积极、付出、感恩、接受挑战、坚持、乐观、兴奋等,这些特质都是合格营销人员必须要具备的。

在工作中,营销人员还要面对种种挑战,对于陌生的恐惧,面对拒绝,面对挫折,甚至面对客户的不理不睬,他的心情可能跟坐过山车一样起起伏伏,有成交时的喜悦,也有面对辛勤耕耘却没有结果的失落。因此,要保持对营销的激情,明白风险和收益是成正比的,面对的风险越大可能获得的报酬越高,只有保持坚定不移的激情才能带来卓越的工作成就。国外的很多营销公司经常在每天清晨,对员工讲述一些营销前辈的辉煌历史或者唱一些慷慨激昂的歌曲,让他们在这样一种有激情、充满希望的氛围里感染激情。

综上所述,在市场经济条件下,营销人员是企业营销活动的主体,其综合素质与能力、整体形象与修养是否优良,将直接影响到企业的营销成果和经济效益。因此,要注重培养高素质的专业营销人才,满足市场营销活动管理的广泛需求。

思考题

(1)什么是市场营销控制?

(2)什么是CRM?

(3)什么是营销职业素质,它与营销活动管理有何关系?

技能训练

技能训练:案例分析

2015年4月,陈朝辉为他自己所投资创立的3C云端创投咖啡(以下简称3C咖啡)举行了剪彩仪式。3C咖啡的正式开启,使陈朝辉O2O商业王国"星系"图中的"云端俱乐部O2O

整合云”板块拥有了真正的线下落地平台。未来5年内，陈朝辉和他的团队将在全国复制100家3C咖啡，形成地网，结合现有的天网——O2O list创投网站，作为线上、线下落地平台，通过各种项目路演、快速合投、领投跟投、沙龙、培训等活动，激活并聚合5万个有项目操盘能力或投资能力的企业家人群(1家咖啡服务500个企业家，100家咖啡服务5万个企业家)，为其O2O王国的整个“星系”平台源源不断地输送项目和资本。

与第一代创制咖啡不同的地方在于，陈朝辉的3C咖啡将更多地关注“互联网＋”领域，助力传统行业的移动互联网化；同时，3C咖啡锁定的用户不再是那些刚刚起步的创业者，而会更多地关注那些已经在行业内有一定基础的商业人群，他们有团队、有人脉、有经验，也有一定的经济基础，他们希望通过3C咖啡的平台能够更快地为自己的新项目嫁接到合适的资源和资本。

问题：

(1)请你为3C云端创投咖啡项目做一套营销方案。

(2)分析3C云端创投咖啡项目未来的发展方向。

(3)在3C云端创投咖啡项目实施过程中需要注意哪些问题?

项目小结

(1)市场营销控制，是指市场营销管理者经常检查市场营销计划的执行情况，看看计划与实际是否一致，如果不一致或没有完成计划，就要找出原因所在，并采取适当措施和正确行动，以保证市场营销计划的完成。营销控制，概括来说，就是企业用于跟踪营销活动过程的每一个环节，确保能够按照计划目标运行而实施的一套完整的工作程序。营销控制主要包括年度计划控制、盈利控制、效率控制和战略控制。

(2)CRM是一个获取、保持和增加可获利客户的方法和过程。CRM既是一种崭新的、国际领先的、以客户为中心的企业管理理论、商业理念和商业运作模式，也是一种以信息技术为手段、有效提高企业收益、客户满意度、雇员生产力的具体软件和实现方法。

参考文献

[1]朱媛玲.市场营销学[M].上海:上海财经大学出版社,2015.
[2]彭于寿.市场营销案例分析教程[M].2版.北京:北京大学出版社,2015.
[3]柳兴国.市场营销学[M].北京:中国人民大学出版社,2014.
[4]柳兴国.市场营销学[M].上海:上海财经大学出版社,2012.
[5]陈启杰.市场调研与预测[M].4版.上海:上海财经大学出版社,2014.
[6]菲利普·科特勒,凯文·莱恩·凯勒.营销管理[M].王永贵,陈荣,何佳讯,等,译.14版.上海:格致出版社,2015.
[7]郭国庆.市场营销学[M].2版.北京:中国人民大学出版社,2014.
[8]韩燕雄,赵立义.市场营销理论与实务[M].南京:南京大学出版社,2013.
[9]陈波,葛晓明.市场营销学[M].北京:北京师范大学出版社,2014.
[10]张扬.市场营销学[M].杭州:浙江大学出版社,2013.
[11]兰炜,胡旭东.市场营销理论与技能训练[M].2版.北京:化学工业出版社,2015.
[12]李光斗.故事营销[M].北京:电子工业出版社,2014.
[13]李世杰,于飞.市场调查与预测[M].2版.北京:清华大学出版社,2014.
[14]施放.现代市场营销学[M].1版,杭州:浙江大学出版社,2014.
[15]肖红.市场营销基础与实务[M].北京:机械工业出版社,2012.
[16]唐平.市场营销学[M].北京:清华大学出版社,2007.
[17]王方华,陈洁.营销管理:概念、理论和案例[M].北京:北京师范大学出版社,2008.
[18]艾·里斯,劳拉·理斯.品牌的起源[M].北京:机械工业出版社,2013.
[19]张晓,王丽丽.市场营销策划[M].2版.大连:东北财经大学出版社,2014.
[20]王妙,梁玉杰.市场营销学教程[M].2版.上海:复旦大学出版社,2005.
[21]王秀村,王月辉.市场营销管理[M].4版.北京:北京理工大学出版社,2009.
[22]吴建安,王旭.市场营销学[M].5版.北京:高等教育出版社,2014.
[23]吴泗宗.市场营销学[M].4版.北京:清华大学出版社,2012.
[24]叶生洪,张泳,张计划.市场营销经典案例与解读[M].2版.广东:暨南大学出版社,2009.
[25]瓦拉瑞尔·A.泽丝曼尔,玛丽·乔·比特纳,德韦恩D格兰姆勒.服务营销[M].张金成,白长虹,译.6版.北京:机械工业出版社,2014.
[26]张爱邦,刘雪梅.营销策划原理与实务[M].北京:高等教育出版社,2009.
[27]张卫东.营销策划:理论与技艺[M].2版.北京:电子工业出版社,2010.
[28]赵轶.市场调查与分析[M].北京:清华大学出版社,2008.
[29]郑祖华.市场营销学[M].1版.厦门:厦门大学出版社,2008.